# VOYAGES

## HISTORIQUES ET LITTÉRAIRES

# EN ITALIE.

### TOME II.

## A PARIS,

DE L'IMPRIMERIE DE CRAPELET,

RUE DE VAUGIRARD, n° 9.

# VOYAGES
## HISTORIQUES ET LITTÉRAIRES
# EN ITALIE,

PENDANT LES ANNÉES 1826, 1827 ET 1828;

OU

## L'INDICATEUR ITALIEN;

PAR M. VALERY,

CONSERVATEUR-ADMINISTRATEUR DES BIBLIOTHÈQUES
DE LA COURONNE.

TOME SECOND.

A PARIS,

CHEZ LE NORMANT, LIBRAIRE,

RUE DE SEINE SAINT-GERMAIN, N° 8.

1831.

# VOYAGES EN ITALIE.

## LIVRE SEPTIÈME.

### PADOUE. — FERRARE. — BOLOGNE.

#### CHAPITRE PREMIER.

Bords de la Brenta. — PADOUE. — Son accroissement.

Les bords de la Brenta, avant d'arriver à Padoue, m'ont, je l'avouerai, paru trop vantés : près du palais du vice-roi, ils sont gâtés par une espèce de longue digue ou chemin de hallage soutenu par un petit mur de brique; dans d'autres parties les jardins qui les bordent, avec leurs petites charmilles, leurs arbres plats ou taillés, et leurs allées symétriques, sont de véritables jardins de curés. Il est vrai que plusieurs beaux palais ont déjà disparu, et que cette destruction, qui gagne maintenant Venise, a depuis long-temps commencé sur les bords de la Brenta. Tels qu'ils sont aujourd'hui, je les trouve tout bonnement inférieurs aux bords de la Seine près de Suresne, ou sur la route de S.-Germain.

Padoue m'a semblé une longue et grande ville d'assez triste apparence, quoique j'y fusse arrivé la première fois au mois de juin, au moment de la célébration annuelle d'une espèce de jeux olympiques en l'honneur de S. Antoine, et que j'eusse même rencontré le char de sapin du maquignon vainqueur qui parcourait les rues aux acclamations de tous les polissons dont il était escorté. Cette ville cependant profite chaque jour des pertes de Venise; mais (sauf le brillant café Pedrochi)[1] c'est une prospérité matérielle et sans éclat.

## CHAPITRE II.

Université. — Vertèbre de Galilée. — Bibliothèque. — Bibliothèque du chapitre. — Jardin botanique. — Académie des Sciences, Lettres et Arts. — Femmes de l'Académie.

L'ORGANISATION de l'université de Padoue est la même que celle de l'université de Pavie[2], sauf la Faculté de Théologie qui n'existe point dans cette dernière, et dont les chaires sont : la théologie à l'usage des curés (*pastorale*); l'histoire ecclésiastique; la théologie morale; l'archéologie biblique; l'introduction aux livres de l'Ancien-Testament, de langue et exégèse hébraïque et de langues orientales; l'herméneutique biblique; l'introduction aux livres du Nouveau-Testament; la langue grecque, l'exégèse du Nouveau-Testament; la Théologie dogmatique. Cette antique université, qui remonte au commencement du XIIIe siècle, qui a compté jusqu'à six mille écoliers aux XVIe et XVIIe siècles, n'en a plus que mille; mais elle se recommande encore par d'habiles maîtres; tels sont MM. Gallini, Fanzago, professeurs de la Faculté de Médecine; Rac-

---

[1] *V.* ci-après, chap. VII.
[2] *V.* liv. IV, chap. V.

chetti, de la Faculté de Droit; Santini, d'astronomie théorique et pratique; Franceschinis, de mathématiques transcendantes. Sous le péristyle de marbre, ouvrage élégant, mais qui n'est point de Palladio, quoiqu'il ait été mis dans ses OEuvres inédites, et que l'on doit plutôt attribuer à Sansovino, péristyle maintenant horriblement dégradé, est une multitude d'armoiries d'élèves et de professeurs; cette université semble, à l'extérieur, la plus aristocratique qu'il y ait au monde. Sous le vestibule est une bonne statue en marbre de la célèbre Hélène Lucrèce Cornaro-Piscopia, morte en 1684, à trente-huit ans, femme illustre qui savait l'espagnol, le français, le latin, le grec, l'hébreu, l'arabe, chantait ses vers en s'accompagnant, dissertait sur la théologie, l'astronomie, les mathématiques, et fut reçue docteur en philosophie à l'université. Hélène Piscopia était fort jolie; elle porte l'habit de l'ordre de S.-Benoît, dont elle voulut constamment suivre la règle austère, quoique ses parens l'eussent relevée à son insu du vœu de virginité qu'elle avait fait témérairement à onze ans, et qu'elle eût été recherchée en mariage par les plus grands seigneurs.

Depuis quelques années on voit au cabinet de physique une vertèbre de Galilée; elle est renfermée dans un petit piédestal de bois verni fort peu imposant, exécuté aux frais de M. l'abbé Meneghelli, sous le rectorat duquel eut lieu cette installation [1]; dans le procès-verbal qu'en a publié le bon recteur [2], il se flatte ingé-

---

[1] Les recteurs de l'université, choisis parmi les professeurs, ne sont nommés que pour une année. Cet usage remonte à la république, et n'a jamais été interrompu.

[2] *Processo verbale pel collocamento di una vertebra di Galileo Galilei nella sala di fisica dell' I. R. Università di Padova nel dì 30 agosto 1823.* Padoue, 1823, in-8°.

nument de n'avoir pu trouver un meilleur modèle pour son piédestal, surmonté du buste de l'immortel savant, que celui sur lequel le *divin* Canova a mis la lyre de Terpsichore. La vertèbre de Galilée est la cinquième lombaire; elle fut dérobée par le médecin florentin Cocchi, chargé en 1737 de la translation des os de Galilée à l'église Ste.-Croix de Florence; après être devenue par héritage la propriété du fils de Cocchi, elle appartint au patricien Angelo Quirini, au mathématicien Vivorio de Vicence, et enfin au docteur Thiene, son médecin, qui en fit don à l'université de Padoue. Le doigt de Galilée, arraché par une fraude pareille, est exposé à la Laurentienne : singulière destinée du corps de ce grand homme; l'envie l'emprisonne de son vivant, et l'admiration le met en pièces après sa mort. Les Italiens exercent par enthousiasme une sorte de brigandage envers les illustres débris, et l'on voit encore à Arquà, près de Padoue, lieu de la sépulture de Pétrarque, la fente faite à son tombeau par le Florentin qui parvint à lui arracher un bras. La vertèbre de Galilée n'est point toutefois placée sans convenance à l'université de Padoue. Pendant dix-huit ans il y avait rempli la chaire de philosophie : afin de l'y retenir, le sénat de Venise avait triplé son traitement; ce fut en présence du doge et des principaux de l'État qu'il fit, en 1609, les premières expériences du télescope et du pendule. Combien, remarque avec raison M. Daru, ne dut-il point regretter une terre hospitalière, où l'inquisition n'aurait pas exigé le désaveu des vérités nouvelles dont il s'était déclaré le défenseur?[1]

---

[1] *Hist. de Venise,* liv. xi, 5. M. Daru, qui s'était livré la dernière année de sa vie à de laborieuses recherches sur Galilée et sa condamnation, rapporte, dans une des notes de son poëme de l'*Astronomie* (la 14ᵉ du ivᵉ chant), que les Jésuites, grands défenseurs de

Le théâtre d'anatomie fut construit en 1594, lorsque Fabricius d'Acquapendente occupait cette chaire. L'idée en paraît appartenir au célèbre fra Paolo, qui était encore architecte et anatomiste, et auquel on doit même l'importante découverte des valvules des veines [1]. Sous le vestibule est le buste de Morgagni, qui lui fut consacré, de son vivant, par la nation allemande. Une collection de fœtus extraordinaires a été préparée et classée par ce grand anatomiste. Le cabinet d'histoire naturelle est une belle et utile création due à l'administration française. Dans la pièce de la section médicale sont trois bonnes peintures, les *Maries au Sépulcre*, de Darius Varotari; une fresque bien conservée; la *Vierge et l'enfant Jésus*; ces deux dernières d'auteurs incertains du XVIᵉ siècle. L'observatoire, fourni de bons instrumens, a été élevé au-dessus d'une haute tour, qui, au temps du tyran Eccelin, était une prison redoutable. Un distique latin, au-dessus de la porte, exprime heureusement ce fait, et sa nouvelle et scientifique destination. [2]

La bibliothèque de l'Université a 70,000 volumes: les manuscrits ont été envoyés à S.-Marc, sa destination étant purement universitaire. Le local, très vaste, était l'ancienne salle des géans et des empereurs; les murs sont couverts de grands portraits de Romains depuis

---

la doctrine d'Aristote et des péripatéticiens, s'étaient trouvés en opposition avec Galilée, à l'université de Padoue, au sujet des taches dans le soleil; « de sorte, ajoute-t-il, qu'à la honte de la faible humanité il ne serait pas impossible que l'esprit de secte philosophique eût contribué autant que l'intolérance religieuse aux persécutions que le philosophe éprouva de leur part. » *V.* liv. x.

[1] *V.* ci-dessus, liv. VI, ch. XXIII.

[2] MCCXLIII.

*Quæ quondam infernas turris ducebat ad umbras,*
*Nunc Venetum auspiciis pandit ad astra viam.*

Romulus jusqu'à César, qui se trouve précéder immédiatement Charlemagne : quelques unes de ces figures médiocres sont exécutées, dit-on, sur les dessins du Titien, partie de l'art qui n'est pas son fort. Au-dessous de ces figures sont les principales actions des personnages, belles peintures de Dominique Campagnola, élève du Titien, qui eut l'honneur de le rendre jaloux, de son assidu compagnon Gualtieri, d'Étienne dall' Arzere, bon peintre à fresque, de Padoue, au xvi$^e$ siècle, et peut-être même du Titien, auquel on attribue le portrait du cardinal Zabarella, placé parmi les illustres Padouans. Un portrait de Pétrarque en pied et à fresque, de la même époque, est mieux à sa place dans une bibliothèque, puisque ce grand poète fut assurément un des premiers, un des plus intrépides lecteurs connus, et qu'il mourut, dans sa bibliothèque, assis, la tête courbée sur un livre.[1]

Une petite miniature de la Vierge, pleine de grace et d'élégance, se conserve à cette bibliothèque : elle est l'ouvrage du P. abbé de Latran Félix Ramelli, et très vantée par le commentateur de Vasari, le P. Della Valle.[2]

La bibliothèque du chapitre n'est que d'environ 4,000 volumes; mais elle contient de vieux et beaux manuscrits, et des éditions rares du xv$^e$ siècle[3]. Les

---

[1] Comme ses domestiques le voyaient souvent passer des jours entiers dans cette attitude, ils n'en furent point d'abord effrayés ; mais ils reconnurent bientôt qu'il ne donnait aucun signe de vie. (Ginguené, *Hist. litt. d'Italie*, II, 432.)

[2] Préface du tome XI.

[3] Le plus ancien manuscrit est du xi$^e$ siècle : *Sacramentarium*, d'une belle conservation; *Recueil des Décrétales de Grégoire IX*, sur vélin, 1 vol. in-fol., du xiv$^e$ siècle; *Recueil des Décrétales de Boniface VIII*, sur vélin, avec dessins et figures admirables, 1 vol. in-fol., xiv$^e$ siècle; *autre recueil* très beau, contenant les *Constitutions de Clément V*, 1 vol in-fol., xiv$^e$ siècle; *Lettres de*

manuscrits de la bibliothèque de Pétrarque, qui fut chanoine du chapitre, ont commencé cette bibliothèque ; elle s'est aussi accrue des livres de Sperone Speroni. On doit vivement regretter qu'il n'en existe point de catalogue ; le travail serait aujourd'hui plus facile, depuis qu'elle a été mise en ordre par l'habile et laborieux Morelli.

Le jardin botanique de Padoue, fondé par le sénat de Venise en 1545, est le plus ancien qu'il y ait en Europe [1]. Son emplacement n'a pas changé ; un vieux platane oriental, au tronc noueux, aux courts rameaux, mais encore verdoyans, date de sa création. Je ne pouvais le contempler sans une sorte de respect ; je trouvais quelque chose de docte à ce contemporain de tant de professeurs illustres, dont les statues de pierre sont à quelques pas, qu'il avait reçus sous son ombre, et il me semblait comme une espèce de doyen parmi les arbres savans des jardins botaniques. Le jardin de Padoue, sans avoir le luxe de nos serres à la mode, suffit aux besoins de l'enseignement ; il comptait, m'a-t-on dit, en 1827, 5 à 6,000 espèces, nombre qui s'accroît chaque année. La chaleur d'Italie s'y fait déjà remarquer d'une manière très sensible : les magnolias n'ont pas besoin d'abris ni de paillassons pendant l'hiver ; ils y viennent aussi bien que ceux que j'ai vus depuis en

---

*S. Jérôme*, avec peintures, 1 vol. in-fol., XVᵉ siècle ; *Denys l'aréopagite*, traduction latine, avec jolies figures, vélin, in-fol., XVᵉ siècle ; *Josèphe*, avec peintures et lettres en or, in-fol., XVᵉ siècle ; *Breviarium secundùm consuetudinem romanæ curiæ*, avec jolis ornemens et fig., gr. in-12, XVᵉ siècle. Le plus ancien livre imprimé est le *Rationale* de Guillaume Durand.

[1] Le docteur Smith s'est mépris en le faisant remonter à l'année 1533 (*Doctor Smith's Introd., Discourse to the transac. of the Linn. soc.* p. 8) ; il aura probablement confondu sa fondation avec celle de la chaire de botanique à l'université, qui est précisément de cette même année 1533.

pleine terre dans le jardin anglais de Caserte, et plusieurs étaient hauts comme de grands tilleuls.

Le goût des sciences, des lettres et des arts fut toujours très vif à Padoue. Son ancienne et célèbre académie des *Ricovrati* recevait des femmes, usage que l'Académie française fut plusieurs fois tentée d'imiter : sous Louis XIV, Charpentier appuyait l'admission de M$^{mes}$ Scudéry, Des Houlières et Dacier; dans le dernier siècle, les candidats de D'Alembert furent, dit-on, M$^{mes}$ Necker, d'Épinay et de Genlis; de nos jours, la même proposition n'aurait rien d'étrange, et les talens poétiques de quelques femmes en feraient de fort dignes et fort agréables *académiciennes*.

J'eus l'honneur d'assister, en 1826, à la séance annuelle de l'Académie de Padoue : on remarquait près de ses membres des femmes aimables, dont quelques unes auraient pu jadis être de l'académie des *Ricovrati*, et des jeunes gens. Il y eut un rapport très bien fait, peut-être un peu long, de M. le secrétaire, sur les ouvrages des académiciens qui paraissent travailler [1]; enfin, sauf les concours, les prix de vertu et les ouvrages utiles aux mœurs, c'était presque l'Institut.

[1] L'Académie des sciences, lettres et arts de Padoue, formée, en 1779, de la réunion de l'Académie des *Ricovrati* et d'une Académie d'agriculture, publie des *Mémoires* ou *Actes* dont le recueil, de 1788 à 1825, forme 7 vol. in-4°, et contient plusieurs excellens Mémoires : tels sont les Mémoires médico-chirurgicaux de Léopold Caldani, de MM. Louis Brera, Fanzago, Gallini et Montesanto; les Mémoires de chimie de Marc Carburi; un Mémoire sur la métaphysique des équations de Pierre Cossali, sur les vibrations du tambour par Jourdain Riccati; les Mémoires de Simon Stratico sur le cours des fleuves, sur la diffraction de la lumière; le Mémoire d'Assemani sur les monnaies arabes; de Cesarotti, sur les devoirs académiques; d'Hippolyte Pindemonte, sur les jardins anglais, et de M. Jérôme Polcastro, sur la poésie improvisée. Les volumes des *Mémoires* de l'Académie des sciences, lettres et arts, ont paru jusqu'ici à des époques indéterminées; elle doit, à partir de 1830, publier un volume tous les deux ans.

## CHAPITRE III.

Cathédrale. — Charles Guy Patin. — Sperone-Speroni. — Manuscrits. — Baptistère. — *Santo.* — Cesarotti. — Trésor. — Cloître. — *Scuola.* — *L'Annunziata.* — Giotto. — *Eremitani.* — *Servi.* — *S.-François.* — Squarcione. — *S.-Benoît.* — *Carmes.* — Stellini.

---

Les diverses églises de Padoue sont ses premiers et ses plus intéressans monumens. Le dôme, achevé dans le siècle dernier, est d'une architecture médiocre. Le premier plan en avait été envoyé par Michel-Ange; mais, pendant les deux siècles qu'on mit à le terminer, il dut être singulièrement altéré par les diverses générations d'architectes. On y voit à droite en entrant le tombeau de Charles Patin, médecin français, qui, soupçonné d'avoir répandu un écrit scandaleux, et fugitif pour ses mauvaises opinions, vint professer la chirurgie à Padoue; dernier fils du spirituel et passionné Guy Patin, dont la correspondance est un commentaire si gai, si amusant et si vrai de Molière: Charles soutint l'honneur de son nom médical par sa science et ses talens. Sperone Speroni est aussi enterré dans cette église; grand orateur, grand philosophe, grand poète dans son temps, ami de Ronsard, qui eut à sa mort les honneurs d'une statue, et dont le chef-d'œuvre, la tragédie de Canace, autrefois si applaudie, si admirée, n'est guère aujourd'hui lisible. L'inscription du tombeau de Speroni avait été composée par lui-même; elle est remarquable par un certain mélange de bonhomie, d'amour-propre et de vanité qui caractérise assez son genre de gloire et les mœurs du temps. Speroni y parle fort simplement de ses trois filles et des générations qu'elles lui donnèrent, quoiqu'il n'eût point, je crois, été marié. Le monument fut élevé par l'une d'elles, Giulia Sperona, qui est enterrée près de lui.[1]

Un monument élégant, du commencement du XVIe siècle, a été élevé, par le sénat de Venise, à l'évêque de Padoue, Pierre Barocci. Tel est son bon goût qu'il paraît de Tullius Lombardo.

Le buste de Pétrarque, comme chanoine de la cathédrale, placé vis-à-vis d'une des portes latérales, est très beau, quoiqu'il ne soit pas de Canova, ainsi qu'on l'a prétendu, mais de son élève, M. Rinaldo Rinaldi de Padoue.

La sacristie des chanoines offre de belles et curieuses

---

[1]
*Sperone Speroni*
*nacque*
*nel MD dì XII d' aprile*
*morì*
*nel MDLXXXVIII dì II di Giugno.*

*Vivendo si fece l' infrascritto epitafio :*

*A Messere Sperone Speroni delli Alvarotti, filosofo et cavalier padovano, il quale, amando con ogni cura, che dopo se del suo nome fusse memoria, che almen nelli animi de' vicini, se non più oltre, cortesemente per alcun tempo si conservasse, in vulgar nostro idioma con vario stile sino all' estremo parlò, et scrisse non vulgarmente sue proprie cose, et era letta ed udito.*

*Vivette anni LXXXIIX, Mese I giorni XIII. Morì padre di una figliola, che li rimase di tre che n' hebbe, et per lei avo di assai nepoti; ma avo, proavo, et attavo a descendenti delle altre due, tutti nobili, et bene stanti femine et maschi, nelle lor patrie honorate.*

L'inscription suivante, autrefois sur le pavé de l'église, est maintenant sur la base du monument :

*Al gran Sperone Speroni*
*suo padre*
*Giulia Sperona de' Conti*
*MDLXXXXVIII.*

peintures : une demi-figure du *Sauveur avec Aaron et Melchisédec à ses côtés*; les *Quatre Protecteurs de Padoue*, et des *Chérubins*, dans deux triangles, par l'habile Dominique Campagnola ; une très belle *Vierge avec l'enfant Jésus sur ses genoux*, excellente copie du Titien par Padovanino, si le tableau n'est point l'original ; *S. Jérôme et S. François*, de Palma ; le *Voyage en Égypte*, l'*Adoration des Mages*, de François Bassano, si parfaits, qu'ils ont été jugés dignes de son père ; le *Christ portant sa croix*, par Padovanino ; une *Vierge*, charmante, de Sassoferrato, le peintre des petites madones (*madonnine*); le *Christ mort et pleuré par la Vierge et S. Jean*, attribué soit au Parentino, soit au Carpaccio, et qui n'est peut-être ni de l'un ni de l'autre ; un *S. Antoine*, parlant, de Jérôme Forabosco ; la grande *Cavalcade d'un Pape*, attribuée à Dominique Brusasorci ; un *Groupe d'Anges*, de Liberi, et un ancien et très remarquable portrait de Pétrarque. Le vase d'argent doré de la sacristie servant à la confirmation, et couvert de figures profanes, a été, ainsi que son inscription grecque, expliqué par Lanzi. Cette sacristie possède deux antiques manuscrits très bien conservés ; l'un est un *Évangéliaire* de 1170, l'autre le livre des *Épîtres* de 1259. Le *Missel* sur vélin, imprimé à Venise, en 1491, avec de riches miniatures, est aussi un fort beau livre.

La petite église sous le chœur a le tombeau de S. Daniel, remarquable par les beaux bas-reliefs en bronze de Titien Aspetti.

Le Baptistère, ouvrage du XIIe siècle, voisin et séparé de la cathédrale, est bien plus qu'elle caractéristique et intéressant sous le rapport de l'art. Élevé par Fina Buzzacarina, femme de François Carrare le vieux, il offre d'admirables peintures des élèves du Giotto, dignes de lui et habilement restaurées; elles représentent des sujets divers de l'Ancien et du Nouveau Testament, de l'Apocalypse, et l'on y voit quelques portraits historiques, tels que ceux de la pieuse fondatrice implorant la Vierge, de plusieurs Carrares et de Pétrarque. Près de la porte, le bas-relief en bronze de la *Décollation de S. Jean-Baptiste*, est un bon travail de Guido Lizzaro, habile fondeur du commencement du XVI° siècle. Le vieux diptyque de l'autel, du XIV° siècle, représentant divers sujets de la vie du saint, est un beau et curieux monument de l'art.

Le palais épiscopal, voisin du dôme, est intéressant sous le rapport de l'art : les fresques de la vieille chapelle, si élégantes, sont de Jacques Montagnana, excellent artiste de Padoue, regardé comme élève de Jean Bellini; son tableau de l'autel en trois compartimens est admirable. Les appartemens du prélat annoncent la libéralité de ses goûts; la bibliothèque est riche; plusieurs tableaux sont de grands maîtres et de diverses époques. Au-dessus de la porte de la bibliothèque est le portrait de Pétrarque faisant son oraison à la Vierge, regardé comme le plus authentique de ce grand poète; car si les divers portraits du Dante se ressemblent, les siens sont tous différens. Celui-là était peint sur le mur de la maison du poète à Padoue, démolie en 1581, lors de l'agrandissement de la cathédrale; le chevalier Jean-Baptiste Selvatico, professeur de droit canon à l'Université, le fit alors couper de la muraille et transporter chez lui, afin d'assurer sa conservation ; il a été placé, en 1816, à l'évêché par le marquis Pierre Selvatico, d'après les conseils du chevalier Jean de Lazara, son ami. Ce portrait a été gravé en tête de l'excellente et belle édition des *Rime* donnée par M. Marsand, déjà plusieurs fois citée. La *Vierge sur un trône, l'enfant Jésus à la main*, *et deux anges,* par Grégoire Schiavone, bon élève du Squarcione[1], a été vu et loué par Lanzi; le grand tableau de la *Peste de* 1631, chef-d'œuvre de Luc de Reggio, qui rappelle la douceur du Guide, son maître, est moins vivant, moins pathétique que la description de l'auteur des *Promessi sposi;* l'*Apparition du Christ à Ste. Marguerite,* par Damini, est touchante; un bon tableau représente ce jeune Napoléon, neveu du cardinal Étienne, tué d'une *chute de cheval et ressuscité par S. Dominique :* une patène en or, sur laquelle on voit le *Christ au milieu des Apôtres,* est un travail exquis de Valerio Belli, très habile artiste vicentin du xvie siècle.

S.-Antoine, *il Santo,* ainsi que la vaste popularité de ce thaumaturge l'a fait surnommer depuis six siècles, est la première et la plus ancienne merveille de Padoue. L'architecture est de Nicolas de Pise. Au-dessus de la grande porte sont de chaque côté du nom de Jésus les deux belles et célèbres figures de S. Bernardin et de S. Antoine, peintes par Mantegna, ainsi que l'indique l'inscription que lui-même y a mise[2]. La chapelle du saint, une des plus riches du monde, de l'architecture de Jacques Sansovino et de Jean-Marie Falconetto, est ornée d'arabesques gracieuses, de Mathieu Allio et de Jérôme Pironi, de bas-reliefs exquis de Jérôme Campagna, de Tullius et d'Antoine Lombardo et de Jacques Sansovino. Parmi ces derniers, il en est un très beau, dont le sujet républicain n'est pas sans quelque singularité sur le tombeau et parmi les traits divers de la vie de S. Antoine : c'est Mucius Scévola se brûlant fièrement la main pour avoir manqué Porsenna[3]. Un sujet

---

[1] *V.* ci-après.

[2] *Andreas Mantegna optumo favente numine perfecit.* MCCCCLII. XI Kal. sextil.

[3] Ce trait de Mucius Scévola paraît avoir été du goût des artistes

différent et moins noble, mais encore mieux exécuté, est le miracle de la jeune fille tombée dans un bourbier et ressuscitée par S. Antoine, bas-relief de Sansovino. Les ornemens en stuc de la voûte sont d'une extrême élégance, et le même habile artiste, Titien Minio, de Padoue, a fait le Rédempteur et les douze Apôtres; le majestueux autel, les portes, les quatre anges qui portent les candélabres, et les superbes statues de S. Bonaventure, de S. Louis et de S. Antoine, sont de Titien Aspetti, qu'il ne faut pas confondre avec le précédent artiste. Une des trois lampes d'or massif fondues en 1797 pour acquitter la contribution de guerre, était un présent du grand turc à S.-Antoine.

A la chapelle du S.-Sacrement, les bas-reliefs et les quatre anges sculptés par Donatello sont des ouvrages précieux. Les fresques de la chapelle S.-Félix, par Jacques Avanzi et Aldighieri[1], obscurs et grands peintres du xiv$^e$ siècle, et cinq statues antiques de l'autel, sont très belles. La fresque du plafond de la sacristie représente l'*Entrée au ciel de S. Antoine*, par Pierre Liberi, imitateur heureux de Michel-Ange, de Raphaël et du Corrège, mais dont le chef-d'œuvre est trop loin des yeux. La marqueterie des armoires et celle surtout de la pièce voisine sont de bons ouvrages des frères Laurent

---

italiens du xvi$^e$ siècle : on le retrouve sculpté sur l'arc de triomphe élevé à Rome lors du couronnement de Léon X; il était près des armes du pape et d'un sacrifice offert par des bergers. *V.* la Chronique du médecin florentin Jean-Jacques Penni, cité dans l'appendice de la *Vie et Pontificat de Léon X*, par Roscoe, chap. vii. *V.* ci-après un autre tableau sur le même sujet à S.-Laurent de Crémone, liv. viii, ch. xxv.

[1] Aldighieri, de Vérone, a été pris quelquefois pour Sebeto, ou Étienne de Vérone. Il est assez remarquable de voir l'exact et judicieux Lanzi combattre cette opinion dans un passage de son *Histoire de la Peinture en Italie* (t. III, p. 9), et la partager quelques pages plus bas (*id.*, p. 23).

et Christophe Canozi. Le *Martyre de Ste. Agathe*, de Jean-Baptiste Tiepolo, dans une des chapelles, a été vanté par Algarotti pour sa vive et belle expression, quoique le dessin n'en soit pas irréprochable. Je remarquai dans la chapelle S.-Prosdocimo, sépulture de la famille Capodilista, une noble et jolie devise chevaleresque en français, *Leal Desir*. A la chapelle Orsato est le *S. François recevant les stigmates*, par Liberi, dont la tête si expressive fut, dit-on, l'ouvrage d'une nuit. L'antique chapelle de la *Madonna Mora* est curieuse : la figure de marbre est un ouvrage grec, mais ses beautés ne peuvent être aperçues à cause des énormes vêtemens dont elle est affublée. Quelques autres peintures et sculptures de S.-Antoine sont remarquables : la *Descente de Croix*, par Luc de Reggio, est naturelle et grandiose. Le *Rédempteur*, fresque de l'école de Mantegna, mise sous verre, est assez bien conservée. Une autre fresque de la *Vierge et de l'enfant Jésus*, plus forte que nature, avec S. Jérôme et S. Jean-Baptiste, ouvrage des premières années du xv$^e$ siècle, rappelle la manière du Giotto. Le *Crucifix entouré des Prophètes, de S. Sébastien, de S. Grégoire, de S. Bonaventure et de Ste. Ursule*, par Jacques Montagnana, est élégant et vrai. Une sainte en marbre, au-dessus du bénitier, est de Pyrgotèles. La *Sépulture du Christ*, sur une porte de la chapelle des reliques, par Donatello, célèbre bas-relief d'argile dorée, qui était digne d'être coulé en bronze, a peut-être, malgré ses beautés, quelque exagération.

Le chœur et le maître-autel rassemblent les chefs-d'œuvre des plus grands maîtres : le grand candélabre de bronze d'André Riccio, le Lysippe vénitien, est le plus beau qu'il y ait au monde. Il coûta dix années de travail à l'artiste ; les détails peuvent soutenir le parallèle avec les candélabres antiques, mais l'ensemble est inférieur, et la richesse, la multiplicité de tant de belles parties fait tort à la beauté réelle de l'ouvrage. Les quatre statues des protecteurs de Padoue, la *Vierge et l'enfant Jésus*, le grand crucifix de bronze, sont d'admirables ouvrages de Donatello, et les statues de pierre sont de Jérôme Campagna.

*Il Santo* contient d'illustres mausolées de patriciens, de généraux, d'étrangers distingués, de professeurs. Le monument consacré par le patricien Querini à Bembo rappelle et semble réunir les premiers noms des lettres et des arts. Le buste de Danese Cataneo a obtenu les éloges de l'Arétin ; on prétend que le Titien et Sansovino contribuèrent à sa perfection par les conseils qu'ils donnèrent à l'artiste ; l'architecture noble et simple du monument est de San Micheli, et l'inscription de Paul Jove. Le mausolée en marbre d'Alexandre Contarini, procurateur de S. Marc, exécuté sous la direction de San Micheli, est grandiose ; les figures des esclaves enchaînées, de Vittoria, mises comme cariatides, et supérieurement disposées, sont énergiques, et la petite figure ailée en haut du monument, par le même grand artiste, est d'une grace infinie. Un autre magnifique tombeau est celui du professeur Octave Ferrari : on voit, par l'inscription, que ce professeur de Padoue avait une pension de Louis XIV, et était chevalier de l'ordre équestre de Christine. Cesarotti, plus illustre, aussi pensionné et décoré par Napoléon, n'a pour monument qu'une petite pierre rouge avec l'inscription à moitié effacée : *Ossa Melchioris Cesarotti Patavini anno* 1808. Malgré le talent poétique de Cesarotti, sa traduction de l'Iliade, surpassée par celle de Monti, se ressent du faux goût, des habitudes frivoles, de l'imitation française et voltairienne des auteurs italiens du dernier siècle ; la naïveté, la couleur antique y sont encore plus altérées que dans la traduction de Pope : c'est ainsi qu'il crut rendre plus agréable et plus décente la ceinture de Vénus en la transformant en collier. La traduction d'Ossian, le meilleur ouvrage poétique de Cesarotti, est fort supérieure à son Iliade, et, comme critique, Cesarotti a mérité de justes éloges. Un autre écrivain italien, philosophe et critique célèbre, le comte Gaspard Gozzi, frère aîné du bizarre et joyeux Charles Gozzi, enterré à S.-Antoine, n'a même point d'inscription. On a peine à s'expliquer une telle indifférence littéraire dans une ville comme Padoue, et à côté du faste de quelques uns de ses mausolées.

Le trésor de S.-Antoine, immense amas de reliques, a été dépouillé d'une partie de ses richesses au moment de l'invasion française, en 1797. On y montre la langue encore vermeille du saint, moins éloquente, mais qui a remué plus d'hommes que celle de l'orateur romain ; le recueil de ses sermons corrigés par lui, et dont l'écriture est lisible et même élégante.

Casanova rapporte qu'à Padoue l'on croit que S. Antoine fait trente miracles par jour [1] : la quantité de ses messes ne doit pas surprendre ; elle est si considérable qu'il n'y a point assez d'autels pour les célébrer, ni de prêtres pour les dire, et qu'une bulle du pape autorise le chapitre à dire, vers la fin de l'année, certaines messes (*messone* en vénitien), qui comptent pour mille, seul moyen de prévenir cette sorte d'arriéré.

La voûte de la sacristie, représentant l'*Entrée de S. Antoine au ciel*, est une admirable fresque de Liberi, malheureusement trop éloignée ; la marqueterie

---

[1] *Mém.*, t. VII, p. 89 de l'édition française.

des armoires est des frères Christophe et Laurent Canozzi ; ce dernier, peintre, sculpteur, condisciple et émule de Mantegna, très célèbre pour ce genre d'ouvrages ; un *Crucifix*, et d'autres ornemens en acier travaillés avec une habileté singulière par un ouvrier de Padoue, furent dirigés par le peintre Antoine Pellegrini.

Parmi les nombreux tombeaux du cloître de S.-Antoine, je remarquai celui d'un petit-neveu de l'Arioste, enfant de treize ans, illustre, dit l'inscription, par le nom de son aïeul (*Adolescentulo nomine avito claro*); celui d'un Français, Arminius d'Orbesan, baron de la Bastide, jeune guerrier mort en 1595, âgé de vingt ans : à la suite d'une inscription latine touchante [1] est ce quatrain, qui ne manque ni d'harmonie ni de poésie :

> N'arrose de tes pleurs ma sépulcrale cendre,
> Puisque un jour éternel d'un plus beau ray me luit,
> Mais bénis le cercueil, où tu as à descendre ;
> Car il n'est si beau jour qui ne meine sa nuit.

Le cloître de la Présidence offre un grand sarcophage surmonté de la statue d'un guerrier couché, avec une belle inscription latine composée par Pétrarque. [2]

---

[1] *Gallus eram, Patavi morior, spes una parentum,*
*Flectere ludus, equos, armaque cura fuit ;*
*Nec quarto in lustro mihi prævia Parca pepercit.*
*Hic tumulus, sors hæc, pax sit utrique : vale.*

[2] *Miles eram magnus factis, et nomine Mannus.*
*Donatos, quos fama vocat, celebratque vetusti*
*Sanguinis auctores habui, manus inclyta bello*
*Dexteritasque immensa fuit, nec gratia claræ*
*Defuerat formæ, dubiique peritia Martis ;*
*Dum pia justitiæ fervens amor induit arma,*
*Nil metuens multis late victricia campis*
*Signa tuli, multos potui meruisse triumphos :*
*Florentina mihi generosæ stirpis origo,*
*Cara domus Patavum, sedesque novissima busti*
*Contigit exiguo fessum sub marmore corpus,*
*Reddita mens cœlo, nomen servate sequentes.*

La *Scuola del Santo* (la Confrérie de S.-Antoine), voisine de l'église, offre au premier étage de belles et curieuses fresques du Titien, ou de son école, dont les sujets sont pris à l'histoire du saint, et qui sont les mieux conservés de tous les ouvrages de ce grand peintre. Deux surtout sont admirables; elles rappellent en même temps les violences jalouses des maris de cette époque, et la singulière commisération de S. Antoine pour leurs femmes : l'une représente la femme que son mari a poignardée, et qui est rendue à la vie par le saint; dans l'autre une mère, aussi fort suspecte à son époux, est justifiée par l'enfant dont elle vient d'accoucher, qui reconnaît son vrai père, miracle dont celui-ci est fort touché, qui le rassure complétement et pour lequel il fait ses remercîmens à S. Antoine. Deux fresques d'auteur inconnu le montrent encore, la première, adressant de courageuses remontrances au tyran Eccellin, qui tombe à ses pieds, lui jure de s'éloigner et part aussitôt de Padoue, dans laquelle il n'osa rentrer qu'après sa mort : il apparaît dans la seconde au bienheureux Lucas Belludi, auquel il annonce la délivrance de son pays, du même Eccellin : protecteur des femmes, ennemi redouté d'un tyran, S. Antoine est extrêmement à son avantage dans cette *Scuola*.

Quelques autres peintures sont encore remarquables; telles sont : le *Saint remettant le pied d'un jeune homme*, du Titien; *S. Antoine mort et reconnu saint par les joyeuses acclamations d'enfans*; le *Miracle du verre jeté par la fenêtre sur le pavé sans se casser*, qui convertit l'hérétique Aleard; l'*Enfant jeté dans une chaudière d'eau bouillante et ressuscité par le saint*; l'*Enfant honteux qui n'ose point demander de gimblettes*, de l'école du Titien; l'*Ouverture du tombeau du saint*, qui offre près de son corps les portraits de

Jacques Carrare et de Constance sa femme, bon tableau de Contarini; *S. François* et *S. Antoine* en clair-obscur, de chaque côté de l'autel; l'*Enfant ressuscité par le saint*, très beau, de Dominique Campagnola. Un peintre du dernier siècle, nommé Antoine Buttafogo, n'a pas craint de représenter la *Mort du saint* à côté de pareils ouvrages; le tableau est de 1777; ce téméraire aurait pu s'épargner la peine de le dater. Dans la petite chapelle souterraine, la *Vierge*, l'*enfant Jésus*, *S. Benoît* et *S. Jérôme*, ouvrage *titianesque*, du Padovanino, a été restauré maladroitement, et se perd abandonné.

S.-Gaétan, église d'une noble et simple architecture, de Scamozzi, altérée par la recherche de quelques ornemens du dernier siècle, a trois tableaux de Palma, l'*Annonciation*, la *Purification*, la *Résurrection du Christ*, et une admirable figure de la *Vierge addolorata*, attribuée au Titien et qui en est digne.

L'église S.-André a le tombeau d'un savant lettré du dernier siècle, Dominique Lazzarini da Murro; l'inscription en grec est touchante: « Ici repose Dominique « da Murro. Ah! combien il est loin d'Ancône, sa « patrie! » Au grand autel, la *Vierge*, l'*enfant Jésus*, *S. André*, *S. Thomas de Villeneuve*, et d'autres figures; est de Jean-Pierre Possenti, habile peintre bolonais de la moitié du XVII$^e$ siècle, tué à Padoue d'un coup d'arquebuse par un rival d'amour. A la sacristie, trois tableaux sont remarquables: la *Ste. Trinité*, *S. Jacques* et *S. Jérôme*, de Santa Croce; la *Vierge*, l'*enfant Jésus* et les *Apôtres*, de Salviati, et une très bonne *Résurrection du Christ*, d'auteur inconnu.

L'architecture de l'église Ste.-Lucie, simple et bien entendue, a échappé au mauvais goût du dernier siècle. Un petit tableau de la *Vierge*, demi-figure, au-dessous d'un crucifix en bois, de Bonazza, est un ouvrage précieux d'auteur inconnu; à la sacristie, le *S. Joseph tenant l'enfant Jésus entre ses bras*, qui, d'un air caressant, se tourne vers S. Antoine de Padoue et vers S. François d'Assise, est de Nicolas Renieri, peintre flamand, de la première moitié du xvie siècle, établi à Venise, dont le style à la fois doux et fort allie la manière de son pays à la manière italienne.

La petite église de *l'Annunziata nell' Arena*[1], du

---

[1] Malgré la prétention jalouse de Maffei, qui refusait un amphithéâtre à Padoue, il paraît certain qu'elle en possédait un (et même deux, si l'on en croit le comte Stratico, l'éditeur de Vitruve, qui en avait découvert un autre dans le *Prato della valle*), et que les ruines s'en retrouvent encore en face de l'église de *l'Annunziata*. Un Français plein d'esprit et d'érudition, d'Hancarville, mort à Padoue le 9 octobre 1805, où il est enterré, à l'église S.-Nicolas, avait composé sur ce sujet une Dissertation restée inédite, ainsi qu'un grand nombre de ses recherches passées entre les mains d'un Anglais, M. Wolstenholme Parr, qui devait, dit-on, les publier en Angleterre, mais qui était à Padoue en 1830. D'Hancarville n'était point mort à Rome en 1799 ou 1800, comme l'indique l'*article communiqué* en grande partie à M. Barbier par M. Justin Lamoureux, avocat de Nancy, et inséré dans l'*Examen critique des Dictionnaires historiques*, 1820, t. Ier, unique, p. 429, erreur que l'on retrouve à regret dans le *Dictionnaire historique* en un seul vol. in-8° de 2,500 pages. L'époque de sa naissance n'est pas probablement plus exacte. L'acte de décès de la paroisse, du 10 octobre 1805, porte que le baron d'Hancarville est mort la veille, de la fièvre, à la première heure de la matinée, après une maladie de deux mois, après avoir reçu tous ses sacremens, et qu'il était âgé d'environ (*circa*) quatre-vingt-six ans; sa naissance remonterait ainsi à l'année 1719 au lieu de 1729 indiquée dans l'*Examen* et le *Dictionnaire*. Des personnes de la société de Padoue, amis intimes de d'Hancarville, affirment que telle était l'ancienneté de ses souvenirs, qu'il avait dû atteindre cet âge avancé. Le comte Léopold Cicognara a donné des fragmens de ses Dissertations inédites sur les peintures de Raphaël à la fin du chapitre II, liv. VII de son *Histoire de la Sculpture*. Les titres de plusieurs autres de ces mêmes Dissertations inédites sont indiqués dans les notes de la traduction italienne déjà citée (liv. v, chap. xxv) de l'*Histoire de la vie et des ouvrages de Raphaël* de M. Quatremère de Quincy, par M. François Longhena. Il m'est impossible de ne pas rappeler ici un portrait charmant de d'Hancarville tracé par Mme Albrizzi, dans ses *Ritratti*.

commencement du xivᵉ siècle, est singulièrement caractéristique. A côté était le vieux palais Foscari, que j'ai vu démolir de 1827 à 1828, et à la place duquel s'élevait une maison d'assez médiocre apparence. Cet endroit écarté réunissait ainsi, lors de ma première visite, les ruines de l'antiquité, du moyen âge et de la renaissance. De vastes fresques couvrent les murailles de l'*Annunziata;* là sont les bizarres figures des Vertus et des Vices, du Giotto [1], et surtout le célèbre *Jugement dernier,* exécuté, dit-on, d'après les inspirations du Dante, son ami, par ce Dante de la peinture [2]. Malgré le poids de cinq siècles, cette grande composition est peut-être la mieux conservée de ses ouvrages, et la partie supérieure offre des détails pleins de goût, de grace, d'élégance et de vérité. Les peintures du chœur

---

[1] D'Hancarville avait entrepris sur ces figures une Dissertation que sa mort n'a laissée qu'ébauchée ; son ingénieuse explication de la Prudence, inédite, est donnée par le comte Cicognara, liv. III, ch. VII de son *Histoire de la Sculpture.*

[2] Benvenuto d'Imola, un des commentateurs du Dante, rapporte un mot assez gai de Giotto au Dante, qui logeait chez lui à Padoue, réponse à peu près semblable à celle du peintre romain Mallius, rapportée par Macrobe : le Dante, examinant les fresques de l'Annunziata, et ayant remarqué que les enfans de Giotto ressemblaient fort à leur père, dont l'extérieur était peu agréable, lui demanda comment ils pouvaient ressembler si peu à ses peintures, les unes étant si belles et les autres si laids : *Quia pingo de die, sed fingo de nocte,* répliqua Giotto. La mauvaise mine de Giotto est le sujet d'une nouvelle de Boccace ( *Giorn.* VI, *nov.* 5 ), qui fait de lui ce magnifique éloge : *Ebbe uno ingegno di tanta eccellenzia, che niuna cosa dalla natura, madre di tutte le cose, e operatrice col continuo girar de' cieli, fu che egli con lo stile, e con la penna, o col pennello non dipignesse sì simile a quella, che non simile, anzi più tosto dessa paresse, in tanto, che molte volte nelle cose da lui fatte si truova, che il visivo senso degli uomini vi prese errore.* Il dit encore que Giotto était *très beau parleur* ( *Bellissimo favellatore* ). Les Nouvelles de Sacchetti justifient cette dernière qualification ; elles rapportent quelques traits et réparties de Giotto, qui montrent son humeur moqueuse, indépendante, et même la licence singulière de ses opinions. V. *Nov.* LXIII et LXXV.

représentant la *Vie de la Vierge*, par Taddeo Bartoli, élève du Giotto, prouvent qu'il ne fut pas indigne de son glorieux maître.

Le magnifique tombeau de marbre du fondateur de l'*Annunziata*, Henri Scrovigno, avec sa statue couchée, est derrière l'autel; sa statue en pied est près de la sacristie; au-dessous se lit l'inscription : *Propria figura domini Henrici Scrovigni militis de Harena.* Scrovigno était un riche bourgeois de Padoue qui avait été agrégé à la noblesse vénitienne en 1301, deux années avant la fondation de l'*Annunziata*. La vanité serait utile et presque respectable, si elle produisait souvent de tels monumens.

Les *Eremitani* sont une des églises les plus curieuses de Padoue. Le dessin est d'un religieux de cet ordre, le frère Jean, grand architecte du xiiie siècle; elle offre deux antiques et élégans tombeaux de princes de la famille des Carrare, anciens souverains de Padoue, avec une inscription de Pétrarque [1]; un autre tombeau voisin du professeur de droit Mantova Benavides, non moins grand, non moins magnifique, et que, dans sa passion pour les monumens, ce Mécène padouan s'était fait élever pendant sa vie, par le sculpteur florentin Ammanato [2]; de grandes fresques de Mantegna et de son

---

[1] Elle est insérée dans l'ouvrage de Scardeone, *De Antiquitate urbis Patavii*; Basil., 1560, in-fol., p. 282; mais, au lieu de *cum foret horrendus hostibus ille suis*, il y a cette faute grossière, *eum floret*.

[2] Tel était le goût de Mantova pour les sciences, les arts et les artistes, que sur le revers d'une médaille en son honneur, qu'il avait fait graver par le célèbre Cavino, il avait mis le portrait de ce dernier et celui d'Alexandre Bassano, célèbre antiquaire, son complice dans la fabrication de médailles antiques, si parfaitement imitées, qu'elles ont fait long-temps le désespoir des autres antiquaires, et mérité à Cavino le titre de *Prince des faussaires*. Cicognara, *Stor. della Scultura*, V, 241.

école, à moitié détruites; une fresque bien conservée, un de ses chefs-d'œuvre; son *Martyre de S. Christophe*, plein de vie et d'expression, dans lequel il s'est peint, ainsi que son maître François Squarcione, sous les traits de deux soldats placés près du saint; d'autres fresques singulières du Guariento, peintre célèbre du xiv° siècle, maladroitement restaurées, qui couvrent le chœur, et représentent, dit-on, les planètes, parmi lesquelles on voit Mercure habillé en moine, et, en sa qualité du dieu de l'éloquence, tenant un livre à la main; *S. Pierre, S. Paul, Moïse et Josué*, fresques plus fortes que nature, regardées comme des meilleurs ouvrages du vigoureux pinceau d'Étienne dall' Arzere; sur l'autel de la chapelle, peinte par Mantegna, sept figures en terre cuite pleines de grace, de naturel et de simplicité, surmontées d'une frise élégante, de Jean de Pise, ou peut-être de son maître et compagnon Donatello; la *Vierge* sur un trône élevé, et l'enfant Jésus dans ses bras, à ses pieds S. Jacques, S. Augustin, S. Philippe, et le doge Gritti avec la cité de Padoue à la main, composition grandiose, *titianesque*, de Louis Fiumicelli; le *S. Jean-Baptiste dans le désert*, du Guide, qui a toute la noble expression de ce grand peintre; *Jésus-Christ montrant sa plaie à S. Thomas*, un des chefs-d'œuvre du Padovanino.

Un petit cimetière tient à l'église des *Eremitani*; il offre les tombeaux de marbre d'une dame allemande, la baronne Louise Deede, par Canova, et d'une autre personne de la religion réformée; ces tombeaux protestans sont peut-être les plus rapprochés qu'il y ait d'une église, et le dernier (par une louable tolérance) est construit dans le mur même des *Eremitani*, et donne, je crois, dans l'église.

A S.-Canziano, le *Miracle de l'Avare par S. An-*

*toine*, ouvrage de Damini, offre le portrait du célèbre anatomiste Jérôme Fabricius d'Acquapendente et celui de l'auteur; la *Mort du Rédempteur* et *les Maries pleurantes*, excellentes figures en terre, d'André Riccio, ont très malencontreusement été revêtues de couleur : on sent, en les voyant, à quel point la réalité est inférieure et opposée au vrai.

L'église des *Servi* de Ste.-Marie remonte au xiv<sup>e</sup> siècle; elle fut fondée par Fina Buzzacarina, femme de François Carrare le vieux, sur l'emplacement de la maison démolie de Nicolas Carrare, conspirateur qui avait voulu livrer Padoue à Can della Scala. Plusieurs de ses tableaux et mausolées sont remarquables : la *Vierge au milieu des Anges,* et à ses pieds S. Jérôme, S. Christophe, et d'autres saints, est une composition naturelle, élevée, du xv<sup>e</sup> siècle, d'auteur inconnu. On ne sait sur quel fondement la statue miraculeuse de la Vierge a été attribuée à Donatello. A la sacristie, le tableau de la *Vierge soutenant le Christ mort*, est d'André Mantova, noble et habile amateur, élève de Luc de Reggio. La *Vierge, S. Paul, S. Augustin, Ste. Marie-Madeleine, Ste. Catherine*, est un bel ouvrage d'Étienne dall' Arzere; l'*Apparition de la Vierge au fondateur de l'ordre des Servi*; l'*Évêque de Florence Ardingo lui passant sa robe noire*, sont de Luc de Reggio. Les bas-reliefs en bronze du mausolée de Paul de Castro et de son fils Ange, jurisconsultes et professeurs, sont peut-être du Vellano, élève de Donatello. On y voit un ange apportant un livre à ces docteurs, auxquels l'inscription donne le titre ridiculement superbe de *monarchis sapientiæ*. Le tombeau d'Héraclius Campolongo, célèbre médecin de son temps, mort en 1606, est à la fois grand et élégant.

La vaste église S.-François n'est pas sans intérêt

sous le rapport de l'art et des souvenirs littéraires : le tombeau de l'illustre savant, orateur, politique et guerrier florentin, Barthélemi Cavalcanti, mort à Padoue en 1562, est d'excellent goût, et le sarcophage rappelle la hardiesse de Michel-Ange. Celui du célèbre professeur et médecin vénitien Pierre Roccabonella, surmonté de sa statue en bronze écrivant, est du Vellano, terminé par André Riccio. Au-dessus de l'autel élégant de la chapelle *della Crociera*, l'*Ascension* est de Paul Véronèse; les apôtres sont de Damini, et furent peints en 1625, les figures de Paul Véronèse ayant été coupées et volées, ainsi que le constate une inscription qui rappelle cet étrange larcin. *S. Diègue, S. Antoine et S. François d'Assise*, sont de Liberi; un admirable *S. François recevant les stigmates*, de Luc de Reggio. A la chapelle S.-Grégoire, le *Saint intercédant pour quelques ames du purgatoire*, beau tableau de Palma, est malencontreusement caché par une image de la Vierge, objet de la vénération populaire. Les bas-reliefs de l'autel, élevé aux frais de l'archiprêtre Barthélemi Sanvito, ainsi que sa statue à genoux, sont de bons ouvrages du xvi<sup>e</sup> siècle. La *Vierge sur un trône*, et de chaque côté S. Pierre et S. François, bas-relief en bronze, est un précieux travail du Vellano, achevé par Riccio. Le portique de S.-François était jadis célèbre par les peintures en clair-obscur représentant la *Vie du Saint*, par François Squarcione; elles disparurent, et furent badigeonnées dans le dernier siècle, et Algarotti même a prétendu, en plaisantant, que ce fut à la suite d'un chapitre tenu là-dessus par les frères. Un religieux oblat du couvent, homme instruit et ami des arts, découvrit la suite de ces peintures dans un petit cloître voisin transformé en bûcher ; elles sont aujourd'hui à peu près perdues ; mais le compartiment le moins détruit, représentant S. François à genoux devant le pape sur son trône, entouré de la foule des cardinaux, dont la gravure a été due récemment aux soins de M. l'abbé Francesconi, bibliothécaire de l'Université, atteste encore l'habileté du vieux maître vénitien, chef d'une école célèbre de peinture à Padoue, et qui eut la gloire de former Mantegna.

Un des meilleurs ouvrages de Luc de Reggio est à S.-Clément; il représente ce pape au milieu des anges; le *Christ donnant les clefs à S. Pierre en présence des Anges*, de Pierre Damini, bon peintre padouan du XVII<sup>e</sup> siècle, mort dans un âge peu avancé, rappelle l'imitation du Padovanino.

La vaste église S.-Benoît-le-Vieux a quelques belles peintures: *S. Benoît et quelques Moines*, de Damini; le *Christ en l'air, S. Pierre dictant l'Évangile à S. Marc, S. Jérôme, S. Dominique*, et *Ste. Thècle*, de Dominique Tintoret; le grand tableau de *Moïse faisant jaillir l'eau du rocher*; le *Bienheureux Jourdain Forzate traçant avec son bâton le plan du monastère voisin*, du Padovanino; *Notre-Dame de Lorette, l'Impératrice Hélène* et *Louis de Gonzague*, de Luc de Reggio. Le tombeau d'une femme érudite et littéraire, de quelque célébrité dans le dernier siècle, de M<sup>me</sup> la comtesse de Rosenberg, est à S.-Benoît; il lui fut érigé, le 9 septembre 1791, par son frère Richard Winne, anglais.

La vaste église des Carmes possède un tableau charmant du Padovanino, la *Mère de S. Jacques et de S. Jean priant le Sauveur;* quelques bonnes peintures de son père Dario Varotari près de l'orgue et du maître-autel; *S. Prosdocimo, S. Daniel* et *S. Antoine de Padoue;* une *Vierge* à fresque d'Étienne dall'Arzere; un petit et élégant tableau de Jean-Baptiste Bissoni, la *Vierge, l'enfant Jésus, et le bienheureux Siméon*

*Stoch,* et un autre, grand et beau, du même, la *Vierge offrant l'habit de carmélite au fondateur de l'ordre.* La Scuola del Carmine, voisine de l'église, a quelques fresques de Dominique Campagnola, l'*Adoration des Bergers,* des *Mages,* la *Circoncision,* qui sont des meilleures de cet artiste, une admirable *Visite de S. Joseph à Ste. Anne,* du Titien, et un petit tableau de la *Vierge avec l'enfant Jésus,* de lui ou du vieux Palma.

L'église Ste.-Croix, qui a des peintures estimées et deux bonnes figures d'anges, d'Antoine Bonazza, habile sculpteur du dernier siècle, est surtout intéressante par la sépulture du P. Jacques Stellini, religieux somasque, homme d'un savoir et de facultés immenses, poète, orateur, géomètre, théologien, médecin, chimiste, érudit, et surtout philosophe, qui, selon l'expression d'Algarotti, aurait pu se charger d'enseigner, le même jour, toutes les sciences humaines, espèce de Socrate padouan, dont les opinions, à peu près oubliées en Italie, prouvent que les résultats de la pensée et de la raison y vivront toujours moins que les œuvres des arts et de la poésie. [1]

La petite église des *Dimesse,* d'une élégante et harmonieuse architecture, passe pour être du dessin d'Algarotti. La statue de la *Vierge et de l'enfant Jésus* est de Marinali; et la *Madeleine, S. Antoine, S. Jean-Baptiste* et *S. Prosdocimo,* est un beau tableau de la première manière de Liberi.

[1] Un tableau de l'*Essai sur l'origine et les progrès des mœurs,* de Stellini, a été très bien tracé dans l'article de la *Biographie* que lui a consacré M. le chevalier De Angelis, italien très instruit, qui, par ses avis et ses recommandations, fut comme mon guide, comme mon introducteur en Italie; homme distingué par ses qualités, son éducation et ses talens, que le malheur a jeté depuis quelques années hors de sa patrie et de la nôtre, dans une de ces capitales naissantes de l'Amérique du Sud, et auquel j'ai vivement regretté de ne pouvoir exprimer toute ma gratitude.

## CHAPITRE IV.

*Ste.-Justine.* — Ancienne bibliothèque. — *S.-Jean di Verdara.*
— Buonamico. — Professeurs du xvie siècle. — Morgagni. —
Séminaire. — Forcellini.

STE.-JUSTINE, avec ses huit coupoles à jour, dont la plus élevée est surmontée de la statue de la sainte, est un superbe monument : bâtie depuis plus de trois siècles, cette église paraît encore toute neuve. L'architecte fut un bénédictin, le P. Jérôme de Brescia. Dans la chapelle principale est un excellent tableau de Paul Véronèse, le *Martyre de Ste Justine* ; mais Jésus-Christ, la Vierge, S. Jean et les anges placés en haut semblent bien moins descendre que tomber lourdement du ciel : un tel défaut, si opposé à la manière aérienne de ce grand peintre, ne saurait certes lui être attribué ; il doit revenir au prieur du couvent, qui eut la prétention de rectifier le dessin de Paul Véronèse et de lui enseigner la perspective.[1]

Les diverses chapelles ont encore d'autres belles peintures : la *Conversion de S. Paul*, le *Martyre de Jacques Mineur*, superbes compositions des héritiers de Paul Véronèse[2] ; une agréable et touchante *Extase de Ste Ger-*

---

[1] Ce prieur de Ste.-Justine était le père Julien de Careni, de Plaisance : Algarotti, dans ses Lettres, a imaginé un plaisant dialogue entre lui et l'artiste au sujet de cette correction. Il a toutefois été reconnu depuis que le changement des couleurs, plus foncées, a beaucoup ajouté à ce défaut de perspective.

[2] Plusieurs tableaux exécutés par ses parens, et après sa mort, portent pour nom d'auteur les *héritiers de Paul Véronèse* : c'étaient son fils Carletto et ses frères Benoît et Gabriel. Toute cette famille travaillait quelquefois ensemble au même tableau.

*trude*, de Liberi ; un énergique *Martyre de S. Gherard Sagredo*, de Charles Loth ; la *Mort de Ste. Scolastique*, peut-être trop gracieuse ; le *Martyre de S. Placide*, noble, élégant, de Luc Giordano ; *S. Benoît recevant à la porte de son monastère S. Placide et S. Maur*, un des meilleurs ouvrages de Palma ; *le même saint montrant sa règle à plusieurs princes et princesses*, de Claude Ridolfi, très loué, et justement ; *S. Côme et S. Damien tirés de la mer; leur martyre*, bons ouvrages d'Antoine Balestra, élève de Carlemaratte ; un grand et pathétique tableau de la *Mission des Apôtres*, de Jean-Baptiste Bissoni, peintre padouan du xviie siècle ; le *Miracle des saints Innocens*, très élégant, par Damini, de la même époque ; le *Martyre de S. Daniel*, d'Antoine Zanchi, contemporain des deux derniers peintres, un de ses meilleurs tableaux et remarquable par la composition, le dessin et la vérité des chairs. La statue de *Rachel*, avec un fils dans ses bras et un autre mort à ses pieds, par Jean Comino, est estimée ; les figures, plus fortes que nature, du *Christ mort, de la Vierge et de S. Jean*, par Philippe Parodi, malgré beaucoup d'habileté, révèlent toujours l'élève du Bernin [1]. Les figures et symboles pris du Nouveau-Testament qui ornent les stalles du chœur, sont un ouvrage bien exécuté par un Français de Rouen, Richard Taurigni [2], personnage extraordinaire, dont la vie à Pa-

---

[1] *V.* ci-dessus, liv. vi, ch. xvi.

[2] Ce sculpteur et graveur en bois doit être le même que le Richard Taurigni dont Papillon a parlé ( *Traité de la Gravure en bois*, I, addit., p. 458), et dont, suivant la remarque de l'auteur d'un article Tauri de la *Biographie*, il n'est fait aucune mention, ni dans les deux *Catalogues* de l'abbé de Marolles, ni dans le *Cabinet* de Florent Lecomte, ni dans l'*Abecedario* d'Orlandi, ni dans le *Dictionnaire des Monogrammes* de Christ, ni dans le *Dictionnaire des Gravures* de Basan, ni enfin dans le *Manuel des Curieux* de Huber et Rost. M. Cicognara n'a point oublié Richard Taurigni, dont il

doue est remplie de querelles et de fureurs, par le P. abbé Euthichius Cordes d'Anvers, un des pères du concile de Trente, théologien ami des arts, qui dirigea dans ses travaux notre fougueux compatriote, et par André Campagnola, bon sculpteur, peu connu, qui a fait en terre cuite le modèle de ces beaux reliefs en bois. Ste.-Justine a le tombeau de la docte Piscopia-Cornaro, dont la statue est à l'Université[1], le buste à S.-Antoine, et qui semble comme la muse de Padoue.

L'ancienne et célèbre bibliothèque de Ste.-Justine n'existe plus; vendue en 1810 par le domaine, elle est maintenant dispersée, et la plus grande partie des articles précieux est passée de la bibliothèque de M. Melzi en Angleterre; ses brillans rayons, faits de bois de Norwège et de l'Inde, sont à la bibliothèque de l'Université, et le cloître est devenu un grand et bel hôpital d'invalides. Il faut donc que nos écrivains d'histoire littéraire renoncent désormais à se renvoyer mutuellement aux manuscrits placés dans la bibliothèque Ste.-Justine.

L'église des Graces, dont le couvent, autrefois des Dominicains, est une maison d'orphelins et de mendians, a un beau et expressif tableau de Damini, représentant *S. Dominique ressuscitant une jeune fille noyée.*

Ste.-Sophie, que l'on a crue l'ancienne cathédrale, conserve d'antiques et divers débris : telles sont les bizarres figures peintes à la grande porte. Le *Christ mis dans le tombeau* est un des meilleurs tableaux d'Étienne dall' Arzere; une *Madone*, fresque du xiv.ᵉ siècle, est un ouvrage curieux; les vieux siéges qui servaient au-

---

loue les sculptures en bois des stalles du dôme de Milan représentant la vie de S. Ambroise et d'autres archevêques de cette ville, sculptures exécutées sur les dessins du Brambilla, et dues à la munificence de S. Charles Borromée. *Stor. del. Scult.*, V, 530, 31.

[1] *V.* ci-dessus, chap. II.

trefois aux prêtres pendant les offices méritent l'attention des érudits.

L'église *Ogni Santi*, d'une architecture nue, a une *Assomption* de Palma; l'ancône en trois compartimens, à l'entrée de la sacristie, représentant *la Vierge*, *l'enfant Jésus*, et à ses côtés S. Sébastien et un autre saint, est un précieux débris de peinture dans le style *squarcionesque*[1]; un tableau plein de vie et d'expression, le plus remarquable de cette église, est la *Vierge* dans une gloire, et en bas S. Maur et Ste. Agnès : Morelli l'attribue au Bassan, mais il paraît plutôt de son élève Bonifazio. L'épitaphe suivante, espèce d'épigramme politique sur un tombeau, probablement d'un de nos compatriotes émigrés, n'est pas sans quelque originalité : *Cajetanus Molinus N. V. olim aristocraticus, nunc realista, unquam democraticus, civis semper optimus, obiit tertio Id. dec. MDCCXCVII.*

S.-Thomas, ou les Philippins, est remarquable par ses peintures : la *Vierge au milieu des Mages*, dont le fils se penche gracieusement vers S. Joseph, S. Antoine de Padoue et le petit S. Jean, est de Luc de Reggio; il a fait encore *S. Philippe de Neri* et *S. Charles Borromée*, demi-lune près de l'orgue; la *Visite de Ste. Elisabeth*, la *Naissance de Jésus-Christ*, la *Présentation au temple*, le *Couronnement d'épines*, l'*Ascension*, la *Descente du S.-Esprit* et l'*Assomption de la Vierge*, beaux ouvrages, assez difficiles à découvrir au plafond: une *Piété*, du prêtre Stroifi, rappelle heureusement la manière du Cappuccino son maître; *Ste.-Thérèse, Ste. Justine*, sont de François Minorello; *S. Prosdocimo, S. Daniel, Ste. Agnès*, une religieuse; l'*Apparition de la Vierge à S. Philippe*; le même *saint porté au ciel par*

---

[1] *V*. chap. précédent.

*les Anges*, au réfectoire, de Liberi. Dans l'oratoire voisin, la *Vierge sur un trône avec l'enfant Jésus*, est un tableau bien exécuté, d'auteur inconnu.

S.-Jean *di Verdara* offre quelques tombeaux d'artistes et d'écrivains célèbres et de beaux tableaux. Le mausolée d'André Riccio, l'auteur du fameux candélabre[1], était surmonté de son portrait en bronze, qui, dit-on, semblait vivant, et qui en a été barbarement arraché : le bronze, que ce statuaire avait si habilement travaillé, était un ornement convenable et sacré sur son tombeau. Un autre grand artiste, Luc de Reggio, un des meilleurs élèves du Guide, peintre noble, gracieux, expressif, qui passa la plus grande partie de sa vie à Padoue, est enterré dans cette église[2]. Un monument élégant, mais imitation inférieure de celui de Bembo au Santo, a été consacré à Lazare Buonamico, un de ces grands professeurs du XVIe siècle, un de ces hommes renommés et puissans que recherchaient, que sollicitaient à l'envi les princes et les villes, dont la vie, différente de celle de leurs paisibles successeurs de France ou d'Allemagne, était pleine d'aventures, de catastrophes[3], et qui, par leurs leçons mieux que par leurs ouvrages, contribuèrent tant à la gloire des lettres modernes. Le monument élevé, en 1544, au professeur de droit Antoine Rossi est bizarre; mais le buste, d'auteur inconnu, est un ouvrage précieux. Les tableaux sont : la *Vierge, l'enfant Jésus, S. Antoine et S. Bernardin*;

---

[1] *V.* chap. précédent.

[2] L'inscription fautive porte qu'il mourut en 1652, âgé de quarante-neuf ans; son testament, déposé aux archives de Padoue, et fait à Borghoschiavin, en présence de François Minorello, son élève, est du 5 février 1654.

[3] Buonamico s'était trouvé à Rome au moment du sac de la ville par les troupes du connétable de Bourbon; il faillit y périr, et y perdit tous ses livres et manuscrits.

un grand et noble *Crucifiement*, d'Étienne dall' Arzere ; les deux premiers avec *S. Jean-Baptiste et S. Augustin* dans un agréable paysage ; à la sacristie, une *Madone*, très belle, dans une campagne riante, avec *S. Jean-Baptiste et Ste. Anne*, par don Pierre Bagnara, chanoine de S.-Jean-de-Latran, élève et imitateur faible et gracieux de son maître Raphaël. Sur le dernier tableau, le pieux artiste a inscrit ces mots, qui se retrouvent sur plusieurs de ses ouvrages : « Priez pour l'ame du peintre »[1] ; *S. Augustin donnant le livre de ses Constitutions aux religieux de son ordre*, est de Luc de Reggio.

Les trois seuls tableaux de la petite église S.-Maxime, par Tiepolo, sont excellens ; la statue couchée de Joseph Pino, mort à la fleur de l'âge, en 1560, est un ouvrage digne de cette époque. Un illustre tombeau est à S.-Maxime, c'est celui de Morgagni, savant plein de foi, qui, transporté d'admiration pour l'auteur de la nature, un jour, au milieu d'une dissection, laissant tomber son scalpel, s'écria : « Ah ! si je pouvais aimer Dieu comme je le connais ! »

La petite église S.-Mathieu est fière à juste titre de deux chefs-d'œuvre du Padovanino : le *Saint percé par un Gentil* et une *Annonciation*.

S.-Joseph a conservé quelques fresques curieuses de Jacques de Vérone, grand artiste du xive siècle, exécutées en 1397, selon une inscription en vers latins : l'*Adoration des Mages* offre les portraits de plusieurs princes Carrares ; quelques hommes un peu plus illustres aujourd'hui sont représentés parmi les spectateurs des *Funérailles de la Vierge*, ils s'appellent Dante, Pétrarque, Boccace ; on y voit aussi le célèbre médecin, philosophe et hérétique, Pierre d'Abano, et peut-être

---

[1] *Orate Deum pro anima hujus pictoris*.

le peintre, qui serait le personnage tenant à la main son bonnet.

S.-Fermo a le grand et superbe *Crucifix* en bois, d'auteur inconnu, vanté par le P. della Valle, commentateur de Vasari, comme une des plus belles choses de Padoue[1], mais où l'agonie violente du Christ paraît plutôt celle d'un homme que d'un Dieu. Le tableau représentant la *Vierge avec S. Jean l'Evangéliste, S. François d'Assise et Jean Bagnara*, dit *le Long*, qui a élevé l'élégant autel où ce tableau est placé, est de François Minorello, le plus habile élève et imitateur de Luc de Reggio, et il paraît digne de son maître. Un petit tableau de *S. Pierre et de S. Jean-Baptiste* est curieux pour son antiquité.

Le collége de Padoue, appelé Séminaire, est justement célèbre par son imprimerie, son latin et sa bibliothèque. Les presses sont au nombre de huit, et paraissent occupées. La bibliothèque a 55,000 volumes environ et 800 manuscrits. On y compte de rares éditions princeps de l'Homère de Florence, du Pline de Venise; un exemplaire de la troisième édition du même, sur vélin[2]; un autre Pline avec des notes marginales d'un savant inconnu[3]; les Lettres de Cicéron, premier livre imprimé à Venise; de beaux manuscrits de Pétrarque et du Dante[4]. Une Lettre autographe de Pétrarque à son médecin et son ami Jean Dondi[5], *De quibusdam consiliis*

---

[1] *Vie de Mantegna*, t. IV, 230.

[2] Venise, 1472. Un exemplaire est à la bibliothèque royale. Il n'en existe, dit M. Brunet, *Manuel du Libraire*, que quatre ou cinq exemplaires; peut-être le nombre en est-il plus considérable.

[3] Venise, Bernardin Benalio, 1497.

[4] On a toutefois remarqué qu'un de ces derniers a été rempli par l'ignorance du copiste d'idiotismes vénitiens : c'est ainsi que le vers

*Ma prima che Gennajo tutto sverni* ( Parad. XXVII, 142. )

est devenu

*Ma prima che Genar tutto se stierni.*

(Lombardo. Coment. Foscolo, *Dante illustrato*, II, 241.)

[5] Le fils de Jacques, médecin et astronome, auteur de la fameuse

*medecinæ*, est curieuse¹ ; on peut la regarder comme un petit traité d'hygiène; elle est datée d'Arquà ; Pétrarque avait alors soixante-six ans. Après les lieux communs sur la nécessité de céder au temps, puisque tout lui cède dans la nature, Pétrarque défend son régime d'herbe, d'eau, de fruits, de poisson, contre Dondi, qui voudrait lui faire boire du vin, des spiritueux, manger de la chair de perdrix et de faisan, et qui combat ses jeûnes, malgré l'exemple des solitaires de la Thébaïde cité par Pétrarque². Un exemplaire des *Dialogues* de Galilée, sur lequel il a travaillé, est aussi à la bibliothèque ; les variantes en ont été données dans l'édition de ses œuvres imprimées au Séminaire.³

Je ne pus contempler sans une sorte de respect le manuscrit en 12 volumes in-fol. du grand Dictionnaire latin de Forcellini, monument de science, de constance et de modestie de ce saint et docte prêtre⁴. Certes,

horloge qui fut placée sur la tour du palais de Padoue, en 1344. Jean fut aussi astronome en même temps que médecin. Il inventa et exécuta lui-même une autre horloge qui fut placée à Pavie dans la bibliothèque de Jean Galeaz Visconti. C'est de là que cette famille Dondi avait pris le surnom de *degli Orologi*. Ginguené, *Hist. litt. d'Italie*, II, 426.

¹ Elle a été publiée en 1808 par les professeurs du séminaire de Padoue, et tirée seulement à cent exemplaires. Cette lettre, la première du xiie livre des *Seniles*, est imprimée dans les diverses éditions de Pétrarque avec des fautes très grossières, que l'édition du séminaire a relevées et indiquées à la fin du volume.

² Pétrarque ne fut pas moins injuste envers la médecine et les médecins que Montaigne, Molière et Jean-Jacques. *V.* dans les *Senil.*, lib. xii, les ép. 1 et 2 adressées à Jean de Padoue, célèbre médecin. Un habitant de cette ville offrit d'élever la statue de Pétrarque à ses frais dans le *Prato della Valle* (*V.* ci-après, chap. vi), mais à condition qu'il pourrait y inscrire ces mots :

*Francisco Petrarchæ*
*Medicorum hosti infensissimo.*

L'étrange proposition ne fut point acceptée.

³ 1744, 4 vol. in-4°.

⁴ La nouvelle édition du Dictionnaire de Forcellini, dont il a paru deux volumes, est dirigée par M. l'abbé Joseph Furlanetto,

on ne s'attend guère à trouver de la sensibilité et du pathétique en tête d'un lexique latin in-fol.; et cependant je ne connais rien de plus touchant que ces paroles de Forcellini aux élèves du séminaire de Padoue, dans lesquelles il leur rappelle avec simplicité le temps, les soins, les forces qu'il a consacrés à ce travail de près de quarante années; « Je l'ai commencé jeune, « je suis devenu vieux en l'achevant, comme vous « voyez »[1]. Je demandai à voir les auteurs dont il s'était servi pour ses recherches; ils étaient usés, détruits, tant il les avait feuilletés et refeuilletés : un mérite aussi solide, une vie aussi utile et aussi pure sont à la fois l'honneur des lettres et de la religion.

L'église du séminaire, bonne construction du commencement du XVI$^e$ siècle, a quelques belles peintures : le célèbre tableau du Bassan représentant le *Christ mort*, et porté au tombeau à la lueur des torches par Joseph et Nicodème; l'expression de douleur de la Vierge et des autres femmes est admirable; le peintre a presque fait de ce chef-d'œuvre un tableau de famille : le vieux Joseph est son portrait, la Vierge celui de sa femme, une des Maries celui de sa fille; la *Vierge sur un trône avec l'enfant Jésus*, et en bas S. Pierre, S. Paul, S. Jean-Baptiste, Ste. Catherine et deux anges, un des meilleurs ouvrages de Barthélemi Montagna, élève de Jean Bellini, peintre de la moitié du XV$^e$ siècle, d'origine vénitienne, mais né à Vicence, ainsi que l'a démontré un homme distingué de cette ville, M. le comte Léonard Trissino, digne de son nom par ses connaissances et son goût des lettres; l'*Adoration des*

du séminaire de Padoue, dont j'ai eu l'honneur d'être reçu, et qui est tout-à-fait digne, par son savoir et son activité, de perfectionner cet important ouvrage.

[1] « *Adolescens manum admovi, senex, dùm perficerem, factus sum, ut videtis.* » Totius latinitatis lexicon, t. I$^{er}$, XLVI.

*Bergers,* de François Bassano, ou de son frère Léandre, excellente; la *Vierge,* l'*enfant Jésus, S. Jérôme,* et autres saints, tableau non fini et estimé : l'auteur est Lamberto Lombardo, peintre de Liége, établi quelque temps à Venise, qui fit quelques paysages des tableaux du Titien, son maître et son modèle, et du Tintoret; un grand *Crucifiement,* qui, malgré les injures du temps, a paru, par son pathétique et son inscription abrégée, pouvoir être attribué à Paul Véronèse.

## CHAPITRE V.

### Statue de Gattamelata. — *Condottieri.*

La belle statue équestre de bronze par Donatello représentant le *Condottiere* Gattamelata, sur la place de l'église S.-Antoine, est la première qui ait été fondue en Italie et chez les modernes. Quelque habile qu'ait pu se montrer ce général, il ne paraît point qu'un chef de soldats mercenaires fût digne d'un tel honneur et d'un tel monument. Avec de pareils combattans la guerre semble perdre une partie de son héroïsme; elle n'est qu'une nouvelle espèce de spéculation et de trafic. Ces *condottieri,* aux gages d'états divers, prenaient soin, comme on sait, de se ménager; leurs manœuvres sur le champ de bataille n'étaient fort souvent que de simples évolutions, et leurs campagnes, que de grandes parades. Le fait rapporté par Machiavel, de la bataille d'Anghiari gagnée par les bandes au service de Florence sur les bandes à la solde de Milan [1], quoique contredit

---

[1] *Ist. fiorent.* lib. v. Après quatre heures de mêlée, il n'y eut qu'un seul homme de tué, encore fût-ce d'une chute de cheval, et pour avoir été foulé aux pieds des chevaux par ces prétendus combattans.

par Scipion Ammirato [1], ne détruit point le raisonnement du publiciste florentin sur l'infériorité de pareilles troupes et sur leur impuissance à défendre leur patrie : les soldats français, qui n'entendaient rien à ce genre d'exercice et d'arrangement, purent aisément venir à bout de tels ennemis, et conquérir l'Italie *col gesso* [2]. Peut-être doit-on attribuer à la terrible surprise qu'ils excitèrent chez des hommes aussi prudens, l'origine de la *furia francese ?* Chose singulière ! ces républiques si orageuses, si jalouses de leur liberté, Athènes, Carthage, Venise, Florence, finissent par charger des soldats étrangers et barbares de les défendre, tant cette sorte d'égoïsme social, produit par la fausse civilisation et le besoin des jouissances, est funeste au vrai patriotisme, tant les peuples riches, commerçans, raisonneurs, sont moins propres aux grands sacrifices que les nations pauvres, isolées, de mœurs antiques et de croyances religieuses !

## CHAPITRE VI.

Palais *del Capitanio*. — Imprimerie Bettoni. — Palais du Podestat. — Salon. — *Lapis vituperii*. — Prisonniers pour dettes. — Belzoni. — Italiens voyageurs. — *Prato della valle*. — Portes.

L'Architecture du palais dit *del Capitanio*, de Falconetto, est majestueuse. Sous la porte, de colossales fresques sont de Sébastien Florigerio, habile peintre du commencement du xvi° siècle, élève de Martin d'Udine.

[1] Vol. III, p. 102.
[2] *A la craie ;* mot du pape Alexandre VI pour exprimer la rapidité de l'invasion de Charles VIII, qui semblait n'avoir rien eu de plus à faire qu'à marquer ses logemens comme un maréchal-des-logis.

Telle est la noblesse, l'élégance de l'escalier et de ses coupoles, qu'il a été mis par erreur dans les œuvres inédites de Palladio; il paraît de Vincent Dotto, bon architecte de Padoue de la fin du xvie siècle, dont les constructions rappellent quelquefois la grâce de ce grand maître. La célèbre imprimerie et calcographie Bettoni, la première de l'Italie après l'imprimerie de Bodoni, occupe depuis 1808 le palais *del Capitanio*, établissement magnifique, très habilement dirigé, auquel on doit la publication d'ouvrages d'art importans, et qui a employé les talens des Bossi, des Longhi, des Matteini, des Morghen, des Rosaspina, des Garavaglia, des Anderloni, etc.[1]

Quelques parties extérieures de l'architecture du palais du Podestat ont paru dignes de Palladio : la statue de la *Justice* tenant une épée nue, à l'entrée, est de Titien Minio; elle est inférieure aux élégantes et légères figures ailées de la façade, qui lui sont aussi attribuées. Les salles de ce palais du Podestat ont reçu de bons tableaux des peintres de l'école vénitienne, dont plusieurs, relatifs à l'histoire de Padoue, sont particulièrement flatteurs pour l'autorité municipale : le *Recteur de la ville, Cavalli, accompagné de S. Marc et des quatre protecteurs de Padoue, se présentant devant le Sauveur*, un des chefs-d'œuvre de Dominique Campagnola; un autre grand tableau de la *Vierge avec S. Marc et S. Luc*, du même; le *Recteur Maxime Valier abandonnant les clefs de la ville à son frère Sigismond*, de Damini; l'*Alliance conclue entre Pie V, le roi d'Espagne et le doge Louis Mocenigo*, de Darius Varotari; la *Vierge dans une gloire entre S. Joseph et S. Jean et en bas, S. Antoine de Padoue et S. Charles*

[1] La partie principale de cet établissement est aujourd'hui à Milan.

*Borromée*, d'Antoine Martini; un grand tableau de *Jésus-Christ entre la Justice et l'Abondance avec S. Prosdocimo et S. Antoine, qui lui présentent les recteurs Soranzo*, de Palma; une petite *Flagellation de Jésus-Christ*, de l'Orbetto; une *Bacchanale*, de François Cassana, artiste vigoureux du XVII<sup>e</sup> siècle; un *Combat de deux Coqs*, de son fils Augustin Cassana, qui a excellé dans les animaux; *Loth et ses filles*, de Liberi; une *Femme adultère*, très belle, du Padovanino; son portrait, par lui-même, dont l'attitude et les divers objets que l'on y voit représentés annoncent que ce peintre charmant aimait aussi les lettres et les sciences; une *Cène*, un des meilleurs ouvrages de Jean-Baptiste Piazzetta, imitateur hardi du Guerchin, vanté pour l'effet de ses ombres et de sa lumière. Les médaillons en bronze de Fracastor et d'André Navagero sont un travail parfait de l'habile et perfide Cavino.[1]

Le Salon, autrefois salle d'audience du palais de Justice (*palazzo della ragione*), ne sert plus qu'au tirage de la loterie; c'est assurément le plus vaste temple qu'ait jamais eu la fortune, et il est loin d'avoir été surpassé par notre Bourse de Paris. Westminster, la salle du vieux palais de Florence, n'ont même point l'étendue de cette salle immense, la plus grande construction de ce genre qu'il y ait en Europe, et dont la voûte célèbre atteste encore l'audacieux génie du frère Giovanni, religieux des *Eremitani* de S. Augustin, architecte habile du XIII<sup>e</sup> siècle, ingénieur de la commune de Padoue[2]. Les

---

[1] *V.* ci-dessus, chap. III.
[2] Une fête charmante fut donnée dans cette salle au mois de décembre 1815, à l'empereur François et à sa fille Marie-Louise, sous la direction de l'habile M. Japelli, architecte de Padoue (*V.* le chapitre suivant) : le salon avait été transformé en jardin, avec une salle de bal et un salon de réception pour leurs majestés ; les arbres étaient en pleine terre ; ils formaient d'épais massifs illuminés ; on repré-

fresques de la partie supérieure, divisées en trente-neuf compartimens offrant plusieurs sujets de la vie de la Vierge et de l'histoire sainte, et de nombreuses figures astrologiques, furent imaginées par le fameux Pierre d'Abano, et exécutées par Giotto et peut-être par d'autres peintres plus anciens [1]; elles ont été plusieurs fois restaurées, et, pour la dernière, en 1762, par François Zannoni, artiste incomparable dans ce genre de travaux, et capable de désarmer les plus opiniâtres ennemis des restaurations. Un monument assez bien exécuté a été élevé à Tite Live; il contient son prétendu cercueil; on y voit de chaque côté deux petites statues en bronze de Minerve et de l'Éternité, au-dessous desquelles sont le Tibre et la Brenta, tandis que les os de l'historien latin seraient au-dessus d'une porte voisine. Il peut exister dans l'amour de la patrie une sorte d'exagération, de superstition, qui finit par ne plus toucher, parce qu'elle ressemble à du charlatanisme, et qu'elle manque à la fois de bon sens et de vérité. Le monument de Sperone Speroni, avec son buste, est de 1594. Un monument qui diffère de ces deux monumens littéraires est celui consacré à la marquise Lucrèce Dondi dall' Orologio, femme digne de son prénom, qui, plutôt que de céder à la passion d'un amant, avait été assassinée dans sa chambre au milieu de la nuit du 16 novembre 1654.

La pierre (*lapis vituperii*) vue par Addison à l'Hôtel-de-ville, et par laquelle tout débiteur était délivré des poursuites de ses créanciers, lorsqu'après y avoir été assis à nu trois fois par les sergens, la halle pleine de

senta un petit opéra, et il y avait jusqu'à des mouvemens de terrain dans ce jardin d'appartement.

[1] C'est par erreur que Ginguené a dit (article de Pierre d'Abano, de la *Biographie*) que les figures de Pierre d'Abano, détruites par l'incendie du salon en 1420, furent repeintes par Giotto; celui-ci était mort depuis près d'un siècle, en 1336.

monde, il jurait n'avoir pas 5 francs vaillant, est aujourd'hui au salon. C'est une espèce de sellette de granit noir, qui n'est point du tout usée; il y avait vingt-quatre ans que cette coutume ne s'était pratiquée lors du voyage d'Addison en 1700. A l'intrépidité avec laquelle certains débiteurs de notre temps montrent leurs visages, on peut très bien croire que, si la même pierre existait à Paris, ils ne rougiraient guère de montrer le reste, et qu'elle servirait bien davantage. De pareilles pierres existaient, au moyen âge, dans diverses villes d'Italie, telles que Vérone, Florence [1], Sienne; il n'y avait de différence que dans le cérémonial [2]. Cet usage, malgré sa bizarrerie, était au fond assez raisonnable; c'était un moyen d'échapper à ces éternels prisonniers pour dettes, embarras de notre civilisation et de notre jurisprudence; et une telle publicité, à la fois mêlée de ridicule et de honte, valait peut-être mieux que certains de nos arrêts pour déclarer les gens insolvables.

On a placé au salon, vers le milieu de 1828, le mé-

[1] Lippo a mis dans l'enfer burlesque de son *Malmantile* les dames florentines qui, par la dépense de leur toilette, avaient conduit leurs maris sur la pierre des débiteurs :

> Donne, che feron già per ambizione
> D'apparir gioiellate e luccicanti,
> Dare il cul al marito in sul lastrone. ( Cant. vi, 73. )

[2] A Sienne, ces débiteurs faisaient pendant trois matins le tour de la place à l'heure où sonnait la cloche du palais; ils étaient accompagnés des sbires, et presque entièrement nus; le dernier jour, en frappant la pierre comme les débiteurs de Padoue, ils disaient les paroles suivantes, exigées par la loi : « J'ai consumé et « dissipé tout mon avoir, à présent, je paie mes créanciers de la « manière que vous voyez. » Gir. Gigli, *Diario sanese*, p. 11, cité par M. Camille Bonnard dans son charmant ouvrage *Costumes des* XIIIe, XIVe *et* XVe *siècles, extraits des monumens les plus authentiques de peinture et de sculpture*, 1re édit. française, texte de la pl. 67.

daillon en plâtre de Belzoni, exécuté aux frais de la commune; il est au-dessus de deux belles statues égyptiennes de granit, à têtes de lion, données par lui à sa ville natale. Si les Italiens, avec la faiblesse politique causée par la division de leur patrie, ne peuvent plus conquérir le monde, ils le découvrent : les premiers navigateurs sont Italiens, Marco Polo, Colomb, Vespuce, Jean et Sébastien Gabotto, Verazani, Pierre della Valle, Gemello Carreri; de nos jours, Belzoni remontait le Niger, et M. Beltrami, se dirigeant vers la baie d'Hudson, découvrait les sources du Mississipi et la communication entre la mer Glaciale et le golfe du Mexique. Le génie italien, toujours aventureux, toujours intrépide, n'a fait que changer d'élément et de route.

Le *Prato della valle*, place et promenade célèbre, est une espèce de Panthéon en plein vent, où sont exposées les statues des grands hommes de Padoue, depuis la statue d'Antenor le Troyen, regardé dans Virgile comme son fondateur[1], jusqu'à celle de Canova[2]. Deux statues sont de ce grand artiste : l'une, de Jean Poleni, est un ouvrage de sa jeunesse; il l'avait commencée à vingt-deux ans, et revint exprès de Rome la terminer un peu trop à la hâte, tant il était pressé de retourner dans cette capitale des arts qu'il n'avait fait qu'entrevoir, et dont les chefs-d'œuvre lui avaient révélé la

---

[1] *Æn.*, lib. 1, 242.
[2] La statue de Canova lui fut érigée pendant sa vie, en 1796, par le procurateur de S.-Marc, Antoine Capello. Afin de ne point paraître déroger à l'usage, qui ne permettait point de placer au Prato des statues d'hommes vivans, Canova fut représenté faisant la statue d'un autre Antoine Capello, négociateur et général habile du XVIe siècle, aussi procurateur de S.-Marc, et ancêtre de celui qui élevait la statue ; l'inscription loue et désigne adroitement Canova sans le nommer. *V.* la lettre de l'abbé Morelli sur une statue nouvellement placée dans le *Prato della valle*, t. II, p. 169 de ses *Operette*. Venise, 1820.

véritable sculpture; l'autre statue est celle d'Antoine Cappello. L'intention avait d'abord été de ne mettre au *Prato della valle* que des statues de Padouans; mais il fallut avoir recours à celles d'autres illustres Italiens, Padoue, malgré tout son mérite, n'ayant pu fournir assez de grands hommes pour garnir ce vaste enclos, dont les arbres sont peu élevés, en trop petit nombre, et dont le canal qui l'environne m'a paru l'été à peu près à sec.

Deux des portes de Padoue, la porte de S.-Jean et celle de Savonarole, sont de l'ancien et grand architecte Falconetto [1]. Cette dernière, qui prouve la popularité dont a joui, même à Padoue, le célèbre dominicain de Florence, a été louée avec justice par Vasari, Maffei, Temanza; et le commentateur érudit de Vitruve, le marquis Poleni, qui en a donné le plan, la regarde comme un des plus parfaits modèles de portes de ville. La porte *del Portello*, plus ornée, est presque un arc de triomphe: on l'attribue à Guillaume Bergamasco.

## CHAPITRE VII.

Palais. — Maison *Pappa-Fava*. — Chute d'anges. — M. Demin. — Maisons *Capodilista*. — *Giustiniani*. — Falconetto. — Maisons *Lazzara*. — *Venezze*. — Colosse d'Ammanato. — Statues. — Café Pedrochi.

---

Les palais de Padoue, après Venise, paraissent médiocrement curieux ou magnifiques. La maison des comtes Trento-Pappa-Fava, la plus belle de Padoue, offre un groupe horrible et pyramidal de soixante dé-

[1] *V.* le chapitre suivant.

mons enlacés les uns dans les autres. Cette chute des anges, ouvrage du dernier siècle, d'Augustin Fasolato, bizarre pour l'idée et la composition, est admirable sous le rapport du mécanisme et du travail. Une *Cène*, vieille fresque d'Étienne dall' Arzere, est remarquable pour le naturel et la beauté de quelques têtes. Les fresques nouvelles offrant des sujets mythologiques qui couvrent les murs d'une pièce de l'appartement de la comtesse Alexandre, ainsi qu'une Aspasie, sont des ouvrages agréables de M. Demin, un des meilleurs peintres actuels de l'Italie, fixé, enfoui à Padoue. Dans le jardin est un débris de colonne antique.

La maison Capodilista possède les énormes débris d'un cheval de bois par Donatello, le plus colossal qui existe, et que l'on pourrait prendre pour les ruines du cheval de Troie, transportées là peut-être par le troyen Antenor, fondateur, comme on sait, de Padoue. Les ouvrages de Donatello furent nombreux dans cette ville. Vasari rapporte qu'il y était tellement aimé que les habitans voulurent l'y fixer, et le faire leur concitoyen, mais que l'artiste, par une prudence qui n'est pas très commune, redouta pour son talent l'excès de tant de louanges.

La maison Giustiniani *al Santo* est un édifice célèbre construit en 1524, ainsi que le porte l'inscription, par l'architecte véronais Jean-Marie Falconétto, grand artiste, nourri de Vitruve et de l'étude des monumens antiques, le premier qui, avant l'école des Sansovino et des Palladio, introduisit dans cette contrée le bon goût en architecture. Falconetto mourut dix ans après dans cette même maison, chez son protecteur le comte Louis Cornaro, écrivain distingué, auteur du traité *Della vita sobria*, pour lequel il l'avait bâtie. Telle est l'élégance, l'harmonieuse construction de ce palais, et de sa belle *loggia* ; que, suivant Maffei, elle servit de modèle à Palladio pour le casin Capra [1]. Les bas-reliefs en stuc du petit salon et d'autres pièces, excellens, sont peut-être de Falconetto, et des fresques charmantes ont été peintes, d'après les cartons de Raphaël, par Dominique Campagnola.

La maison du chevalier Lazzara (à *S.-Francesco*), famille distinguée par le goût des lettres et des arts, est presque un musée de peinture, de sculpture et d'antiquités. Elle a des inscriptions étrusques, romaines, discutées par les savans; un précieux papyrus cité par monsignor Gaëtan Marini [2]; les armoiries de l'ancien tyran de Padoue, Eccelin avec une belle inscription de Lanzi; la galerie offre des tableaux de Carletto Caliari, du Tintoret, du Padovanino, de Marconi, du jeune Palma; quelques ouvrages des anciens maîtres de l'école vénitienne; un *Ange*, petit tableau du Guariento, et un *S. Jérôme* et une *Madone* du Squarcione. Quatre figures en terre cuite couleur de bronze sont les modèles de bustes de Jean Mazza, fondues par les Alberghetti pour le général Schulembourg; et le fameux François Bertozzi, sculpteur du dernier siècle, a exécuté les deux bas-reliefs des quatre élémens.

La maison Venezze, bâtie par le célèbre professeur Mantova Benavidès [3], a quelques débris de fresques de Gualtieri et de Dominique Campagnola; deux ouvrages de l'Ammanato sont remarquables : l'immense colosse d'*Hercule* formé de huit parties, habilement ajustées, nue et hardie statue de sa jeunesse, et la superbe porte du jardin semblable à un arc de triomphe et décorée des statues de Jupiter et d'Apollon.

---

[1] *V*. liv. v, ch. xxv.
[2] *Papiri diplomatici*, Rome, 1805, n° cxxviii.
[3] *V*. ci-dessus, chap. iii.

Quoique je m'occupe beaucoup plus des monumens du passé que de ceux du moment, il m'est impossible de ne point parler ici d'une construction qui était en pleine activité lors de mon dernier passage à Padoue. Cet élégant et vaste édifice, ouvrage de M. Joseph Japelli, architecte de la plus haute distinction [1], qui lui doit déjà ses nouvelles boucheries, autre construction excellente dans un genre différent, était exécuté pour le maître du café Pedrochi, qui compte y transférer son établissement; il est aussi destiné à servir de redoute et de casin, et sera certes un des plus magnifiques qu'il y ait au monde; toutes les colonnes, les murailles, le pavé sont de marbre; il n'y a même point de stuc, et si l'on n'était averti, un tel bâtiment semblerait bien plus devoir être un palais ou un temple qu'un café. La dépense sera de 150,000 fr.; mais un architecte parisien ne s'en tirerait pas avec un million. Il est vrai que les travaux sont singulièrement dirigés; il n'y a là ni de M. le maître-maçon, ni de M. l'entrepreneur en menuiserie, en serrurerie, ni d'autres puissances; il n'y a que l'architecte qui commande le matin et le maître qui paie le soir. Cette belle construction, qui durera quatre années, dont les détails mêmes, dont les chapiteaux sont exécutés et finis avec tant de soin, sera, je crois, terminée sans que l'on ait à régler un seul mémoire, prodige qui probablement ne s'était point vu depuis le temps

> Qu'aux accords d'Amphion les pierres se mouvaient
> Et sur les murs thébains en ordre s'élevaient.

Un temple antique s'est rencontré en creusant les fondations; une partie des marbres sert pour le pavé

[1] *V*. le précédent chapitre.

de cette boutique de limonadier, tant là la vieille grandeur de l'Italie se retrouve aux lieux mêmes où on la cherche le moins.

## CHAPITRE VIII.

*Cataio. — Arquà. —* Pétrarque. — Inscriptions. — Laure. — Tombeau.

Arquà, à quatre lieues de Padoue, est célèbre par le tombeau de Pétrarque. Sur la route est un grand manoir appelé le *Cataio*, et sur les créneaux duquel on s'attend presque à voir paraître le nain avec son cor, comme dans les romans de chevalerie [1]. La situation d'Arquà au milieu des collines Euganéennes est délicieuse; Childe Harold [2] et ses notes offrent une description poétique et détaillée du site; mais, en rappelant la beauté des vergers d'Arquà, de ses petits bois de mûrier et de saules entrelacés par les festons de la vigne, peut-être eût-il été juste de citer (au moins dans les notes) ses excellentes figues, qui jouissent dans le pays d'une grande réputation et la méritent. La maison de Pétrarque est au bout du village; cette maison, où

---

[1] Le *Cataio* appartient aujourd'hui au duc de Modène, auquel il a été légué par le dernier marquis Obizzi, ainsi que ses autres biens. Un livre rare de Joseph Betussi de Bassano, intitulé *Ragionamento sopra il Catajo luogo del Sig. Gio. Enea Obizzi; in Padova, per Lorenzo Pasquati*, 1573, in-8°, a été pris singulièrement par Lenglet Dufresnoy (*Supplément à la Méthode pour étudier l'histoire*, t. III, p. 434) pour un ouvrage sur le Cataï ou la Chine. *V.* la *Bibliothèque curieuse* de David Clément, t. III, p. 265.

[2] Ch. iv.

il recevait les fréquentes et familières visites de François Carrare, souverain de Padoue, est habitée par des paysans, et fort délabrée. Sur les murs des chambres, quelques traits de ses amours pris de la première *canzone* sont grossièrement peints: on le voit couché sous un arbre, et faisant un ruisseau de ses larmes; l'aventure de Laure, qui, se baignant dans une fontaine fit jaillir l'eau avec ses mains afin de se dérober à la vue de Pétrarque, est si singulièrement représentée qu'on pourrait croire qu'elle lui jette, avec assez peu de modestie, de l'eau au visage, quoiqu'il s'avance vers elle avec une gravité imperturbable ; il apparaît aussi presque métamorphosé en cerf; c'est Actéon en robe d'archidiacre. Dans une niche, l'on voit empaillée la petite chatte blanche aimée et chantée par Pétrarque; mais elle n'est pas, je crois, la véritable; elle a l'air toute neuve, et j'ai su que des étrangers sensibles voulant emporter quelque portion de cette illustre chatte, elle était renouvelée chaque année, ainsi que le laurier du tombeau de Virgile, à l'arrivée des voyageurs. [1]

Il y a dans cette maison un registre (*codice*) pour

---

[1] Quelques enthousiastes de Pétrarque soutiennent l'authenticité de la chatte. Tassoni a fait sur Arquà et sur elle ces jolis vers :

> *È 'l bel colle d' Arquà poco in disparte,*
> *Che quinci il monte e quindi il pian vagheggia;*
> *Dove giace colui, nelle cui carte*
> *L' alma fronda del sol lieta verdeggia ;*
> *E dove la sua gatta in secca spoglia*
> *Guarda dai topi ancor la dotta soglia.*
> *A questa Apollo già fo' privilegi,*
> *Che rimanesse incontro al tempo intatta,*
> *E che la fama sua con varj fregi*
> *Eterna fosse in mille carmi fatta :*
> *Onde i sepolcri de' superbi regi*
> *Vince di gloria un' insepolta gatta.*
> (Secch. rap. cant. VIII, st. 33, 34.)

inscrire les noms de ceux qui la visitent, ou leurs pensées, s'ils pensent. Ce volume a même été imprimé ; mais je doute que jamais l'intention d'avoir de l'enthousiasme ait moins heureusement inspiré. Nos grenadiers et nos voltigeurs sont venus aussi tracer leurs noms sur ce livre ; mais ceux-là ne sont ni sots ni ridicules. S'ils ne savent pas bien au juste ce que c'est que Pétrarque, on sent qu'il y a en eux une sorte d'instinct, d'entraînement pour la gloire même qu'ils ne comprennent pas trop : ce sentiment touche parce qu'il est vrai, et qu'il est le secret de leurs victoires.

J'avoue, d'ailleurs, que je ne suis guère partisan de ces éternelles inscriptions auxquelles tant de voyageurs se croient comme obligés. Il me semble que la multitude de noms vulgaires qui se pressent sur le tombeau d'un grand homme, ou sur les murs de sa demeure, trouble le calme de sa tombe et le silence de la solitude où il vécut. C'est d'ailleurs à la médiocrité une sorte de manque de respect que de se familiariser ainsi avec le génie, et de s'introduire de la sorte dans son sanctuaire : de pareils hommages sont presqu'une offense et un sacrilége; dans ce culte, il faut que l'adorateur ne soit pas trop au-dessous de la divinité, et ne forme pas avec elle un trop frappant contraste. Que M. de Chateaubriand grave, ou même fasse graver par un autre, son nom sur les pyramides, il n'y a rien là de choquant; mais trouver sur un illustre tombeau, sur un splendide monument, sur une merveille de l'art, des noms obscurs ou d'une frivole renommée, il y a là une trop forte disparate, un indigne mélange de célébrité qui importe et blesse. Cette vanité d'inscriptions, comme celle du monde, a son égoïsme et sa barbarie; les loges de Raphaël, les fresques de Jules Romain à Mantoue, et d'autres grands maîtres, déjà si dégradées par le temps, sont encore gâtées et flétries par la liste de tous ces noms propres.

Le tombeau de Pétrarque que lui fit ériger son gendre Brossano, est de l'autre côté d'Arquà en face de l'église. Pétrarque est peut-être, avec Voltaire, l'homme des temps modernes qui ait eu la plus grande existence littéraire; courtisé par les rois et les républiques, les papes et les universités, ami des cardinaux, des grands seigneurs et du faux et chimérique tribun de la Rome moderne, il gouvernait absolument cet empire des lettres qu'il avait comme fondé, tandis que Voltaire l'étendait et le renouvelait. Si Pétrarque eut déjà les vanités et les faiblesses d'un littérateur proprement dit, il se relève par sa tendresse, par son enthousiasme pour sa patrie, par la pitié profonde que lui inspirent ses malheurs [1], et par sa touchante amitié pour Boccace; Voltaire, au contraire, fut ennemi de Jean-Jacques; il avait pris son pays en ridicule comme tout le reste, et il se moquait de ses revers [2]. Assez semblables par leur vie, tous deux hôtes d'un roi philosophe (Pétrarque du bon Robert de Naples, un peu plus facile à vivre que Frédéric), aimés de femmes illustres, tourmentés par l'amertume des critiques, entretenant avec leurs contemporains et même les plus célèbres une vaste correspondance qui fait de leurs let-

---

[1] *V.* ses Canzone 2 et 4.

*Spirto gentil che quelle membra reggi.*
*Italia mia, benchè 'l parlar sia indarno.*

[2] « Toutes les fois que j'écris à votre majesté sur des affaires « un peu sérieuses, écrit-il à Frédéric, je tremble comme nos « régimens à Rosbach. » Et ailleurs : « Ils ont fui comme les Fran-« çais devant V. M. »... « Il me fallait, dit-il encore à Frédéric, le roi « de Prusse pour maître et le peuple anglais pour concitoyen », et beaucoup d'autres traits pareils. *Correspond. du roi de Prusse,* lett. LIX, LXXXIII, CXIV, CXXII, CXXIX.

tres comme des espèces d'annales du temps où ils ont vécu, transportant leur renommée vagabonde en mille endroits divers, leur mort présente un singulier contraste : Voltaire expire au milieu de Paris, accablé de sa gloire, au sein des hommages de l'Académie, au bruit des applaudissemens du théâtre, des acclamations du peuple; Pétrarque meurt paisiblement dans l'asile d'Arquà que lui avait offert le tyran de Padoue, et qu'il préfère à la vie orageuse du citoyen de Florence.[1]

L'amour réel ou métaphysique de Pétrarque pour Laure, est peut-être une des questions historiques les plus controversées et les plus obscurcies. **M. le professeur Marsand**, de Padoue, éditeur de la meilleure édition de Pétrarque, créateur d'une curieuse bibliothèque de 900 volumes sur cet homme célèbre, passée, en 1830, à la Bibliothèque particulière du Roi, qui, depuis vingt ans, a fait de la vie de Pétrarque son étude constante, est revenu au système du célibat de Laure; il prétend qu'aucune preuve authentique de son mariage avec Hugues de Sade ne peut être citée[2]. J'avoue que j'inclinerais volontiers à cette opinion, conforme à l'esprit et aux mœurs littéraires du temps, et que j'aimerais fort à voir une personne aussi poétique débarrassée de ces onze enfans que lui donne grossièrement et par vanité l'abbé de Sade.[3]

---

[1] J'avais eu quelque incertitude sur ce parallèle de Pétrarque et de Voltaire, car celui-ci n'a guère soupiré ; j'ai cru devoir conserver toutefois ce parallèle depuis qu'il a été indiqué par un habile professeur, M. Villemain, dans sa XIII$^e$ leçon de 1830.

[2] V. *Breve ragionamento intorno al celibato di Laura*, p. 231 et suiv. de la *Biblioteca petrarchesca*, Milan, Giusti, 1826, in-4°.

[3] Malgré sa haute naissance tant célébrée par Pétrarque, Laure pourrait bien avoir été une personne assez commune; celui-ci même avoue que, livrée aux soins du ménage, elle ne s'occupa jamais ni de vers ni de littérature :

*E non curò giammai rime nè versi.*

Pétrarque, par ses travaux, ses découvertes, ses encouragemens, ses sacrifices, peut être regardé comme le véritable créateur des lettres en Europe. Lorsque je contemplais sur la colline d'Arquà ce vaste tombeau de marbre rouge, soutenu par quatre colonnes, dans lequel ses restes reposent, il me semblait moins y voir la dépouille d'un homme qu'un monument élevé aux arts de l'esprit et de la pensée, qu'un trophée attestant le triomphe de la civilisation et des lettres sur l'ignorance et la barbarie.

## CHAPITRE IX.

Rovigo. — Rhodiginus. — *Ponte di Lagoscuro.* — Légations. — Douane. — Critique de la douane.

Rovigo est une ville assez bruyante, avec une grande place sur laquelle sont de hauts mâts vernissés de rouge; mais ce grand air est factice et commun, et il n'y a pas un monument. Un des premiers hommes de la renaissance, le célèbre Cœlius Rhodiginus, dont le nom italien était Louis Celio Richerio, et qui prit le nom latinisé de sa patrie (*Rhodigium*), est enterré dans le cloître de S.-François. Rhodiginus fut appelé le *Varron de son temps* par Jules-César Scaliger, qu'il eut la gloire d'avoir pour disciple ; ses *Antiquæ lectiones*, imprimées par Alde [1], le firent connaître dans toute l'Europe : protégé par François Ier, il mourut de douleur en apprenant sa défaite et sa prise à Pavie. Un officier autrichien, rap-

[1] 1516.

porte M. Bossi [1], peut-être quelque docte élève des universités allemandes, passant par Rovigo, et indigné de ne point trouver d'inscription sur le tombeau d'un tel savant, tira son épée, et écrivit avec la pointe ces mots admiratifs : *Hìc jacet tantus vir!* Ce mouvement eût encore mieux appartenu à l'un de nos compatriotes, car Rhodiginus avait toujours été partisan très dévoué des Français. Je n'ai point aperçu la statue qu'il avait été question de lui ériger à Rovigo, et dont ce laborieux savant était digne.

Le Pô est la limite de l'État romain ; on le passe à Ponte di Lagoscuro, où il n'y a qu'un simple bac (petit détail qui peut faire juger de l'exactitude des dénominations italiennes, ainsi que de la prospérité du pays), et l'on est dans la légation de Ferrare. Les légations peuvent être comparées pour le genre et l'étendue de l'autorité de ceux qui les gouvernent à des espèces de pachaliks dévots ; le pouvoir ecclésiastique y remplace, d'une manière non moins absolue, le pouvoir militaire : quant à la civilisation, je ne serais point surpris qu'avec le mouvement imprimé de nos jours en Orient, quelques uns des vrais pachas, malgré le génie barbare de l'islamisme, ne fussent moins arriérés que certains légats. [2]

A la frontière des États de l'Église, les gênes et les tracasseries pour l'entrée des livres sont extrêmes ; un prélat même n'y avait point échappé lorsque je les subis pour la seconde fois en 1827. Un des douaniers auxquels j'eus affaire était toutefois fort doux et fort poli ; il avait

---

[1] Note XXII, t. X de sa traduction *de la Vie et du Pontificat de Léon X*.

[2] *V.* sur ce mouvement de civilisation les lettres intéressantes sur l'Orient, par M. le baron Th. Renouard de Bussière, publiées en 1829, lettr. v, xvi, xix, xxxii. La politesse des pachas, remarquée par M. de Bussière (lettr. xxxii), est un autre trait qui les rapproche des légats malgré leur peu d'inclination pour les lumières.

cette sorte d'embarras d'un homme raisonnable qui fait une action ridicule, mais commandée, nécessaire; car il était observé par d'autres gens qui ne le valaient pas. Un édit très sévère du légat de Ferrare était affiché dans le bureau de la douane, où brûlait aussi la lampe de la Madone, au milieu des poids, des balances, des poinçons, de l'estampille et de tous les outils du métier; bizarre et choquant mélange des pratiques de la dévotion et de l'exercice du fisc. Le bagage littéraire que je traînais après moi, pour mes recherches, fut plombé, afin d'être examiné à Bologne par les censeurs. Cette critique de la douane aura dû paraître à la fin peu sûre; il n'était pas très facile, en effet, d'expliquer aux préposés ce que c'était qu'Horace, Virgile, Dante, Pétrarque et autres grands auteurs, dont je ne trouvais rien de mieux à leur dire, si ce n'est qu'ils étaient du pays, et qu'ils devaient ainsi les traiter en compatriotes.[1]

## CHAPITRE X.

FERRARE. — Château. — Palais *del Magistrato*. — *Intrepidi*. — Renée de France. — Réforme en Italie.

FERRARE est triste, déserte, abandonnée, mais respire encore une sorte de grandeur et de magnificence de cour[2]; son château surtout, occupé par le légat,

---

[1] *V.* sur le même sujet, liv. xii.

[2] La décadence de Ferrare a toutefois été exagérée par quelques voyageurs récens. Le commerce des blés y est considérable : si elle n'est plus précisément *la città bene aventurosa* de l'Arioste (*Orl.* cant. xliii, st. 55), elle serait encore assez *la gran donna del Pò* du Tassoni (*Secch. rap.* cant. v, st. 57); la population, qui s'élevait sous

avec ses ponts, ses tours, ses élégantes balustrades, conserve au-dehors un air de féerie qui répond à ses poétiques souvenirs ; son aspect me frappa vivement le soir de mon arrivée, lorsque je le contemplai au clair de la lune, dont les rayons se réflétaient dans ses larges fossés remplis d'eau. La visite des appartemens, le lendemain matin, dissipa complétement cette illusion : ils avaient été peints à neuf par un artiste et un *dilettante* de Ferrare ; et comme je recherchais curieusement quelques traces du séjour des princes de la maison d'Este, le *custode* ne manqua pas de me dire avec vanité qu'il n'y avait pas un seul coin qui n'eût été refait par son éminence. Si j'avais pu soupçonner un tel mécompte, j'aurais, je crois, dédaigné ce château, comme fit Michel-Ange, lorsque, réfugié incognito à Ferrare pendant le siége de Florence, et invité par le duc Alphonse à venir loger au palais, il préféra fièrement rester à son auberge. Quelques débris cependant de belles peintures subsistent encore au plafond de l'antichambre et de la salle de l'Aurore ; elles sont de Dosso Dossi, grand peintre ferrarais du xvi<sup>e</sup> siècle, célébré par l'Arioste comme un des premiers peintres de l'Italie.[1]

Le palais *del Magistrato*, résidence du gonfalonier, offre d'admirables peintures : des arabesques et de petites figures à fond d'or ; l'*Arche de Noé*, de Dosso Dossi ; quatre tableaux en clair-obscur, représentant divers traits de la vie du pape S. Sylvestre ; les *douze Apôtres*, la *Prière dans le Jardin*, la *Résurrection du*

---

l'administration française à 23,700 habitans, est, d'après le dernier recensement, de 31,612 habitans, y compris les 5,345 des faubourgs. Les juifs en forment environ un tiers ; ils ont été contraints d'habiter un quartier séparé ; mais ce quartier est le plus beau de la ville et ne ressemble point à l'infect *Ghetto* de Rome.

[1] *Orland.* cant. xxxiii, st. 2.

*Christ*, la *Descente du S.-Esprit*, du Garofolo, l'ami de l'Arioste, le Raphaël de Ferrare, et l'un des meilleurs élèves de ce grand maître : deux célèbres ovales offrent le *Martyre de S. Maurèle*, du Cosmè, artiste ferrarais du xv⁰ siècle, peintre de la cour de Borso d'Este ; un *S. Bruno*, du Guerchin ; la *Manne dans le Désert ;* le *Festin des Noces*, d'Augustin Carrache ; une *Crèche*, de l'Ortolano, ferrarais, imitateur de Raphaël ; la *Nativité de la Vierge ;* celle de l'enfant *Jésus ;* une *Assomption*, du Bastianino, autre Ferrarais, élève et imitateur de Michel-Ange.

L'ancienne académie *degli Intrepidi*, devenue, en 1803, après deux siècles d'existence, l'académie *Ariostea*, et, en 1814, l'académie scientifique-littéraire *degli Ariostei*, tient ses séances au palais *del Magistrato*. La dernière transformation des *Intrepidi* semble une amélioration : les recherches scientifiques des académies de province, telle que l'est à peu près aujourd'hui l'académie de Ferrare, doivent être préférables à leur poésie, puisqu'elles recueillent et présentent des faits.

Près de la salle Ariostéenne est une petite pièce et trois autres donnant sur le jardin, dans lesquelles, selon le savant guide de Ferrare, le docteur Antoine Frizzi, Calvin aurait été caché, lorsque, fugitif, il avait trouvé un asile près de la duchesse Renée, femme d'Hercule II, protectrice des gens de lettres et des érudits de son temps. C'était là qu'il faisait secrètement le prêche à cette princesse, fille hérétique de Louis XII et de la sévère Anne de Bretagne, à la docte et belle Olimpia-Fulvia Morata, à François Porto Centese, et autres courtisans, qui, surpris par le duc, s'enfuirent un jour avec leur apôtre. Quelques mois après Calvin, Marot, aussi banni de France, était venu à Ferrare ;

il en avait à son tour été chassé par le duc, mari étrangement jaloux, dont la femme n'eut jamais de rendez-vous qu'avec des sectaires. Renée, femme héroïque [1], ne put être ramenée à la foi par l'inquisiteur envoyé pour cela de France, malgré toutes les persécutions qu'elle subit, et que Marot a déplorées dans ses beaux vers à Marguerite de Navarre sa sœur:

> Ha Marguerite, escoute la souffrance
> Du noble cueur de Renée de France. [2]

Quand on considère l'opiniâtreté religieuse de la duchesse de Ferrare et son martyre domestique (elle avait été séparée de ses enfans par son époux), le calvinisme des femmes et des beaux esprits de cette petite cour, il est impossible de ne pas croire que la réforme n'ait poussé ses attaques contre Rome jusqu'au cœur de l'Italie [3]. En France, à cette même époque, une partie

---

[1] *V.* sa vie par Catteau, Berlin, 1781. A la mort de son époux, Renée s'empressa de quitter l'Italie et de revoir sa patrie; elle développa un grand caractère pendant nos guerres civiles, sa demeure fut l'asile des proscrits, et cette ancienne dame du château de Ferrare mourut dans le château moins poétique de Montargis. Ginguené s'est mépris lorsqu'en parlant du calvinisme de Renée (*Hist. litt. d'Ital.*, IV, 97), il regrette que ces opinions inintelligibles aient porté le trouble dans une cour paisible et rendu misérable *la fin d'une vie* si utilement employée à cultiver et à encourager les lettres: lors de la visite et des instructions de Calvin à Ferrare, en 1535, Renée n'avait que vingt-cinq ans, elle rentra en France en 1559 et vécut jusqu'en 1575.

[2] Quelques uns des vers de Marot peignent énergiquement les désagrémens d'un mari:

> Faulte d'amour l'esguillonne à ce faire,
> Et lui engendre un désir de desplaire
> A celle-là qui met à lui complaire
> Merveilleux soing.

[3] *V.* l'ouvrage curieux déjà cité, liv. v, chap. VIII. *History of the progress and suppression of the reformation in Italy.* D'après M. M'Crie, la réforme se serait même étendue jusqu'en Calabre et en Sicile, où des Vaudois se seraient réfugiés. Les nouvelles opinions

des princes du sang et de la noblesse avait embrassé le protestantisme ; il paraît ainsi avoir eu bien des chances de triomphe. Toutefois, lors même que l'inquisition ne l'eût point réprimé aussi violemment en Italie, je doute qu'il s'y fût jamais solidement établi. Les Italiens ont pu applaudir aux invectives poétiques du Dante et de Pétrarque contre la cour romaine, aux déclamations tribunitiennes de Savonarole, à la discussion indépendante de Fra Paolo, mais ils ne pourraient point s'arranger dans la pratique de la sévérité, de la tristesse des doctrines réformées, et elles sont tout-à-fait antipathiques aux mœurs, aux coutumes et à l'esprit de cette nation.

## CHAPITRE XI.

Cathédrale. — Madone. — Pélerin. — Lilio Giraldi. — Séminaire. — Palimpsestes de la peinture. — *S.-François.* — Pigna. — Maison d'Este. — *S.-Benoît.* — *S.-Dominique.* — Celio Calcagnini. — *Sta.-Maria del Vado.* — Miracle. — École ferraraise. — *Capucines.* — *Gesù.* — La duchesse Barbara. — *Pericolanti.* — Hercule Bentivoglio. — Satire italienne.

---

La cathédrale, du xii<sup>e</sup> siècle, renouvelée au-dedans, conserve au-dehors son gothique caractère : sa façade

---

eurent alors des partisans parmi un grand nombre de savans et même de théologiens italiens. M. Bossi (notes de la traduction *de la Vie de Léon X*, t. xii, p. 246, 7) en a cité une vingtaine dont quelques uns ont échappé à l'écrivain anglais ; tels sont : Jacopo Broccardo de Venise, Gian Leone Nardi de Florence, Simone Simoni de Lucques, Jacopo Acconzio de Trente. François Calvi, libraire instruit de Pavie, et dont Érasme et André Alciat ont fait l'éloge, paraît avoir principalement contribué à répandre en Italie les livres des protestans.

est couverte de bas-reliefs intacts représentant la vie de Jésus-Christ, le Jugement dernier, l'Enfer, le Paradis, les sept Péchés mortels, de mille emblèmes sacrés, profanes, grotesques et même quelque chose de plus; sur la porte à gauche est un buste colossal antique, de marbre grec, donné pour la Madone de Ferrare, une de ces Madones d'Italie célèbres dans les vieilles histoires de la ville[1], et du même côté la statue d'Albert d'Este, en habit de pèlerin, qui revint de Rome en 1390 et

> Rapporta de son auguste enceinte
> Non des lauriers cueillis au champ de Mars,
> Mais des agnus avec des indulgences,
> Et des pardons et de belles dispenses,

pièces et bulles que l'on y voit sculptées.

Les peintures sont belles et curieuses : les *Apôtres S. Pierre et S. Paul*; une *Vierge* pleine de majesté sur un trône et environnée des saints; une *Assomption*, sont du Garofolo : à l'autel du S.-Sacrement, le tableau est de Jacques Parolini, artiste de quelque mérite, mort en 1733, le dernier des peintres de Ferrare; les anges de cette chapelle et plusieurs autres statues d'anges, de saints et de séraphins de l'église sont d'André Ferreri, sculpteur du dernier siècle, dont la recherche quelquefois n'est pas sans grace : au chœur, le *Jugement dernier*, fresque du Bastianino, le premier des *Jugement dernier* après celui de la chapelle Sixtine, dont il est une habile et superbe inspiration, a été altéré par une récente et maladroite restauration. L'artiste, à la manière du Dante et de Michel-Ange, a placé ses amis dans le Paradis et ses ennemis en enfer; on y voit

---

[1] Vérone et Mantoue ont aussi des Madones qui passent dans leur histoire fabuleuse pour les avoir fondées : *Memorie per la Storia di Ferrara raccolte da Antonio Frizzi*, II, 142.

même une jeune fille qui avait dédaigné sa main, et elle est regardée de travers par celle qui consentit à l'épouser et qu'il a mise au rang des élus. Une *Annonciation*, un *S. George* sont du Cosmè; on lui doit encore les miniatures admirables qui ornent les vingt-trois volumes des livres du chœur, présent de l'évêque Barthélemi de la Rovère, énormes et brillans volumes comparés, préférés même à ceux de Sienne [1], éloge qui suffit pour donner une idée de leur magnificence. Près de là est la pierre sépulcrale d'Urbain III, qui ne fit que passer sur le trône de S. Pierre, et mourut de douleur à la nouvelle des désastres de la seconde croisade. [2]

Les cinq statues de bronze d'un antique autel représentant le *Christ en croix*, la *Vierge*, *S. Jean*, *S. George et S. Maurèle*, paraissent l'ouvrage d'Hippolyte Bindelli, véronais, et du jésuite Marescotti, habile artiste du xve siècle, qui n'a composé qu'un petit nombre d'ouvrages, mais très estimés. Donatello, appelé de Venise pour fixer la valeur de ces statues, les trouva très précieuses et les fit payer 1641 ducats d'or. Une *Ste. Catherine*, au cinquième autel, est encore du Bastianino.

L'inscription du tombeau de Lilio Giraldi, le célèbre mythologue, mis depuis au *Campo santo*, est restée à la cathédrale : cette inscription, faite par lui, rappelle sa misère :

.................... *Nihil*
*Opis ferente* Apolline [3],

[1] *V.* liv. xv.

[2] La nouvelle même de la prise de Jérusalem n'a pu causer la mort d'Urbain III, ainsi qu'on l'a dit : sa mort est du 20 octobre (*Memorie per la Storia di Ferrara raccolte da Ant. Frizzi*, II, 209) et Jérusalem ne s'était rendue à Saladin que le 12. Il mourut sans doute en apprenant la perte de la bataille qui précéda la dernière catastrophe.

[3] Cette inscription porte la date de 1550; elle explique l'erreur

dit-il dans son langage païen, et qui paraît un peu étrange dans une église. Montaigne parle avec une sorte de commisération, qui lui fait honneur, de la fin de Giraldi : « J'entends, avecques une grande honte de « nostre siècle, qu'à nostre veue deux très excellens « personnages en sçavoir sont morts en estat de n'avoir « pas leur saoul à manger, Lilius Gregorius Giraldus « en Italie, et Sebastianus Castalio en Allemaigne ; et « crois qu'il y a mille hommes qui les eussent appellez « avecques très avantageuses conditions, ou secourus « où ils estoient, s'ils l'eussent sceu. Le monde n'est « pas si généralement corrompu, que je ne sache tel « homme qui souhaitteroit, de bien grande affection, « que les moyens que les siens lui ont mis en main se « peussent employer, tant qu'il plaira à la fortune qu'il « en iouisse, à mettre à l'abry de la nécessité les per- « sonnages rares et remarquables en quelque espèce « de valeur, que le malheur combat quelquefois iusques « à l'extrémité »[1]. Cette page pourrait contredire la réputation égoïste de Montaigne ; et son regret, même indirect, de n'avoir pu secourir le mérite, est à la fois noble et touchant.

Au séminaire, qui a cent élèves, une petite pièce du rez-de-chaussée, servant de classe, offrait au plafond des figures et des arabesques gracieuses du Garofolo ; elles sont à peu près cachées par le barbouillage

---

de ceux qui font mourir Giraldi cette même année, tandis que, selon De Thou, il ne mourut qu'en 1552 ; Giraldi l'aura probablement composée deux ans avant sa mort.

[1] Ch. xxxiv, *D'un défaut de nos polices*. Montaigne, ainsi que De Thou, qui fait mourir Giraldi très pauvre, ne paraît pas avoir été exactement informé : Giraldi reçut, vers la fin de sa vie, des secours de la duchesse Renée, et, selon Tiraboschi, cité par Ginguené (*Hist. litt. d'Ital.*, vii, 287), il avait laissé à sa mort une somme d'environ dix mille écus.

pudique d'un badigeonneur, et il ne reste d'une figure de femme que la tête et la main. La classe aurait dû être mise ailleurs, et les peintures du Garofolo conservées. Quand on se rappelle tous les blanchissages de ce genre, qui choquent en Italie, et particulièrement dans l'État romain, il est impossible de ne pas gémir sur ces palimpsestes de la peinture, encore plus détruits que ceux des chefs-d'œuvre littéraires de l'antiquité, et qu'il n'est point au pouvoir de la chimie de faire renaître.

A l'église S.-François, dont le célèbre écho répète les sons jusqu'à seize fois et de toutes les parties de l'édifice, on admire encore plusieurs tableaux du même Garofolo, tels que l'*Arrestation du Christ*, fort endommagée; la *Vierge*, l'*enfant Jésus*, *S. Jean-Baptiste* et *S. Jérôme*, d'une expression divine; une *Ste. Famille en repos*, naïve, élégante; une superbe *Résurrection de Lazare*, à la chapelle du S.-Sacrement; le *Massacre des Innocens*, déchirant, pathétique. Un de ces badigeonneurs qui ont comme envahi toutes les églises de l'État pontifical, avait laissé tomber de sa brosse de grosses taches de blanc sur un de ces chefs-d'œuvre mal placé et à demi détruit. Une très belle *Ste. Famille* est de l'Ortolano; au chœur, une *Déposition de croix*, la *Résurrection* et l'*Ascension*, sont de grands et bons ouvrages du Monio; une *Fuite en Égypte*, du Scarsellino, est très gracieuse. Un monument plus remarquable par ses marbres que par le goût, est le mausolée du marquis de Villa, Ferrarais, illustre capitaine, défenseur intrépide de Candie, mort en 1670. Parmi quelques tombeaux de lettrés ferrarais, on distingue celui du savant Jean-Baptiste Pigna, historien des princes d'Este, secrétaire et favori du prince Alphonse, dont le Tasse, son rival d'amour et son ennemi, eut la faiblesse de commenter les vers qu'il adressait à leur maîtresse, et de les comparer, peut-être avec malice, aux *Canzone* de Pétrarque. Le déclin de Ferrare est sensible à S.-François. Fondée par Hercule I$^{er}$, cette église renferme quelques tombeaux des princes de la maison d'Este, famille chantée à plusieurs reprises par le Tasse et l'Arioste, mais ingrate envers ces grands poètes, et qui, malgré son ancienneté et sa noblesse, a bien moins mérité des lettres que ces bourgeois industriels de Médicis. [1]

L'église et le monastère de S.-Benoît comptent parmi les plus beaux édifices de Ferrare : le monastère fut transformé successivement en caserne d'Autrichiens, de Russes, de Français, et, plus tard, en hôpital militaire; l'église, long-temps fermée, est redevenue paroisse en 1812. Les peintures ont une juste célébrité; un portrait de *S. Charles* est du temps, lorsqu'il logea chez les Bénédictins; un *Christ en Croix avec S. Jean et d'autres saints*, est de Dosso Dossi; une *Circoncision*, agréable de coloris et belle d'invention, de Luc Longhi, habile peintre de Ravenne du XVI$^e$ siècle; le *Martyre de Ste. Catherine*, gracieux de dessin, céleste d'expression, du Scarsellino; le bizarre tableau du *S. Marc*, par Joseph Cremonesi, a passé pour un chef-d'œuvre aux yeux de certains connaisseurs, tant l'imitation des feuillets du gros volume mis sur les genoux de l'Évangéliste est exacte et fait illusion. C'est dans le vestibule du réfectoire de l'ancien couvent, que l'on voit à la voûte le célèbre *Paradis*, avec le chœur des vierges, parmi lesquelles l'Arioste voulut être peint, afin de se trouver toujours dans ce paradis-là, n'étant pas très sûr d'être dans l'autre. La tête seule de l'Arioste est de Dosso Dossi; le reste du tableau est d'une autre main. [2]

---

[1] *V.* ci-après les ch. XII et XIV.
[2] Barotti. *Pittor. e Scultor.* p. 55.

Les statues grandioses de la façade de l'église S.-Dominique sont de Ferreri : le *Mort ressuscité par un morceau du bois de la vraie croix;* et surtout le *Martyre de S. Pierre de Rosini*, sont de beaux ouvrages du Garofolo; le tableau de l'autel S.-Vincent, plein de chaleur, est de Cignaroli; le *S. Dominique;* le *S. Thomas d'Aquin*, excellent, sont de Bonone.

Au-dessus de la porte de la bibliothèque du couvent de S.-Dominique, est le tombeau de Celio Calcagnini, poëte, savant, antiquaire, moraliste, astronome, qui avait laissé ses livres et ses instrumens au couvent et ne voulut même point après sa mort en être séparé : l'inscription est vraiment philosophique : *Ex diuturno studio hoc didicit : mortalia contemnere et ignorantiam suam non ignorare.* « Il apprit de ses longues « études à mépriser les choses mortelles et à ne pas « ignorer son ignorance. » Il est surprenant qu'avec une pareille morale Celio ait pu se montrer ennemi de Cicéron, et dénigrer aussi amèrement son traité des *Offices*, opinion ridicule qui lui attira de son vivant de nombreuses inimitiés; son buste aujourd'hui est brisé et son tombeau en ruine.

S.-Paul offre les ouvrages d'habiles maîtres; le chœur fut peint par Scarsellino et Bonone; on doit encore au premier la voûte d'une chapelle voisine à celle de la chapelle *del Carmine;* une *Nativité*, et la *Descente du S.-Esprit*, un de ses premiers chefs-d'œuvre; une *Résurrection du Christ* est du Bastianino. Trois tombeaux sont intéressans, savoir : le tombeau d'un des Dossi (Jean-Baptiste); celui de l'infortuné Bastaruolo, et celui d'Antoine Montecatino, célèbre professeur péripatéticien du XVI<sup>e</sup> siècle, conseiller et favori du duc Alphonse, dont le buste est un excellent travail d'Alexandre Vicentini.

Ste.-Marie *del Vado* est peut-être la plus ancienne église de Ferrare; elle est célèbre dans la dévotion de la ville, par le miracle du sang qui jaillit de l'hostie à la grand' messe, le jour de Pâques 1171, qui couvrit la voûte de l'église, alors fort petite, et convertit le prieur Pierre, auquel la foi avait manqué au moment de la consécration. Cet exemple d'incrédulité ecclésiastique au moyen âge, et même à l'autel, n'est pas le seul : le *Miracle de Bolsene,* une des belles peintures de Raphaël dans la Chambre d'Héliodore au Vatican, exprime le même fait. Les peintures sont remarquables : le chœur, maladroitement restauré; les *Noces de Cana,* célèbre tableau; la *Visite de la Vierge à Ste. Élisabeth,* son *Couronnement,* un *Paradis,* le *Miracle de l'Hostie,* au plafond, excellens ouvrages, qui transportaient le Guerchin toutes les fois qu'il se rendait à Ferrare, et qui ont été comparés aux coupoles et aux voûtes du Corrège et des Carrache; une copie de l'*Ascension* du Garofolo envoyée à Rome; les demi-figures au-dessus de colonnes, dont le saint Guirini offre les traits de l'auteur peu chaste du *Pastor fido,* son espèce d'homonyme; un *Sposalizio,* sont de Bonone : la mort l'empêcha de terminer ce dernier ouvrage, qui fut, de l'avis du Guide, confié au Chenda, le dernier des élèves de l'école de Bonone, artiste qui a peu travaillé pour les églises et les galeries, tant il préférait l'éclat des succès que lui procuraient ses décorations pour les fêtes publiques et surtout pour les tournois, alors si en vogue. Un de ces derniers, célébré à Bologne, causa la mort prématurée du Chenda; il n'avait cette fois été que médiocrement applaudi; accablé de cette espèce d'affront, il ne put y survivre et s'empoisonna. Les deux *Nativités* de la Vierge et du Christ sont des bons ouvrages du Mona, inégal, désordonné de talent comme de caractère, meurtrier d'un courtisan du cardinal Aldobrandini, et obligé après son crime de finir ses jours loin de sa patrie. Une *Présentation de la Vierge au Temple*, à la voûte ; l'*Apparition du Christ à Ste. Gertrude*, sont du Croma, peintre estimé. Le superbe tableau de Dosso Dossi, *S. Jean l'Évangéliste* contemplant la femme mystérieuse de l'Apocalypse, a été singulièrement gâté : un présomptueux Bolonais ( ainsi que s'exprime patriotiquement l'aimable auteur du Guide de Ferrare [1] ) l'a enveloppé d'une draperie verte : indépendamment du souvenir d'un tel affront qu'un Ferrarais ne se serait point permis, nous avons la douleur (*l'amarezza*), dit ingénument M.$^{me}$ C*******, de ne plus admirer ces excellentes proportions, ces formes si nobles dont la beauté des mains et des pieds peut faire présumer la perfection. La *Visite du Christ à Ste. Élisabeth* est du Panetti, maître ferrarais du Garofolo, qui profita à son tour des progrès que son élève avait faits à Rome auprès de Raphaël ; à la chapelle Varano, le vieux Palma a peint avec talent le *Rendez à César ce qui est à César et à Dieu ce qui est à Dieu*; vis-à-vis, le grand tableau représentant la *Justice* et la *Force*, offre la fameuse enigme latine d'Alexandre Guarini, dont plusieurs savans depuis Crescimbeni ont inutilement cherché le mot. Le *Miracle de S. Antoine* qui fait justifier une femme par l'enfant dont elle vient d'accoucher, est un des tableaux les plus estimés du Carpi, élève du Garofolo.

Ste.-Marie *del Vado* renferme les tombeaux de lettrés et d'artistes illustres : de Titus Vespasien Strozzi, poète latin célèbre et administrateur abhorré [2]; de son fils Hercule, meilleur poète que lui, qui dérogea jusqu'à faire

---

[1] M.$^{me}$ Ginevra C*******

[2] Strozzi avait été nommé par le duc de Ferrare président du grand conseil des douze ( *Giudice de' dodici Savj* ); selon l'expres-

des vers italiens, afin d'être entendu de sa maîtresse Barbe Torelli, fut mis par l'Arioste au rang des premiers poètes [1], et périt assassiné la nuit par un rival puissant et impuni, que l'on a cru le duc Alphonse I$^{er}$. Une simple pierre indique la sépulture du Garofolo ; là reposent aussi l'Ortolano, le Dielai, le Bastianino et Bonone, habiles maîtres de cette brillante et sage école de Ferrare, qui semble s'être inspirée du goût poétique et littéraire de cette cité, et qui, par son voisinage de Venise, de Parme et de Bologne, son peu de distance de Rome et de Florence, a mis ses propres artistes à même d'emprunter aux diverses écoles les traits et les parties qui leur convenaient.

La vaste église S.-André, dans un fond, dégradée, a quelques chefs-d'œuvre de l'art : la *Vierge sur un trône*, de Dosso Dossi ; le *Christ ressuscité*, attribué au Garofolo ou au Titien ; *Marie Madeleine portée au ciel par les Anges*, du Cortellini ou du Cicogna ; l'*Ange Gardien*, qui semble descendre du ciel, de Bonone ; un *S. Nicolas de Tolentino*, statue d'Alphonse Lombardo ; au réfectoire, les *Rites de la loi hébraïque et les sacremens de la loi nouvelle*, grande composition du Garofolo, est dans sa ruine encore remarquable.

J'éprouvai, à ma grande surprise, dans la petite et pauvre église des *Capucines* une sensation extrêmement agréable. Au lieu de l'odeur cadavéreuse qui s'exhale trop souvent des églises d'Italie, elle était toute parfumée par la multitude de vases de fleurs qui couvraient ses autels. Un aveugle eût pu s'y croire dans le cabinet d'une sultane. Les saintes filles cultivent elles-mêmes une partie de ces fleurs ; le reste leur est offert ;

---

sion d'un historien contemporain, il fut détesté *più del diavolo*. *Diario Ferrarese*, publié par Muratori, *Script. rer. Italic.* XXIV, 401.

[1] *Orl.* cant. XLII, st. 83.

c'est une donation, une dîme volontaire, une œuvre touchante de piété. Les tableaux sont peu nombreux, mais des meilleurs maîtres, savoir : la *Vierge sur un trône et d'autres saintes ;* la *même avec quelques saints et quelques saintes capucines*, du Scarsellino ; *S. Cristophe et S. Antoine abbé; S. Dominique et S. François*, à la sacristie, de Bonone : la *Conception* est une petite et bonne statue de Ferreri.

L'église des Théatins, richement décorée, a une *Purification*, du Guerchin, une *Résurrection du Christ*, et un *S. Gaëtan*, du Chenda.

Au *Gesù* les *Trois martyrs Japonais* paraissent de Parolini ; un beau *Crucifix*, dans la dernière chapelle, est du Bastianino ; le plafond de l'église, du Bastaruolo et du Dielai. Dans le chœur est le beau mausolée et le buste de la duchesse Barbara, seconde femme d'Alphonse II, princesse louée éloquemment par le Tasse en prose et en vers [1], et qui ne méritait point son redoutable nom de Barbara, puisque par commisération elle étendit l'hôpital des Enfans-Trouvés, afin d'y recevoir les jeunes filles pauvres, jolies, et, comme on dit en Italie, *pericolanti* [2]. Le savant bibliothécaire de Ferrare, Barotti, est enterré au *Gesù*.

[1] V. *Orazione in morte di Barbara d'Austria.* t. xi des œuvres, et t. vi, les Canzoni :

*Cantar non posso e d'operar pavento.*
*Alma real che al mio signor diletta.*

Cette archiduchesse pourrait bien avoir eu déjà la lèvre autrichienne, qui remonterait ainsi à près de trois siècles. Le Tasse faisant le portrait de la belle fille d'une comtesse de Sala dit qu'elle a *un labbrotto quasi all' Austriaca.* Lett. inéd., p. 18.

[2] Il existe encore à Rome plusieurs couvens de *Donne pericolanti.* Le comte Giraud, le Dancourt romain, a raconté (*Commedie scelte*, p. 111, de l'édition de Paris, 1829) comment sa vocation comique lui fut à peu près révélée en voyant représenter une *farsetta* par des

Dans la petite église de Ste.-Marie de la Consolation, à l'extrémité de Ferrare, est l'épitaphe élégante et tendre mise par Hercule Bentivoglio, sur le tombeau de sa fille Julie, morte âgée de quatre ans, et qui rappelle l'heureux naturel, l'esprit précoce, la gentillesse et les grâces naïves de cette enfant [1]. Hercule Bentivoglio a composé des satires; elles sont même le premier de ses titres littéraires; mais, comme celles de l'Arioste, son ami, qu'il a pris pour modèle, elles manquent d'indignation et de colère; l'imagination, l'enthousiasme des Italiens ne les rendent guère propres à observer, à saisir les ridicules et à s'en moquer, et malgré un assez grand nombre de satires, ils n'ont point véritablement de satiriques. [2]

C'est à tort que le tombeau de la célèbre Lucrèce

*Donne pericolanti*, qui jouaient les rôles d'hommes avec l'épée au côté, l'habit habillé et le chapeau à trois cornes, mais sans quitter le jupon. Des pensions sont accordées aussi à des *vedove pericolanti* qui vivent dans le monde. Sans croire à la chronique de Rome sur la faveur dont certaines de ces aimables pensionnaires ont été l'objet, quoiqu'elles ne fussent pas précisément dans le besoin, et qu'elles eussent peut-être quelque expérience du danger; sans attacher trop d'importance à la pension de 5o piastres par mois qu'obtint, il y a environ quinze ans, l'une d'elles, grâce à l'intérêt particulier d'un puissant ambassadeur, cette sorte de secours ne paraît ni très raisonnable, ni même très moral; car, si la vertu devient une fois comme un service et un gain, pourquoi ne céderait-elle pas à un plus fort salaire ?

[1] V. *Hist. litt. d'Ital.* t. IX, 148.

[2] Louis Adimari, poète florentin du xviie siècle, a composé cinq satires estimées pour l'élégance plutôt que pour la force du style; elles sont ce qu'il a fait de mieux: deux de ces satires, les plus mordantes, sont dirigées contre les femmes : l'une a mille vers, et l'autre jusqu'à quinze cents. Les satires d'Alfieri, écrites vers la fin de sa vie, sont, à l'exception de quelques traits, plutôt de violentes déclamations contre tout le monde que de véritables satires. Ce titre pourrait bien mieux convenir aux quatre petits poëmes de Parini, la *Matinée*, le *Midi*, le *Soir*, la *Nuit*, peinture vive et moqueuse de la vie des nobles milanais à la fin du dernier siècle.

Borgia a été indiqué comme placé dans l'église intérieure des religieuses du *Corpus Domini*; il y a bien quelques tombeaux que l'on croit de princes de la maison d'Este; celui de la fille d'Alexandre VI en fait, dit-on, partie; mais il n'y a ni preuves ni inscriptions à l'appui de cette tradition.

## CHAPITRE XII.

Bibliothèque. — Arioste. — Manuscrit de la *Jérusalem*. — Tête épique des habitans de Ferrare. — Vers du Tasse. — Guarini. — Imprimerie de Ferrare. — Tombeau de l'Arioste. — Poètes ambassadeurs.

La bibliothèque de Ferrare ne date que de 1646, mais telle a été l'importance des collections dont elle s'est successivement enrichie[1], qu'elle est presqu'au niveau des plus belles bibliothèques pour les manuscrits et les raretés. Elle compte environ 80,000 volumes et 900 manuscrits. Le local est beau et la conservation des volumes parfaite. Dans la première des trois grandes salles sont les portraits des cardinaux ferrarais au nombre de dix-huit : on y remarque celui du cardinal Hippolyte d'Este, bon géomètre pour son temps, dit-on, mais indigne Mécène de l'Arioste, qui tenait plus à ce

[1] Cette bibliothèque s'accrut en 1750 de la belle bibliothèque du cardinal Bentivoglio; en 1758, des précieuses éditions de l'abbé Joseph Carli; en 1762, du présent de ses livres fait par le comte Joseph Troni, ferrarais; en 1777, de la petite bibliothèque des jésuites donnée par Clément XIV; en 1780 et 1782, des nombreuses et remarquables éditions envoyées de Rome par monsignor Riminaldi, depuis cardinal; et en 1800, des manuscrits et livres des couvens supprimés de Ferrare. Elle dut aussi beaucoup aux soins de Barotti, qui en fut nommé, en 1742, premier bibliothécaire.

que ce grand poète fît son service de gentilhomme, qu'à lui voir composer des vers :

> *S' io l' ho con laude ne' miei versi messo,*
> *Dice ch' io l' ho fatto a piacere e in ozio;*
> *Più grato fora essergli stato appresso.* [1]

L'Arioste avait sacrifié les quinze plus belles années de sa vie au cardinal Hippolyte

> ......... *Aggiungi che dal giogo*
> *Del cardinal da Este oppresso fui* [2]

jusqu'au moment où le duc Alphonse, son frère, se l'attacha au prix de 21 fr. par mois [3]. La physionomie, la barbe noire du cardinal, s'accordent assez avec la célèbre sottise qu'on lui attribue lorsque l'Arioste lui présenta son poëme, parole qui est d'ailleurs tout-à-fait dans les mœurs italiennes de cette époque [4]. Le *custode*

---

[1] « Si je l'ai loué dans mes vers, il dit que c'a été par plaisir et par « passe-temps; il eût préféré m'avoir auprès de lui. » Sat. I.

[2] « Ajoute, dit-il à Bembo, l'oppression où j'ai vécu sous le joug « du cardinal d'Este. » Sat. VI.

[3] Le comte Balth. Castiglione a fait un brillant éloge du cardinal Hippolyte dans son livre *del Cortegiano* (lib. 1, p. 25), mais il a pu être doué des qualités qui font le courtisan et n'être pas pour cela moins égoïste et moins vicieux. Les complimens du seigneur de Gonzague, un des interlocuteurs du *Cortegiano*, ne prouvent guère plus que les tapisseries du pavillon de noce de Bradamante qui représentent les actions du même cardinal. (*Orl.* cant. XLVI, st. 85 à 97). Les satires de l'Arioste, malgré leur titre, ont un caractère singulièrement véridique; publiées après sa mort comme des *Mémoires* ou *Confessions* modernes, elles offrent une histoire naïve de la vie du poète et le tableau fidèle des mœurs du temps et des petites cours d'Italie aux XV° et XVI° siècles. Chose singulière, l'Arioste, d'une gaîté, d'une imagination si folle dans son poëme, est, dans ces satires, moraliste pratique plein de sens et de raison !

[4] L'auteur de *la Vie et du Pontificat de Léon X* a traduit le terme italien par *absurdities*, qui n'a pas en anglais le même sens que notre mot *absurdité*, employé à tort par le traducteur français. L'idiotisme italien, malgré les tentatives et les à peu près de Ginguené (*Hist. litt. d'Ital.*, t. IV, 357) ne se traduit point.

de la bibliothèque me raconta que l'Arioste avait répondu au cardinal par ces paroles impertinentes : *Nel gabinetto di vostra Eminenza* ; mais je dois avertir messieurs les voyageurs qui écoutent un peu trop les *custode* et les *cicerone*, qu'aucun homme instruit de Ferrare ne croit à la tradition de cette répartie. Une salle plus intéressante que cette galerie cardinalesque est celle des écrivains ferrarais : la collection de leurs écrits, opuscules, pièces, est à peu près complète. Là sont les fragmens manuscrits de quelques chants du *Furioso*[1], très corrigés. L'Arioste travailla toujours à son poëme, quoiqu'il eût été réclamer les conseils de Bembo (qui l'avait invité à l'écrire en latin), de Molza, de Navagero et autres esprits distingués de l'Italie ; il en avait la première édition dans une salle de sa maison, afin de prendre l'avis de ceux qui venaient le visiter[2], consultation perpétuelle dont l'avantage peut fort bien être contesté et que n'approuvait point La Bruyère[3]. Les strophes sur l'invention de la poudre à canon sont moins raturées[4]; la strophe

*Come trovasti, o scellerata e brutta*

n'a même aucune correction ; mais il paraît que le manuscrit n'est ici qu'une mise au net de la main de l'Arioste, car ce passage fut très travaillé. On peut remarquer qu'il y avait quelqu'indépendance au poète dans cette éloquente imprécation contre l'artillerie, puisque le duc Alphonse, prince guerrier, était fort occupé de sa fonderie de ca-

[1] Manière des Italiens pour désigner le Roland.
[2] Baruffaldi, *Vita di L. Ariosto*, Ferrare, 1807, in-4°, p. 212.
[3] « Il n'y a point d'ouvrage si accompli qui ne fondît tout entier « au milieu de la critique, si son auteur voulait en croire tous les « censeurs qui ôtent chacun l'endroit qui leur plaît le moins. » Ch. 1ᵉʳ. *Des ouvrages d'esprit*.
[4] Cant. xi, st. 21 à 28.

nons et qu'il avait le plus beau train de son temps¹. Alfieri s'inclinant devant ce manuscrit obtint la permission d'y inscrire les mots : *Vittorio Alfieri vide e venerò*, 18 *giugno* 1783. Le custode, garçon singulièrement solennel et pathétique, s'exprimant *con la cantilena romana*, montre même la trace d'une larme versée par Alfieri, qui n'a guère répandu de larmes. Le manuscrit de la *Scolastica*, une des comédies de l'Arioste, est très peu corrigé, mais cette pièce n'était point achevée lorsqu'il mourut, et elle fut terminée par son frère Gabriel. Les comédies de l'Arioste, imitation et reflet du théâtre grec ou latin, et particulièrement des pièces de Plaute, n'ont point dû lui coûter autant de peine que sa brillante et originale épopée. Quoique jouées devant le duc Alphonse et même par les seigneurs de sa cour, elles sont remplies des traits les plus vifs contre les grands, les magistrats, les juges, les avocats et les moines de Ferrare : avec une telle liberté d'opinion, il n'est pas surprenant que l'auteur ait si mal fait son chemin. Le manuscrit des satires est d'une belle conservation, et curieux pour les diverses corrections faites de la main du poète. Le fauteuil et l'écritoire de l'Arioste sont conservés à la bibliothèque; l'élégance de celui-ci en bronze contraste tout-à-fait avec la simplicité presque grossière du fauteuil en bois de noyer²; l'écritoire, présent d'Alphonse, et, dit-on, fondu par lui sur le dessin de l'Arioste, est surmonté d'un petit amour qui pose sur ses lèvres l'index de la main droite. Plusieurs biographes de l'Arioste prétendent que cet amour silencieux est un emblème de sa discrétion dans

---

¹ « Le goût d'Alphonse duc de Ferrare pour les arts mécaniques « lui avait procuré la plus belle artillerie de l'Europe; il avait fait son « amusement et son plus grand luxe de la fonte des canons. » *Hist. des Répub. du moyen âge*. t. XIV, p. 33.

² *V*. liv. v, chap. XXVIII, sur le fauteuil de Fracastor.

ses bonnes fortunes[1]. Peut-être y a-t-il quelqu'exagération à lui attribuer une qualité si estimable et si rare, même chez les poètes : l'Arioste eut deux fils naturels qu'il légitima, l'un de la gouvernante de la maison de son père, l'autre d'une paysanne du village de S.-Vital du Migliarino, où il avait une petite propriété; ce dernier fils, son cher Virginio, qu'il envoyait étudier à Padoue en le recommandant à Bembo[2], est l'auteur des Mémoires intéressans sur la vie de son père. Quant au mystère qu'il fit de son mariage avec Alessandra, jeune veuve de Florence, dont il a chanté le talent à broder[3], quoique son esprit fût médiocre, on peut fort bien l'expliquer par la jouissance qu'il avait de quelques bénéfices et rentes ecclésiastiques dont il eût été privé en le publiant.

Un manuscrit de la bibliothèque de Ferrare qui n'était pas moins digne que celui de l'Arioste de l'inscription pieuse d'Alfieri, est celui de la *Jérusalem*, corrigé de la main du Tasse, pendant sa captivité. Les mots *Laus Deo* ont été écrits par ce poète infortuné à

---

[1] *V*. Barotti, *Vie de l'Arioste*. Le poète espagnol Serano a fait sur cet amour de l'encrier de l'Arioste de jolis vers latins cités par l'abbé Baruffaldi :

> *Non ego nudus amor, sed sum præceptor amoris,*
> *Qui cupies felix esse in amore, sile :*
> *Hoc quoque, quo melius discas, quam tradimus artem*
> *Noluimus lingua dicere, sed digito.*
> (*Vie de l'Arioste*, p. 157.)

[2] *V*. les vi<sup>e</sup> et vii<sup>e</sup> satires.

[3]
> *Così talora un bel purpureo nastro*
> *Ho veduto partir tela d'argento*
> *Da quella bianca man più ch'alabastro,*
> *Da cui partire il cor spesso mi sento.*
> ( Orl. cant. XXIV, st. 66. )

> *Avventurosa man, beato ingegno,*
> *Beata seta, beatissimo oro.*
> ( Sonnet XXVII. )

la fin de son manuscrit, qui semble avoir quelque chose de sacré, et que l'on ne peut toucher sans admiration et sans respect [1]. On y remarque d'assez nombreuses suppressions; il y a quelquefois jusqu'à plusieurs pages de suite de rayées. Une édition de la *Jérusalem*, avec les variantes de ce manuscrit, serait intéressante [2]. Si les amateurs relisent la première scène du troisième acte de *Britannicus*, retranchée sagement par Racine, d'après le conseil de Boileau, comme retardant l'action, il est très probable que les variantes plus nombreuses de la *Jérusalem* n'offriraient pas des détails moins précieux. Peut-être le culte renouvelé de nos jours par les Italiens envers Pétrarque et le Dante les a-t-il trop détournés du soin que méritait la gloire du Tasse? Gibbon avait remarqué que, parmi les cinq poètes épiques supérieurs qui brillèrent sur la scène du monde dans l'espace de près de trois mille ans, ce fut une prérogative singulière à un si petit état que celui de Ferrare d'en compter deux, et à des époques si rapprochées [3]. Cette observation sur la tête épique des habitans de Ferrare, refusée à une grande nation, frappe de nouveau, quand on peut contempler réunis les manuscrits des chantres de Roland et de Renaud. On doit ajouter que *l'Aveugle de Ferrare*, l'auteur du *Mambriano*, espèce d'Homère

---

[1] Les mots *laus Deo, Deo gratias, Amen*, terminent un grand nombre d'éditions des xv° et xvi° siècles; *Deo gratias* est à la fin de l'édition *rarissime* du Décameron sans date, ni lieu d'impression, in-fol.; elle a même pris le titre, singulier pour ce recueil de contes quelquefois licencieux, du Décameron *Deo gratias*.

[2] Les seules variantes publiées jusqu'ici de la *Jérusalem* ont été prises du manuscrit Crispi, autrefois appartenant à la famille de ce nom, de Ferrare, maintenant à Vienne. Le manuscrit de la bibliothèque de Ferrare est l'ouvrage d'un copiste du temps; quelques corrections ne sont point de la main du Tasse.

[3] *Antiquités de la maison de Brunswick*, citées par Roscoe, *Vie et pontificat de Léon X*, ch. II.

burlesque de paladins et de nécromans, qui les avait précédés, est l'un des créateurs de l'épopée moderne, et que le poëme du Bojardo a produit celui de l'Arioste. Parmi les autres manuscrits du Tasse sont neuf lettres, datées de l'hôpital Ste.-Anne; je vis exposés les vers suivans, aussi écrits de sa prison au duc Alphonse, au *magnanime* Alphonse !

*Piango il morir, nè piango il morir solo,*
*Ma il modo, e la mia fe, che mal rimbomba,*
*Che col nome veder sepolta parmi.*
*Nè piramidi, o Mete, o di Mausolo,*
*Mi saria di conforto aver la tomba,*
*Ch' altre moli innalzar credea co' carmi.* [1]

Il faut avoir lu ces vers de la main du Tasse, à Ferrare, pour sentir les regrets, l'abandon et la douleur qu'ils expriment. On est étrangement surpris que lord Byron ne les ait point imités dans ses *Lamentations du Tasse*: ces larmes du génie sont assurément plus touchantes et plus poétiques que l'espèce d'endurcissement et de rancune imaginés par l'auteur anglais. [2]

Le manuscrit du *Pastor fido*, de Guarini, semble subalterne et vulgaire à côté des manuscrits de l'Arioste et du Tasse; on dirait le Lépide de ce triumvirat poétique. Son poëme cependant ne manque ni d'harmonie, ni d'élégance, ni de pureté; mais dépourvu d'invention, d'imagination, cet imitateur vaniteux du Tasse [3]

[1] « Je pleure ma mort, et je ne pleure pas ma mort seule, mais
« la manière dont je meurs : ma renommée n'est qu'un son funeste
« et me paraît ensevelie avec mon nom : je ne serais point consolé
« d'avoir pour tombe les pyramides ou de brillans mausolées, moi
« qui croyais m'élever de plus nobles monumens par mes vers. »
Ces vers sont insérés dans les *Rime*, seconde partie, 52. t. III, p. 31 de l'édition de Pise.

[2] *I once was quick in feeling — that is o'er ; —*
*My scars are callous.* — IX.

[3] *V.* principalement le chœur du IV<sup>e</sup> acte du *Pastor fido* en ré-

montre la distance du talent au génie. La vie de Guarini ne fut pas non plus sans traverses, mais ses disgraces de cour ou ses malheurs domestiques n'ont point l'intérêt ou l'éclat des nobles infortunes du Tasse. Le manuscrit du *Pastor fido* avait été envoyé, par Guarini, à son protégé Léonard Salviati, président de l'Académie de la Crusca, reviseur malencontreux de Boccace, zoïle du Tasse, qui a fait sur le manuscrit quelques corrections, la plupart grammaticales, auxquelles Guarini ne s'est pas toujours rendu. Le *Pastor fido*, malgré les traits fort libres qu'il renferme, fut, selon Tiraboschi, joué pour la première fois à Turin, et avec une magnificence presque royale, pour les noces du duc Charles-Emmanuel avec Catherine d'Autriche; il paraît un nouvel et singulier exemple de la licence des représentations théâtrales au xvie siècle [1]. La naïveté comique de Théramène combattant les scrupules de son chaste élève par ce raisonnement :

> ..........Vous-même, où seriez-vous ?
> Si toujours Antiope à ses lois opposée
> D'une pudique ardeur n'eût brûlé pour Thésée,

est tirée du *Pastor fido*. Ces paroles, dit Voltaire [2], sont plus convenables à un berger qu'au gouverneur d'un prince, quoique l'Hippolyte grec ne ressemble guère assurément à un prince royal. Bellarmin se mon-

ponse au premier chœur de l'*Aminta*, et qui contient le même nombre de strophes; les strophes ont autant de vers, les vers sont de la même mesure et les rimes sont exactement les mêmes que dans l'*Aminta*.

[1] Tiraboschi affirme (p. xi *de la Vie de Guarini*, en tête du *Pastor fido*) que cette représentation eut lieu ; Ginguené prétend par d'assez bonnes raisons qu'elle ne fut que projetée (*Hist. litt. d'Ital.*, vi, 389): la première édition du *Pastor fido* de 1590, porte que du moins il fut dédié au duc de Savoie lors de son mariage.

[2] Dissertation sur la tragédie, en tête de *Sémiramis*.

trait toutefois bien sévère lorsque Guarini, étant venu rendre visite au sacré collége comme député de Ferrare, chargé de complimenter Paul V sur son avénement, il lui reprocha publiquement d'avoir fait autant de mal au monde chrétien par son poëme, que Luther et Calvin par leurs hérésies. La réponse du poète fut, dit-on, très piquante. Le prudent auteur de sa Vie, Alexandre Guarini, son arrière-petit-fils [1], n'a point osé la rapporter, et j'ai vivement regretté de n'en point trouver de trace dans les divers historiens de Bellarmin, auxquels peut-être elle n'aura pas semblé trop flatteuse pour l'illustre cardinal.

Lord Byron a indiqué comme existant à la bibliothèque de Ferrare, une lettre du Titien à l'Arioste, que j'ai vivement regretté de n'y point trouver [2]. L'Arioste et Titien étaient amis; souvent ils avaient fait ensemble le voyage de Ferrare à Venise, lorsqu'ils accompagnaient le duc Alphonse dans sa péotte; ils avaient dû se consulter mutuellement sur leurs ouvrages, et cette lettre pouvait offrir de curieux détails sur l'union alors si fréquente entre les écrivains et les artistes, et qui, sans doute, contribua tant à leur gloire. La prétendue lettre du Titien n'est que de son élève et de son secrétaire, le Vénitien Jean-Marie Verdizzotti; elle n'est point adressée à l'Arioste, mais à son neveu Horace. Elle traite de la *Jérusalem délivrée;* sa date est du mois de février 1588, et elle est ainsi postérieure de plus de cinquante ans à la mort de l'Arioste, et de douze à celle du Titien. [3]

---

[1] Supplément au *Giornale de' letterati d'Italia.* t. II, p. 180.

[2] *V.* l'intéressant ouvrage de M™ L. Sw. Belloc, intitulé *Lord Byron*, t. 1ᵉʳ, 352.

[3] Cette lettre a paru dans le *Giornale delle provincie Venete*, de l'année 1825.

L'ancien livre de chœur des Chartreux est maintenant à la Bibliothèque; il forme 18 volumes atlantiques, couverts de brillantes miniatures, ouvrage de l'école du Cosmè. Une *Bible* en un volume, qui paraît des mêmes artistes, n'est ni moins énorme ni moins magnifique.

La Bibliothèque de Ferrare est riche en premières éditions de l'Arioste; elle en possède jusqu'à cinquante-deux [1]. C'est à tort que Bayle et d'autres écrivains protestans [2] ont accusé Léon X d'avoir presque en même temps approuvé par une bulle le profane *Furioso*, et fulminé contre Luther et ses livres. La bulle du pape jointe à la première édition n'est qu'un privilége, qu'une garantie contre les contrefacteurs; il n'y est point question d'excommunier, comme on l'a prétendu, les critiques du poëme, mais seulement ceux qui l'imprimeraient et le vendraient sans le consentement de l'auteur; c'est un acte du prince, et non pas du pontife. Les anathèmes de Léon X contre Luther sont d'ailleurs bien postérieurs à cette première édition. Une anecdote de sa publication fait un singulier honneur à l'Arioste : dans le traité conclu avec le libraire Jacopo dai Gigli, de Ferrare, par lequel il lui cède cent exemplaires au prix de *librar.* 60 *march. an.*, environ 150 francs, car l'Arioste paraît avoir imprimé son livre à ses frais, il stipule que chaque exemplaire ne pourra être vendu plus de *solidorum* 16 *march.*, à peu près 40 sous. Le

---

[1] Telles sont parmi les meilleures ou les plus rares : la première, *Ferrara, Gio. Mazocco del Bondeno. A dì* 22 *aprile* 1516, in-4°; les éditions de Ferrare, Francesco Rosso da Valenza, 1532, in-4°, de 1542, 1543, 1546, 1547, 1549, 1550, 1552, 1556, 1558, 1560, 1563, 1565, 1566, 1568, 1570.

[2] Bayle, *Dict. hist.* art. Léon X ; *Warton's, History of English poetry*, t. xv, p. 411, et M. Ch. Villers, qui, dans son *Essai sur l'esprit et l'influence de la réformation de Luther*, a exactement copié Bayle.

prix du livre et le bénéfice du libraire étaient ainsi fort raisonnables, et cet exemple d'égards envers le public et les amateurs économes pourrait être rappelé à quelques uns de nos poètes, et de nos éditeurs à la mode.

La bibliothèque de Ferrare possède un grand nombre de belles éditions des xve et xvie siècles; de pareilles raretés n'y sont pas déplacées : Ferrare fut un des foyers les plus illustres de l'imprimerie à sa naissance; ses premières éditions suivirent de près celles de Rome et de Venise; elle eut même un avantage sur la plupart des villes d'Italie, dont les premiers imprimeurs étaient étrangers; le sien, André Gallo, qui imprima dès 1471, et très correctement, les *Commentaires* in-folio de Servius *sur Virgile*, était Ferrarais [1]. Le second imprimeur de Ferrare, Augustin Carnerio, était aussi très probablement de cette ville; il imprima le premier *la Théséide* de Boccace [2], avec les commentaires de Pierre-André de Bassi, autre Ferrarais. Un fait pareil annonce déjà une sorte d'éclat et de prospérité littéraire à Ferrare, quoique le commentaire de Bassi soit trop abondant,

---

[1] Le premier imprimeur de Bologne, Azzoguidi était aussi Bolonais. *Della tipografia Ferrarese dall' anno 1471 à 1500, Saggio letterario bibliografico dell' abate Girolamo Barufaldi juniore;* Ferrare, 1777, p. 17. Deux hommes instruits, l'auteur de l'article *Servius* de la *Biographie* (t. xlii, 149) et M. Brunet (*Manuel du Libraire*), ne parlent point de l'édition *des Commentaires* de Servius de Ferrare; ils indiquent comme première édition avec date, tandis qu'elle n'en porte point, celle de (Venise) Christophe Valdarfer, 1471, in-fol. Barufaldi pense que cette première édition doit être de 1469 ou du commencement de 1470, puisqu'il paraît reconnu que l'édition romaine d'Ulric Gallus, postérieure, est de 1470. Les éditions publiées par André Gallo de 1471 à 1493, au nombre de dix-sept, sont indiquées par Barufaldi, p. 23 et suiv. de son ouvrage *della Tipografia Ferrarese;* un travail complet sur le même sujet par M. l'abbé Antonelli, sous-bibliothécaire actuel de Ferrare, publié récemment, doit contenir d'utiles renseignemens.

[2] 1475, livre très rare, dont la Bibliothèque royale possède un exemplaire d'une belle conservation.

l'édition peu élégante, et que ce premier essai de l'*ottava rima*, créée, dit-on, par Boccace[1], incorrect et sans grace, fût encore bien loin des harmonieuses octaves de l'Arioste et du Tasse, composées aux mêmes lieux qui, les premiers, en virent imprimées. Quelques années après, Alde l'ancien, avant de se fixer à Venise, avait suivi à Ferrare les savantes leçons de Jean-Baptiste Guarini; il dut à cet habile maître d'être capable un jour de publier tant d'excellentes éditions grecques, et de composer sa *Grammaire grecque*, encore estimée.[2]

La bibliothèque de Ferrare, comme la plupart des bibliothèques de l'État pontifical, est arriérée, et la somme annuelle de 200 écus, environ 1076 francs, est insuffisante pour la tenir au courant.

Dans la seconde salle de la bibliothèque destinée aux lecteurs, appelée *salle de l'Arioste*, est son tombeau, transféré là solennellement, de l'église de S.-Benoît, par les Français, le 6 juin 1801, jour anniversaire de sa mort. La maison paternelle du poète est voisine[3]; le bâtiment de l'Université, la salle de la bibliothèque, sont les mêmes que ceux dans lesquels il suivit les leçons de Grégoire de Spolette, son maître. Le tombeau de l'Arioste est ainsi voisin des lieux où se passèrent son enfance et sa jeunesse. Le mausolée, au bout de la salle contre le mur, est de mauvais goût; de chaque côté est badigeonné un gros rideau vert avec des roses, des colombes, des corbeilles, des casques et des panaches. La pierre qui couvre les os du Tasse, à S.-Onuphre, est préférable, malgré sa nudité, à cette espèce de décoration théâtrale indigne de la pompe d'un

---

[1] Crescimbeni a élevé là-dessus quelque doute. *Comment.* t. III, p. 148.
[2] *Ann. de l'Imprimerie des Alde*, par M. Renouard, t. III, p. 12, 13.
[3] *V.* le chapitre suivant.

monument funèbre. L'inscription principale, ouvrage du Guarini, commence par vanter les talens administratifs et politiques de l'Arioste, *claro in rebus publicis administrandis, in regendis populis,* etc. L'histoire de sa vie prouve qu'il a pu mériter ces éloges; il lui fallut, certes, bien du sang-froid, lorsqu'il fut envoyé deux fois auprès du pape Jules II, et lorsque, la seconde, Jules, irrité de l'alliance d'Alphonse avec les Français, voulut faire jeter à la mer son ambassadeur:

*Andar più a Roma in posta non accade*
*A placar la grand' ira di secondo.* [1]

Il n'est point surprenant de voir allier l'habileté diplomatique aux talens de la poésie; celle-ci, pour être cultivée avec succès, ne prend que les rares et courts momens de l'inspiration, et doit laisser ainsi du temps pour les affaires. J'ai vu ministres en Italie, les deux hommes qui jettent le plus d'éclat littéraire et poétique sur notre patrie [2], et je doute qu'ils puissent être jamais surpassés en soin, en travail et en exactitude. Ce génie, fait pour plaire, premier talent des négociateurs, selon la remarque de Voltaire [3], peut encore se perfectionner par la grace du langage des poètes.

Les inscriptions du tombeau de l'Arioste ont été déjà plusieurs fois données; malgré leur mérite lapidaire, elles sont bien inférieures au sonnet d'Alfieri, que j'aurais aimé à retrouver là, et qui commence par les vers du *Furioso :*

*Le donne, i cavalier, l'arme, gli amori,*
*Le cortesie, l'imprese, ove son ite?* [4]

---

[1] « Il ne me convient plus, dit-il à son frère Alexandre et à son « ami Louis Bagno, de courir à Rome, afin d'apaiser la grande co- « lère du second Jules. » Sat. 1re.

[2] MM. de Chateaubriand et de Lamartine.

[3] *Siècle de Louis* XIV, chap. XVI.

[4] *Son.* LX.

## CHAPITRE XIII.

Maisons de l'Arioste et *Degli Ariosti*. — Spectacles de la cour de Ferrare. — Nicolas Ariosto. — Scène comique. — Savoir, exactitude de l'Arioste. — Partage de maison. — Maison de Guarini.

La maison de l'Arioste est devenue un des monumens de Ferrare. L'élégante inscription composée par lui,

*Parva, sed apta mihi, sed nulli obnoxia, sed non
Sordida, parta meo sed tamen œre domus,* [1]

qui avait long-temps disparu, a été rétablie sur la façade; au-dessus est l'inscription plus pompeuse de son fils Virginio, qui ne la vaut pas :

*Sic domus hæc areosta
Propitios habeat deos, olim ut pindarica.*

Ce rapprochement avec la maison de Pindare a pu recevoir son application lors des dernières et fréquentes occupations militaires de Ferrare, prise successivement par les Français, les Autrichiens et les Russes. Tous ces Alexandres, *payés à 4 sous par jour,* ont imité le héros macédonien, et la maison de l'Homère ferrarais ne paraît pas avoir été moins respectée que celle du poète thébain. Sur la petite terrasse couverte (*loggetta*)

---

[1] L'Arioste a exprimé la même idée dans sa première satire :

*Anco fa che al ciel levo ambe le mani,
Che abito in casa mia comodamente
Voglia tra cittadini, o tra villani.*

étaient écrits les vers imprimés dans les poésies latines de l'Arioste, sous le titre *de Paupertate*.[1]

Le jardin de l'Arioste avait précédé sa maison :

> Il aimait les jardins, était prêtre de Flore,
> Il l'était de Pomone encore.

L'Arioste bouleversait son jardin comme son poëme[2] : il ne laissait pas un arbre trois mois à la même place, dit Virginio dans ses Mémoires[3] ; il observait avec attention le développement des graines ensemencées ; et telle était son impatiente curiosité, qu'il finissait par briser le germe. Dans son espèce de manie, de délire agronomique, il confondit quelquefois les divers plants qu'il avait semés ; et c'est ainsi que, retournant chaque matin contempler certains capriers (*capperi*) dont la belle apparence le transportait de joie, ces capriers ne se trouvèrent plus que des sureaux (*sambuchi*).

L'Arioste avait mis dans son jardin cette inscription gracieuse : « Ces arbres que tu vois aujourd'hui s'étendre « en longues allées, et dont l'ombre épaisse ne s'élève « plus qu'à la hauteur d'une haie, furent jadis un bois « qui, de toute part dans le jardin, et du côté de la mai- « son et du côté de la route, interceptait la vue. Il parais- « sait alors inutile d'avoir acquis sept arpens pour que « la vue fût ainsi bornée : l'ombre jalouse ne permettait

---

[1]   *Sis lautus licet, et beatus hospes,*
*Et quicquid cupis, affluens referto*
*Cornu copia subministret ultro ;*
*Ne suspende humilem casam, brevemque*
*Mensam naribus hanc tamen recurvis :*
*Sic nec, Bauci, tuam, tuam, Molorche*
*Tuamque, Icare, pauperem tabernam*
*Et viles modica cibos patella*
*Sprevit Juppiter, Hercules, Lyœus.*

[2] *V.* chap. précédent.
[3] *Memorie*, art. xv.

« pas aux fruits de mûrir, aux branches de se développer,
« aux légumes de croître. Arioste, le nouvel acquéreur,
« a tout changé, et il souhaite que ses hôtes s'en trouvent
« aussi bien que lui. » [1]

L'Arioste passa les dernières années de sa vie dans cette maison [2]; mais c'est une erreur de prétendre qu'il y ait composé la plus grande partie de ses ouvrages; il n'a guère pu y travailler qu'aux chants ajoutés au *Furioso*, et peut-être y mettre en vers ses deux comédies de la *Cassaria* et des *Suppositi*, qu'il avait écrites en prose dans sa jeunesse. Il portait la même instabilité de résolution dans l'arrangement de sa maison que dans la plantation de son jardin; il paraît y avoir éprouvé les mêmes mécomptes : plus d'une fois il regretta que cette sorte de changemens ne fût pas aussi aisée que ses corrections poétiques; et lorsqu'on affectait de s'étonner qu'après avoir décrit tant de palais, il n'eût pas une plus belle maison, il répondait gaîment que les palais qu'il bâtissait dans ses vers ne lui coûtaient rien.

Les traces du séjour de l'Arioste furent indignement méconnues et effacées par les propriétaires de la mai-

---

[1] *Quæ frondere vides serie plantaria longâ,*
  *Et fungi densæ sepis opaca vicem,*
*Lucus erant, horti latus impedientia dextrum*
  *E regione domus, e regione viæ;*
*Parta viderentur septena ut jugera frustra,*
  *Prospectus longi cum brevis esset agri.*
*Non mites edi fructus, coalescere ramos,*
  *Crescere non urens umbra sinebat olus;*
*Emptor ad hos usus Areostus vertit, et optat*
  *Non minus hospitibus quam placitura sibi.*

Quoique les inscriptions et les vers de propriétaires soient trop souvent suspects, il paraîtra sans doute excusable de les donner ici, puisque ce propriétaire est l'Arioste, et que les deux dernières inscriptions latines ne se trouvent dans aucun biographe français.

[2] Il l'avait achetée en 1526; il y mourut en 1533.

son, ses successeurs; ils vendirent les jardins si bizarrement cultivés par lui, et la grotte où il avait médité disparut. Lorsqu'en 1811 le conseil communal de Ferrare, sur la proposition de M. le comte Jérôme Cicognara, podestat, digne frère du comte Léopold, fut d'avis d'acquérir la maison de l'illustre poète, sa chambre, dont l'emplacement fut reconnu par la disposition des fenêtres, quoique les murailles eussent été souillées par de récentes et mauvaises peintures, mises sur d'autres encore pires, fut nettoyée et blanchie : le badigeonnage cette fois fut secourable aux souvenirs poétiques et d'accord avec le goût : en face de la porte, une belle inscription italienne de M. Giordani fut mise sur une pierre de marbre de Carrare et surmontée du buste de l'Arioste.[1]

L'ancienne maison *degli Ariosti*, où l'Arioste avait été élevé, se voit encore près de l'église, Sainte-Marie *di Bocche*; c'est là que dans son enfance il jouait avec ses quatre frères et ses cinq sœurs, lorsque leurs parens étaient sortis, la fable de Thisbé et autres scènes comiques arrangées par lui. Le local, ainsi qu'on peut encore en juger, était assez propre à ce genre de représentations; le fond du salon offre une arcade ouverte semblable à la scène; les chambres y attenantes étaient

---

[1] Voici cette inscription :

*Lodovico Ariosto*
*In questa camera scrisse*
*E questa casa da lui abitata*
*Edificò*
*La quale CCLXXX anni*
*Dopo la morte del divino poeta*
*Fu dal conte Girolamo Cicognara*
*Podestà*
*Co' danari del comune*
*Compra e ristaurata*
*Perchè alla venerazione delle genti*
*Durasse.*

les coulisses, et les draperies, les habits qui se trouvaient sous la main, servaient de costume. Indépendamment de la précocité d'esprit qu'annoncent ces petites compositions, on peut ajouter qu'elles sont une preuve nouvelle du goût des représentations théâtrales à Ferrare sous les ducs Hercule et Alphonse d'Este. Il est fort probable que le père de l'Arioste, Nicolas, nommé, en 1486, capitaine de la ville ( ou *giudice de' XII savj*), aura été invité aux spectacles de la cour, qu'il y aura mené son fils aîné, alors âgé de onze à douze ans, que peut-être celui-ci aura été chargé de quelque rôle, puisque le duc Hercule lui-même était un des acteurs, et qu'à défaut de salle, il fit jouer pour la première fois, cette même année, dans la plus grande pièce du palais, *les Ménechmes* de Plaute[1]. Ce goût de la comédie ne quitta point l'Arioste jusqu'à la fin de sa vie; non seulement il composa ses comédies, mais il dirigeait les diverses répétitions; il avait donné le plan de la salle charmante que le duc Alphonse fit construire plus tard, en face même de l'évêché, et dont l'incendie, qu'il attribuait à ses ennemis jaloux de ses succès dramatiques, fut, dit-on, une des causes principales de sa mort.[2]

[1] C'est par erreur que l'auteur des *Souvenirs d'Italie*, insérés dans le *New Monthly magazine* et traduits dans notre *Revue britannique* (n° 42, décembre 1828), a fait représenter l'*Orfeo* de Politien à Ferrare; il fut joué à la cour de Gonzague de Mantoue, en 1483 au plus tard, ainsi que l'a prouvé Tiraboschi (*Stor. della lett. ital.* t. VI, p. 1327); les spectacles de la cour de Ferrare ne commencèrent, ainsi qu'on l'a vu, qu'en 1486. Après les *Ménechmes*, le même duc Hercule fit jouer, peut-être en 1487, un drame pastoral de *Céphale* que Garofolo, ancien biographe de l'Arioste, donne à tort pour une autre comédie (*Facezia*) de Plaute.

[2] *Fatto sta*, dit Barufaldi, parlant de l'impression produite sur l'Arioste par la nouvelle de cet incendie, *che da quel giorno egli non si riebbe, nè si alzò più di letto. Vita di L. Ariosto.* p. 237.

L'Arioste habitait la maison *degli Ariosti*, afin d'achever sous la surveillance de ses oncles paternels ses cours de droit, lorsque Nicolas Arioste, son père, de retour à Ferrare, après une longue absence, fut étrangement surpris de trouver son fils indépendant, dissipé, la tête tournée de vers et de romans, et fort peu occupé de ses graves études. Il lui adressait de vifs et fréquens reproches : un jour qu'il éclatait avec plus de violence qu'à l'ordinaire, la résignation et le silence du coupable furent remarqués; Gabriel, son frère, lui en demandant le motif, l'Arioste convint que dans ce moment même il avait eu l'idée d'une scène pour sa *Cassaria*, à laquelle il travaillait, et qu'il voulait y faire entrer les propres paroles de son père. Cette scène, entre Crisobolo (le père) et Erofilo (l'Arioste), est la deuxième du cinquième acte; il n'est pas surprenant qu'elle soit aussi vraie, puisqu'elle est prise dans la nature et dans Térence.

Plusieurs portes murées de l'ancien palais *del Paradiso*, aujourd'hui de l'Université, voisin de la maison *degli Ariosti*, servaient de passage à l'Arioste, qui n'avait que la rue à traverser pour se rendre au cours particulier fait chez Renaud d'Este par Grégoire de Spolette; il suivit ses leçons de vingt-deux à vingt-cinq ans, lorsqu'il était enfin tout entier à la poésie; plus tard, il déplora pathétiquement l'exil de son maître, qu'avec une joie si naïve et si profonde il espérait de revoir et pour lequel il proclamait sa reconnaissance dans les vers adressés à son condisciple le prince Alberto Pio : « Il reviendra donc celui qui a poli ma ru« desse ignorante, et d'une masse inerte et paresseuse « m'a fait, mon cher Pio, tel que tu me vois. Il reviendra « celui à qui je dois plus qu'à un père, puisqu'il m'a « fait sortir de la foule où je serais perdu sans lui. O dieux

« protecteurs! j'embrasserai de nouveau cet homme que « j'aime! quel heureux mortel peut être plus heureux « que moi! Heureux celui qui en m'apprenant son re- « tour m'a rendu si heureux aujourd'hui. »[1]

L'Arioste suivit encore les leçons publiques de Mario Panizzato, célèbre orateur et poète ferrarais, qu'il n'a pas non plus oublié :

*Veggo il Mainardo, e veggo il Leoniceno,*
*Il Panizzato*...........[2]

[1]
 *Io, redibit, qui penitus rude*
  *Lignum dolavit me, et ab inutili*
  *Pigraque mole gratiorem*
  *In speciem hanc, Pie, me redegit.*
 *Io videbo qui tribuit magis*
  *Ipso parente, ut qui dedit optime*
  *Mihi esse, cum tantum alter esse*
  *In populo dederit frequenti.*
 *Virum, boni Dî, rursus amabilem*
  *Amplectar; an quid me esse beatius*
  *Potest beatum, o mî beate*
  *Nuntie qui me hodie beasti.*

*Carmin.* lib. II. Grégoire de Spolette, appelé à Milan par Isabelle d'Aragon, veuve de Jean Galeas Sforze, pour être précepteur de son fils unique François, l'accompagna lorsqu'il fut enlevé par Louis XII après la chute de Louis-le-Maure, son oncle, en 1499; Grégoire ne revint pas en Italie et mourut à Lyon, malgré les tendres vœux de son élève. L'Arioste est encore revenu d'une manière touchante sur les infortunes de son ancien maître, dans sa VIe satire :

 *Mi fu Gregorio dalla sfortunata*
 *Duchessa tolto, e dato a quel figliuolo*
 *A chi aveva il zio la signoria levata.*
 *Di che vendetta, ma con suo gran duolo*
 *Vid' ella tosto : aimè perchè del fallo*
 *Quel che peccò non fu punito solo ?*
 *Col zio il nipote ( e fu poco intervallo )*
 *Del regno, e dell' aver spogliati in tutto,*
 *Prigioni andar sotto il dominio Gallo.*
 *Gregorio, a prieghi d' Isabella indutto,*
 *Fu a seguir il discepolo là, dove*
 *Lasciò, morendo, i cari amici in lutto.*

[2] *Orl.* Cant. XLVI, st. 14.

L'Arioste, ce poète si brillant, si léger, si folâtre, était un auteur plein de savoir; indépendamment de ses poètes favoris qu'il lisait toujours, tels que Catulle, Virgile, Horace, Tibulle, il connaissait les historiens et les philosophes, et il avait étudié l'astronomie, la navigation et la géographie : on reconnaît encore Paris, ses vues, ses ponts, son île dans la description qu'il en a faite; Ginguené a remarqué qu'il avait même porté l'exactitude jusqu'à donner à une petite ville de Bretagne (Treguier) son nom bas-breton [1]; l'Écosse n'est pas décrite avec moins de fidélité dans l'épisode de Ginevra que dans un roman de Walter-Scott.

A la mort de son père, l'Arioste abandonna la maison *degli Ariosti*, dont il avait hérité pour un quart selon l'usage d'Italie. Cette bizarre division de la propriété dans un pays où son excessive grandeur est souvent si funeste [2], doit singulièrement multiplier les procès au sujet de l'entretien entre tous ces petits propriétaires d'étages ou même de chambres.

La maison Guarini rappelle les noms d'illustres érudits et du poète Jean-Baptiste, l'auteur du *Pastor fido*, qui peut-être les a trop fait oublier, et dont l'unique buste en marbre est sur un pilastre au pied de l'escalier. Elle est encore habitée par MM. les marquis Gualengo Guarini de la même famille. A l'angle sur la rue est l'ancienne inscription : *Herculis et musarum commercio=favete linguis et animis*, inscription moins naturelle et moins fière que le distique de l'Arioste, *parva sed apta mihi*, qui au lieu d'afficher ainsi sa dépendance de la maison d'Este, annonçait au contraire qu'il avait payé sa maison : *parta meo sed tamen œre domus*.

---

[1] *Hist. litt. d'Ital.* t. IV, 477.
[2] *V.* liv. xv, le chap. sur l'*Agro Romano*.

## CHAPITRE XIV.

### Prison du Tasse.

La prison du Tasse offrait sur la muraille les noms de lord Byron, de Casimir Delavigne, et les beaux vers de Lamartine :

> Là le Tasse, brûlé d'une flamme fatale,
> Expiant dans les fers sa gloire et son amour,
> Quand il va recueillir la palme triomphale,
> Descend au noir séjour. [1]

Malgré ces poétiques autorités, malgré l'inscription mise sur la route : *Ingresso alla prigione di Torquato Tasso,* une autre inscription intérieure et la restauration en 1812 de cette prétendue prison par le préfet du département, il est impossible de reconnaître la véritable prison du Tasse dans l'espèce de trou que l'on donne pour elle. Comment supposer un seul instant que le Tasse ait pu habiter sept années et deux mois dans un pareil gîte, y revoir son poëme, et y composer ses divers dialogues philosophiques à la manière de Platon ? J'eus occasion le soir de consulter à ce sujet quelques hommes instruits de Ferrare, et j'appris que pas un d'eux ne croyait à cette tradition : un savant distingué, M. Scacerni, qui visitait Ferrare en détail, n'avait pas seulement regardé cette loge. Je me rappelle encore une fort bonne raison; c'est que le Tasse dit qu'il voyait de sa fenêtre la tour du palais

---

[1] Méditation xive.

qu'habitait Léonore, tandis que sa prétendue loge est tournée d'un côté opposé. Il semble que le sort du Tasse n'a pas besoin, pour attendrir, de l'excès de souffrance qu'il eût éprouvé dans ce cachot; l'ingratitude d'Alphonse devait suffire à ses tourmens : quelques dédains de Louis XIV ont fait mourir Racine, et, sur de pareilles ames, les douleurs morales ont bien plus de prise que les gênes du corps. M<sup>me</sup> de Staël, si portée à la commisération envers le malheur illustre, a échappé au roman de la loge de Ferrare; Goëthe, d'après le rapport d'un voyageur spirituel ¹, soutient que la prison du Tasse est un conte, et qu'il a fait là-dessus de grandes recherches. Je n'ai lu que la vie du Tasse, sa correspondance, la meilleure de ses vies, et ses Lettres inédites publiées il y a trois ans, et j'ai acquis la conviction que son emprisonnement à l'hôpital Ste.-Anne a bien plus de rapports avec ce que l'on a depuis appelé une détention dans une maison de santé, avec les tracasseries et les vexations de la police, qu'avec une mise au cachot. Il n'est guère possible non plus d'attribuer la démence dans laquelle le vit Montaigne la seconde année de sa captivité (novembre 1580) à cet excès de continence si délicatement allégué par Ginguené ² ; elle doit être attribuée bien plutôt à sa sensibilité, à son inquiétude naturelle qui lui avait déjà donné plus d'un vertige ³, et surtout « à cette sienne

---

¹ M. Ampère fils, dans une lettre écrite de Weimar, le 9 mai 1827.

² *Hist. litt. d'Ital.* t. V, 248, 9. « Il ne paraît pas, dit-il, que « la nature l'eût constitué pour être chaste; la nature, quoi qu'on « fasse, réclame impérieusement ses droits, etc., etc. »

³ *V.* là-dessus, dans les *Lettres inédites*, une lettre très aimable et très raisonnable du cardinal Albano au Tasse, de 1578, une année avant son entrée à l'hôpital Ste.-Anne : *Non potevate adoprar mezzo più efficace per impetrar perdono, per ricuperar l'onore, e per dar consolazione a me ed agli amici vostri, che confessar l'er-*

« vivacité meurtrière, à cette clarté qui l'a aveuglé,
« à cette exacte et tendue appréhension de la raison
« qui l'a mis sans raison, à la curieuse et laborieuse
« queste des sciences qui l'a conduict à la bestise, à
« cette rare aptitude aux exercices de l'ame qui l'a
« rendu sans exercice et sans ame », comme dit cet
autre poète; car l'imagination du style peut mériter à
Montaigne un pareil titre. Cette même année 1580, le
Tasse avait une grande chambre où il pouvait philosopher et se promener, et il y reçut au printemps la
visite de Scipion Gonzaga, prince de Mantoue[1]. L'année suivante, il fut conduit au mois de juillet dans le
château de la belle Marfise d'Este, qui en avait obtenu la permission d'Alphonse; il disserta toute une
journée sur l'amour avec elle et deux de ses dames,
*belle* et *valorose*, comme dit son historien, la signora
Tarquinia Molza, sa dame d'honneur, elle-même savante,
musicienne et poète, et la signora Ginevra Marzia[2]. Le

*rore da voi commesso in aver diffidato indifferentemente di ciascuno;
il che è stato non meno degno di riso, che di compassione. Iddio
faccia, che siccome ora v' accorgete dell' inganno, così ancora il
conosciate intieramente per l' avvenire; e dovete omai farlo, perchè
io v' assicuro sopra l' onor mio, che non è alcuno che pensi o tenti
in niuna maniera d'offendervi..... Dagli effetti avete potuto, e potete conoscere, che i vostri timori e i sospetti altro non sono che false
imaginazioni..... E perchè bisogna sveller affatto la radice dell'
umor peccante, e ciò non può farsi senza medicamenti, resolvetevi
di lasciarvi purgar da' medici, consigliar dagli amici, e governar
da' padroni.* On croirait lire une lettre adressée à Jean-Jacques par
un ami (s'il avait pu avoir un ami), lorsqu'il était chez le maréchal
de Luxembourg, *nobile e virtuoso signor*, comme le marquis d'Este
auprès duquel se trouvait alors le Tasse. Les lettres du poète expriment sans cesse, avec moins d'orgueil, la même méfiance que celles
du philosophe; l'expression même paraît quelquefois semblable:
« N'usez point envers moi, écrit le Tasse à Luca Scalabrino, de Ferrare (Lett. inéd., lett. xxxix), de quelque artifice de cour (*artificio
cortigiano*). »

[1] Serassi, *Vie du Tasse*, 307.
[2] *Ibid.*, p. 310.

Tasse fit de cet entretien son dialogue peu connu intitulé : *La Molza, ovvero dell' amor* [1]. Il y peint l'embarras qu'il éprouvait en paraissant devant la princesse, quoiqu'elle l'eût invité à se rassurer. Après les premières paroles, il ne savait plus trop que dire lorsque la signora Tarquinia l'invita (à peu près comme la duchesse de la Ferté, Mlle Delaunay), à parler de quelque chose (*ragionassi di alcuna cosa*). Amené par Marfise à donner une nouvelle définition de l'amour, il s'assit d'après son ordre, ce qu'il n'avait point encore fait, plusieurs autres demoiselles présentes à cette scène étant debout. Le Tasse exprime d'abord la difficulté qu'il éprouve, lui vieil amant (*vecchio amante*) et vieilli dans les chagrins, à définir l'amour : afin d'avoir le temps de rassembler ses propres idées, il ajoute qu'il rappellera les opinions qui ont précédé la sienne sur le même sujet. Si le Tasse, indépendamment de cet artifice, dont il convient, cite un peu trop les autorités d'Orphée, d'Homère, d'Euripide, de Sophocle, d'Empédocle, de Platon surtout, d'Aristote, de Lucrèce, de Marc-Aurèle, de Plotin, de S. Augustin, de S. Thomas, etc., on voit, par les réponses et les objections des dames, qu'il n'y avait point là de pédantisme, qu'une pareille langue était familière à cette société sentimentale et érudite, espèce d'hôtel Rambouillet italien, avec plus de goût, de savoir et d'imagination. La signora Tarquinia Molza, la principale interlocutrice, qui a donné son nom au dialogue, avait alors trente-neuf ans. Cette sorte d'entretien plaît assez ordinairement aux femmes du même âge ; à défaut de sentimens moins vifs, des séductions qui peut-être leur échappent, elles se réfugient dans l'examen et la dis-

---

[1] Composé en 1583 ; publié à Venise, en 1587.

sertation. Une des idées les plus extraordinaires de la *Molza* est ce nouveau genre d'amour que le Tasse définit subtilement *una quiete nel piacevole*, et l'on comprend très bien l'exclamation de la signora Ginevra, qui s'écrie en véritable Italienne : *Come, l'amore nella quiete? che fu mai più inquieti degli amanti?*

Le Tasse paraît alors livré à de grandes lectures historiques, poétiques, philosophiques et grammaticales. C'est à cette époque aussi qu'il remercie Alde le jeune de lui avoir envoyé *la Fabbrica e le Ricchezze della lingua toscana*, les *Asolani* et *il Corbaccio*; il se plaint et regrette vivement de n'avoir point reçu la *Somme de théologie de S. Thomas*, livre qu'il désirait bien davantage; il demande un *Calepin*, *la Fiammetta*, *les histoires de Bembo*, mais non *ses lettres*, qu'un libraire de Ferrare lui a procurées [1]. La visite d'Alde le jeune est du mois de septembre 1582 : il lui porta quelques unes des belles éditions de son imprimerie, dont le Tasse fut enchanté comme un bibliographe; ils passèrent deux jours ensemble à s'entretenir de leurs études et de leurs travaux; et le poète, à la prière d'Alde, composa deux sonnets pour sa vie de Cosme I$^{er}$.

En 1583, le Tasse fait une grave maladie, sur laquelle il consulte son ami, le médecin Mercuriale, de Padoue; mais on voit qu'il était un malade fort récalcitrant, qu'il ne consentait à prendre que des médicamens agréables, que les médecins même ne lui paraissaient habiles qu'autant qu'ils savaient en trouver [2], et qu'il ne pouvait se résigner à l'abstinence complète du

[1] Les goûts de lecture du Tasse sembleront assez étranges chez un poète; c'est ainsi que la première année de sa liberté, et lorsqu'on pourrait le croire occupé d'en jouir, il prie Alde de lui envoyer les œuvres de *S. Grégoire de Nysse* et le *Commentaire d'Alexandre sur la métaphysique*. Lett. inéd., CCXCII.

[2] *L'eccellenza de' medici consiste in buona parte in dar le medi-*

vin prescrite par Mercuriale. Il semble au moment d'obtenir sa liberté en 1584; Alphonse, sur les instances du cardinal Albano et de la duchesse de Mantoue, la lui promet, dans son palais, en présence de chevaliers français et italiens; il visite les églises et les monastères; il va dans le monde, chez les seigneurs et les dames de la cour, et particulièrement chez la signora Tarquinia Molza, qui, depuis les trois années du dialogue sur *l'amour*, avait franchi les quarante ans, et dont les raisonnemens devaient avoir acquis bien plus de profondeur. Plusieurs dialogues furent le fruit de ces divers entretiens philosophiques ou littéraires [1], et il fit, après le carnaval auquel il avait assisté avec un extrême plaisir, le dialogue touchant et agréable intitulé : *il Gianluca* ou *delle Maschere* (des Masques.) [2]. Le Tasse était quelquefois mené dans ses courses par le comte Jérôme Pepoli, de l'illustre famille de Bologne, qui s'honore aujourd'hui d'un des meilleurs poètes de l'Italie, M. le

*cine non solo salutifere, ma piacevoli.* Lettre à Biagio Bernardi. Serassi, *Vie du Tasse*, 326.

[1] Savoir : *il Beltramo, ovvero della Cortesia; il Malpiglio, ovvero della Corte; il Ghirlinsone, ovvero dell' Epitaffio; la Cavaletta, ovvero della Poesia toscana; il Rangone, ovvero della Pace.*

[2] Le Tasse, dans ce dialogue, s'excuse de se masquer à cause de sa maturité : *l' allegrezze sono conformi all' età degli uomini, siccome i frutti alle stagioni, laonde quel che diletta alla giovinezza non suol piacere all' età matura parimente ;* un des interlocuteurs, Alberto Parma, savant gentilhomme de Modène, lui répond non moins poétiquement : *siccome al fine della primavera è simigliante nelle sue qualità il principio della state; e quando ella concede il luogo all' Autunno è molto simile la temperatura dell' uno e dell' altro: così la vostra età virile è ne' confini ancora della giovinezza.* On voit par ce dialogue quelle était alors la fureur des masques à Ferrare; princes, chevaliers, docteurs, prélats, tout le monde se déguise; la magnificence de la cour d'Alphonse, dit le Tasse (toujours désigné sous le nom de *forestiero napoletano*, comme dans Platon, Socrate, sous celui de l'hôte athénien), égale toutes les pompes des rois et des empereurs, et n'est point inférieure aux descriptions des historiens ou des poètes.

comte Charles Pepoli, mais qui, lui-même, va à pied, et ne pourrait plus que donner le bras à l'auteur de la *Jérusalem*. L'envoi fait par lui, le 13 juillet, d'un de ses dialogues, *il Rangone, ovvero della Pace*, adressé à la grande-duchesse de Toscane, l'aventureuse et séduisante Bianca Capello, est daté *dalle sue stanze in S. Anna*, ce qui semble indiquer une espèce d'appartement.

L'année 1585 fut, pour le Tasse, une année de calamité. Alors parurent les envieuses critiques de son immortel ouvrage; le chevalier Léonard Salviati déclarait au nom de l'Académie de la Crusca, qui venait de s'établir, que « la *Jérusalem* ne méritait point le titre de « poëme...., et qu'elle ne rachetait par aucune beauté « ses innombrables défauts », [1] comme cinquante ans plus tard, l'Académie Française débutait aussi, mais avec plus de politesse, par ses *Sentimens sur la tragi-comédie du Cid* qu'avait rédigés Chapelain. L'historien du Tasse rapporte qu'il ne lui fut plus permis de sortir, soit pour entendre la messe, soit pour se confesser, comme il avait coutume [2]. Un passage d'une de ses lettres au marquis Buoncompagni, général de l'armée du pape, du 12 avril 1585, que j'avais copié sur un autographe de la bibliothèque de Ferrare, et que

---

[1] Ce n'est que dans la troisième édition du Vocabulaire de la Crusca que la *Jérusalem* fut admise parmi les *Testi di lingua*; elle avait été rejetée des deux premières.

[2] Quelques vers du Tasse, avant de se confesser, sont très beaux:

> *Signor, a te mi volgo, e già mi pento*
> *Di quel desio, ch' al tuo voler contese;*
> *E col dolor, che di mio colpe io sento,*
> *Fo la vendetta in me di tante offese:*
> *Tu l'obblia, tu perdona, or ch' io pavento*
> *Dell' ire tue, che 'l mio peccato accese;*
> *Onde quel duolo, e quel timor, che m' ange,*
> *Nel tuo divino Amor s' infiammi, e cange.* ( *Rime* IV, 120.)

j'ai été surpris de ne retrouver ni dans sa vie, ni dans sa correspondance imprimée, indique toutefois quelque adoucissement à son sort au milieu de ces rigueurs : *Il signor Duca non mi tiene in alcuna sua prigione, ma nello spedale di S. Anna : dove i frati e i preti possono visitarmi a voglia loro, nè sono impediti di farmi giovamento.* Des lettres inédites de cette année prouvent que, dans sa prison même, il ne manquait point d'une sorte de recherche et de soin ; il se plaint à un ami de ne point avoir de sucre pour la *salade du lendemain soir* (*la salata di domani a sera* [1]) ; il le prie de lui en acheter du plus fin (*qualche libbra del più fino*) : la préoccupation poétique n'allait pas chez lui (comme il est quelquefois arrivé à d'autres) jusqu'à le laisser sans chemises, qu'il tenait à avoir nombreuses et en bon état ; il désire encore que son bonnet de jour soit de bonne qualité ; il s'arrangerait assez que le velours en fût de Modène ou de Reggio, quoique celui de Gènes ou de Ferrare soit meilleur ; enfin il va même jusqu'à recommander que son bonnet de nuit soit des plus jolis et des plus élégans (*de' più gentili e belli che si possan ritrovare.*) [2]

[1] Lett. LXXIX.
[2] Lett. LXXXIII. Les Lettres inédites du Tasse contiennent quelques détails intéressans sur son enfance, son caractère et son poëme. Dans une longue lettre à Buoncompagni (la xv<sup>e</sup>), du 27 mai 1580, par laquelle il regrette de n'avoir point encore reçu la visite du chapelain de S.-Anne, et de n'avoir pu se confesser ni communier, il rappelle qu'élevé aux Jésuites, ils lui firent faire sa première communion avant l'âge de neuf ans, car il en paraissait douze pour la taille et la précocité d'esprit ; mais telle fut la manière dont il avait été instruit, qu'il ignorait, ainsi qu'il l'avoue lui-même, que le corps de Jésus-Christ fût réellement dans l'hostie : *E quand' io mi comunicai, non aveva ancora inteso che nell' ostia fosse realmente il corpo di Cristo.* Il peint naïvement l'impression et la satisfaction religieuse qu'il ressentit toutefois par l'effet du culte extérieur et de la piété de ses voisins : *Nondimeno mosso da non so qual segreta*

Le Tasse sortit de l'hôpital Ste.-Anne le 5 ou 6 juillet 1586 et vécut encore un peu moins de neuf ans. Malgré les divers asiles qu'il trouva momentanément chez quelques princes ou amis généreux; malgré de courts divertissemens et son tardif et stérile triomphe, un grand nombre de ses lettres sont de véritables pétitions; la mendicité de rue et de carrefour du vieil Homère était moins humiliante que cette mendicité *de gentilhomme* et *d'homme de lettres*, ainsi qu'il le dit lui-même [1], que cette sollicitation perpétuelle adressée aux riches et aux grands, afin d'en obtenir la table,

*divozione, che la gravità e la riverenza del luogo, e l'abito, e 'l mormorare, e 'l battersi di petto de' circostanti, avevano in me generata, andai con grandissima divozione a ricevere il corpo di Cristo, e sentii dentro non so qual nuova insolita contentezza.* Le Tasse n'était point, à ce qu'il paraît, aussi grave et silencieux que l'a peint Ginguené (*Hist. litt. d'Ital.*, V, 309); il écrit à Luca Scalabrino, son ami ( lett. VIII), qu'il n'a jamais rien dit qui pût lui déplaire, quoique *l'homme le plus babillard du monde* (*il più loquace uomo del mondo*). Avant ses affreux malheurs, le Tasse était un poète, un gentilhomme, et un Italien de son temps, brave, bruyant, moqueur, coquet, aimant le plaisir et faisant gaîment son carnaval; il montre plus d'une fois une aversion très marquée pour la retraite ( *V*. ses Lettres diverses, DXXXII, DLVIII, la lettre CLXIX des Lettres recueillies par Muratori et d'autres), et il n'avait ni la mélancolie philosophique du dernier siècle, ni la *sentimentalité* allemande du Tasse de la pièce de Goëthe. L'allusion, déjà imaginée par Sperone Speroni, répétée avec affirmation par Ginguené (*Hist. litt. d'Ital.*, V, 238, 9, *qui peut douter*, etc.) et par d'autres écrivains, de l'épisode d'Olinde et de Sophronie aux amours du Tasse pour Léonore, cette allusion est formellement contredite dans les nouvelles Lettres, et, selon l'énergique expression du Tasse, elle doit être regardée comme *un cancaro ai pedanti*. Cette erreur n'a point été commise par M. Aug. Trognon, dans ses notes judicieuses jointes à la traduction en vers de M. Baour-Lormian, quoiqu'elles aient paru avant la publication des Lettres inédites. Les Lettres inédites offrent aussi de tristes détails sur la lenteur et les scrupules des vice-inquisiteurs chargés de censurer la *Jérusalem*, et le tort qu'éprouvait le Tasse de ces retards. Lett. CCLXXXIX.

[1] *E quel ch' è più odioso a ricordare, dotto e gentiluomo.* Lett. inéd., CCIX.

le logement, des habits ou même quelque parure¹. Le loisir littéraire² auquel il aspire, n'est doux et noble qu'avec l'indépendance et surtout la dignité, comme aurait dit Cicéron. Sa négligence domestique, son inexpérience des affaires³, le réduisent aux plus fâcheuses extrémités. A Naples, dont il ne parle jamais qu'avec la plus touchante tendresse, qu'il voulait revoir avant de mourir, qui lui rappelait sa mère, son enfance, qu'il regardait comme une très chère patrie⁴, un médecin refuse d'aller le voir, parce qu'il ne peut lui payer sa visite; à Rome, il reste au lit faute de vêtemens; il se réfugie à l'hôpital des Bergamasques, fondé par un seigneur, cousin de son père; sa vie est une mort continuelle⁵, et dans

¹ C'est ainsi qu'il écrit à Horace Feltro, de Naples, le 10 avril 1594, pour le prier de lui faire cadeau de bas de soie : *Oltre a ciò avrei desiderato due paja di calzette di seta grandi, perchè il provvedermi di queste delicatezze da me stesso in questa mia pessima fortuna mi sarebbe imputato a vanità; ma il ricever la cortesia di qualche cortese signore, ed il gradirla non mi sarebbe ascritto a pusillanimità.* Lett. inéd., ccv.

² Les nouveaux cardinaux, dit-il, sont plus pauvres que les autres : *Avrei bisogno dei vecchi, perchè lor sarebbe non grave di nutrirmi nell' ozio letterato, se pure io deliberassi di andare a Roma; e fra i ricchi è il cardinal Gonzaga, a cui non mancano soggetti di molta stima; però non dee esser desideroso d' uomo di così picciol valore, com' io sono.* Lett. inéd., xcvii.

³ Le Tasse, malgré ses privations et sa frugalité, paraît avoir été fréquemment volé par ses domestiques; il fut aussi trompé dans la confiance qu'il accordait à des gens peu sûrs. *V.* pour ce genre de détails, Serassi, *Vie du Tasse*, liv. iii, p. 445, 6, et la cclxxvii° des Lettres inédites, écrite à Jean-Baptiste Manso. On y voit qu'après un vol de 30 écus, il ne lui reste point d'argent pour acheter un manteau à l'entrée de l'hiver.

⁴ *Io niuna cosa più desidero che di venire a Napoli, e di goder lungamente la bellezza di cotesta città, che mi piace oltre tutte le altre, e per la memoria di mia madre e della mia fanciullezza m'è in vece di carissima patria.* Lett. inéd., cxcii. *Posso chiamarla con le voci di Platone* MATRIA *almeno.* Id., ccxxi. *Ho desiderio di Napoli come l'anime ben disposte del Paradiso.* Id., cclxxvi.

⁵ Id., cxcii.

sa langueur funeste il offre des louanges et l'immortalité à ses indifférens protecteurs [1]. Le procès qu'il eut à soutenir en 1592, trois ans avant sa mort, contre les héritiers de son oncle et contre le fisc, vint encore mêler ses ennuis à tant de maux. Solliciteur et plaideur, tel fut le Tasse pendant cette dernière partie de sa vie; il semble qu'elle devait être encore plus cruelle pour ce poète infortuné que le délire de Ste.-Anne.

## CHAPITRE XV.

Palais. — Place de *l'Arioste.* — *Campo-Santo.* — *Belriguardo.*

La prison ou les maisons des poètes font, à Ferrare, négliger les palais, quoique ceux-ci ne manquent ni de grandeur, ni de souvenirs; tel est le palais aujourd'hui des comtes Scrofa et marquis Calcagnini bâti par Louis le Maure, qui espérait y trouver un asile contre les victoires des Français, et qui perdit en même temps sa liberté, son État, et mourut en Touraine dans le château de Loches : c'est de sa prison qu'il légua ce palais inachevé à Antoine Costabili, noble de Ferrare, son ancien ambassadeur à la cour du duc Hercule Ier, qu'il avait autrefois chargé de le faire construire, et qui vint le visiter dans sa prison. Le présent d'un prince trahi, captif, à un courtisan fidèle, aurait quelque chose de touchant, si Sforze, quoique ami des lettres

---

[1] *Lettr. ined.* CCXI, à Horace Feltro : *S'era necessario ch'io lodassi alcuno in qualche mio componimento, ch'io non mancherei..... V. S. tenga memoria delle cose ragionate fra noi, acciocch' io possa nei miei scritti consecrar quella del suo nome all' immortalità.*

Contraste insuffisant

**NF Z 43**-120-14

et des arts, n'avait été usurpateur et cruel, et si peut-être le voyage du seigneur Costabili, déjà presque propriétaire du palais, n'avait été intéressé[1]. La maison des comtes Avventi, appelée *Casa della Rosa*, était comme la petite maison du duc Alphonse I$^{er}$. Il y avait établi la dame Laure Eustochie Dianti, dont il eut deux fils, Alphonse et Alphonsino. Ce n'est point cette maîtresse qui a donné à la maison Avventi son gracieux surnom; il lui vient de l'église voisine, *Sta.-Maria della Rosa* : on pourrait aisément s'y tromper. Un petit palais, d'excellente architecture, du dessin de Jérôme Carpi, ferrarais, est celui de la maison Conti Crespi : de la première moitié du XVI$^e$ siècle, il annonce l'époque de la renaissance.

La grande place, appelée quelque temps place Napoléon, est devenue, en 1814, place de l'Arioste, nom qui a pris tout de suite, comme à Paris, le nom de la rue de la Paix : la renommée des conquérans ne tiendra jamais contre la gloire des lettres ou la félicité publique. Les démagogues de 1796 avaient fait disparaître de cette même place la statue du pape Alexandre VII; celle de Napoléon eut le même sort : si jamais on y élève la statue de l'Homère de Ferrare, elle bravera tous ces revers.

Le *Campo-Santo* est l'ancienne chartreuse fondée en 1452 par le premier duc de Ferrare, Borso, prince magnifique, libéral et qui, malgré l'austérité d'une telle fondation, était célèbre dans toute l'Italie par l'éclat de ses fêtes; son tombeau, renouvelé élégamment en

---

[1] La famille Costabili ne paraît point éteinte à Ferrare : le comte Jean Costabili est cité par M. Cicognara (*Stor. della Scult.*, V, 292) comme un noble protecteur des arts et zélateur jaloux des gloires de sa patrie; il possède une élégante collection de bronzes parmi lesquels deux très précieux sont de l'habile artiste ferrarais du XVI$^e$ siècle, Alphonse Alberghetti.

1815, est à côté de la *cella* consacrée à la maison d'Este. Le mausolée du duc Venanziano Varano et de sa femme, par M. Rinaldo Rinaldi, est fort beau. Quelques autres sépultures rappellent des noms illustres dans les lettres et les arts; tels sont les tombeaux de Lilio Giraldi[1], de Bernardin Barbulejo ou Barbojo, curé de la paroisse de S.-Pierre, qui, selon l'abbé Jérôme Baruffaldi[2], aurait appris le rudiment à l'Arioste, grave opinion que paraît avoir depuis réfutée M. Faustini; tel est aussi le monument d'albâtre élevé par M. le comte Léopold Cicognara à sa première femme.

L'église attenante au *Campo-Santo* est d'une noble architecture attribuée à Sansovino, qui n'est tout au plus l'auteur que des brillantes sculptures intérieures. Les douze tableaux des douze chapelles représentant les divers *Mystères,* de Roselli, peintre ferrarais du xvie siècle, montrent l'imitation du Garofolo et du Bagnacavallo; une gracieuse *Nativité* est du Dielai, habile élève et aide des Dossi; une *Déposition de croix,* la *Descente du S.-Esprit,* sont du Bastaruolo, élève du Dielai, excellent peintre ferrarais, digne d'être connu hors de sa patrie, et qui périt malade et souffrant en se baignant dans le Pô; le *S. Bruno* est du Scarsellino; une *Cène,* de Cignaroli; les *Noces de Cana; S. Bruno priant avec d'autres chartreux,* sont de Charles Bonone, habile et fécond artiste ferrarais du xvie siècle, dont Cochin a constamment métamorphosé le nom en celui de Burini; un *S. Christophe,* au chœur, est du Bastianino; la *Décollation de S. Jean-Baptiste,* de Parolini.

[1] *V.* ci-dessus, chap. xi.
[2] *Vita di L. Ariosto,* p. 55. Barbojo fut très considéré des savans Italiens de son temps : Giraldi lui dédia son traité *de Historia Deorum ;* Celio Calcagnini lui adressa quelques unes de ses savantes dissertations, et parmi les *Lectiones antiquæ* de Rhodiginus, la dédicace du xie livre lui est faite par Camille Richieri.

La délicieuse villa de Belriguardo, près de Ferrare, jadis habitée par le cardinal Louis d'Este, frère d'Alphonse II, espèce d'académie dont le Platon, quoique peu savant, était si zélé pour la science, n'existe plus[1]. Sa dégradation avait commencé dès la fin du XVI° siècle; ses débris peuvent encore faire juger de son étendue et de son ancienne magnificence. Une partie sert maintenant de gîte à des paysans, l'autre est occupée par le propriétaire de la vaste métairie qui l'environne.

## CHAPITRE XVI.

#### Société italienne.

J'AI passé quelques jours à Ferrare. Si le caractère d'un peuple, comme l'a remarqué Rousseau, se connaît mieux dans les villes de second ordre que dans les grandes capitales où affluent les étrangers, ce séjour me donnerait une idée bien favorable du caractère italien et de la société italienne. Je me rappelle encore l'obligeance, la politesse, la bonhomie, qui régnaient dans la maison où j'avais l'honneur d'être reçu. Quelques personnes regrettent avec raison la perte et l'absence des *vieilles* dans notre société. L'Italie en pos-

---

[1] *Ipse, quanquam,* dit Muret, *doctrina mediocri, magno tamen et excelso ingenio, et mirifice dedito studiis nostris. Itaque domus ipsius Academia quædam videri poterat. Hic amat quidem et ipse mirifice homines bonarum artium scientia excultos : sed sua ei comitas damno est. Dum enim omnes blande excipit, cum omnibus humane colloquitur, facilem se atque obvium omnibus præbet, excitat quidem admirabiles amores sui : sed a tam multis gratiam ipsius ambientibus perpetuo obsidetur, ut ei vix ad curandum corpus satis temporis supersit.* Epist., lib. II, 23.

sède de parfaitement aimables et qui sont de vrais modèles. Le salon de l'une d'elles est le premier de Ferrare. J'avouerai sans pudeur l'agrément que j'y ai trouvé; là régnaient la douceur, la facilité, l'abandon : malgré la vivacité italienne, le ton était parfait, et il n'y avait aucune vanité, ni extérieure, ni rentrée. Dans la loge au théâtre (dont le légat était le spectateur le plus assidu), une multitude de lorgnettes étaient à la disposition des divers habitués; le *comme il faut* n'exerçait là aucun empire, la maison était à peu près ouverte aux étrangers qui passaient, et l'on se rendait à la conversation du soir ou plutôt de la nuit, en toilette du matin.

## CHAPITRE XVII.

Cento. — Le Guerchin. — *Pieve*.

Cento, patrie du Guerchin, est une petite ville jolie, qui mérite que l'on se détourne de la route pour la visiter avant d'arriver à Bologne. Là est sa maison, véritable musée domestique, toute couverte de ses peintures. Dans la petite chapelle de la maison est un admirable tableau de *deux Pèlerins qui implorent la Vierge* : la ferveur, la misère de ces pèlerins, est peinte jusque dans certains détails (tel que le raccommodage de la partie la moins noble de leurs vêtemens), qui n'affaiblissent point l'effet général de cette touchante composition. Le plafond de l'une des pièces offre une suite de chevaux de différentes espèces; il y a un groupe superbe de deux chevaux; un autre cheval au vert et n'ayant que les os et la peau, est une anatomie vivante de ce pauvre animal. Une *Vénus* allaitant l'Amour plaît moins que le reste, malgré sa célébrité et le mérite du coloris : Vénus est bien la mère de l'Amour, mais elle n'est point sa nourrice; l'imagination n'admet dans les arts que les choses auxquelles elle a consenti et auxquelles depuis long-temps elle est faite.

Guerchin avait pour Cento cet amour du lieu, si l'on peut le dire, dont les peintres ou sculpteurs d'Italie offrent à toutes les époques de nombreux exemples [1]; il préféra le séjour de sa ville natale aux titres et charges de premier peintre des rois de France et d'Angleterre; il y avait sa *scuola*, et il n'en sortit que chassé par la guerre survenue entre Odoard Farnèse, duc de Parme et le pape Urbain VIII, et lorsque Taddée Barberini, neveu du dernier et général des troupes pontificales, voulut fortifier Cento. La campagne et les opérations de ces deux combattans paraissent aujourd'hui bien vulgaires à côté de la gloire fugitive du Guerchin. La maison du Guerchin, telle qu'elle existe encore, atteste une vie simple, modeste, laborieuse, qui inspire une sorte de respect. Ce grand artiste, véritablement né peintre [2], *ce magicien de la peinture,* comme on l'a surnommé,

[1] *V.* ci-dessus, liv. v, les chap. xxxvii, xxxix, et ailleurs.

[2] Dès l'âge de six ans, Guerchin montrait une singulière disposition à dessiner; à huit ans et avant même d'avoir reçu des leçons du peintre à gouache de la Bastia, village du Modénais, il peignit sur la façade de la maison qu'il habitait la Madone de Reggio; cette maison ayant été détachée, M. Léopold Tangerini, archiprêtre de Cento, fit détacher, en 1790, la portion du mur où se trouvait l'essai précoce du Guerchin, et qui se conserve encore dans son *casino nuovo*. A l'école, au lieu de barbouiller ses cahiers d'écriture, Guerchin y dessinait des bœufs, des chevaux, des paysans, etc. *V.* les *Notizie della vita e delle opere del cavaliere Gioan Francesco Barbieri detto il Guercino da Cento;* Bologne, 1808, in-4°; ouvrage neuf et curieux, rédigé sur les pièces originales et les mémoires manuscrits de la famille Barbieri, passés dans la bibliothèque du prince Philippe Hercolani.

était aussi un homme pieux, modeste, désintéressé, charitable [1]; excellent parent, dont le camarade et les premiers élèves étaient son frère et ses neveux [2], et qui, aimé de son maître Gennari, loué, recommandé par Louis Carrache, semble avoir échappé à l'inimitié trop fréquente parmi de pareils émules [3]. La maison du Guerchin n'est pas toutefois sans quelque magnificence; on conçoit fort bien qu'il y ait reçu et traité, *ad uno squisito banchetto*, ces deux cardinaux qui étaient venus à la foire, que ses élèves les plus distingués servirent à table, et devant lesquels ils jouèrent le même soir *una bella commedia* [4], proverbe improvisé, dont leurs éminences furent ravies. Christine vint aussi visiter le Guerchin à Cento; et, après avoir admiré ses

---

[1] Les *Notizie* offrent quelques détails intéressans sur la vie, les qualités et les pratiques de piété du Guerchin; jamais il ne voulut accepter de commande qu'un de ses confrères eût pu désirer ou demander; il se levait de bonne heure, faisait une heure d'oraison, sortait pour entendre la messe, et travaillait jusqu'au dîner; afin de ménager le temps, il attendait, pour s'y rendre, que l'on eût servi; il se remettait ensuite à peindre jusqu'au coucher du soleil; il allait alors prier dans quelque église voisine, et rentrait dessiner jusqu'au souper. Quoique dans ses dernières années il eût renoncé à ce repas, il s'y trouvait pour tenir compagnie à sa famille. Guerchin paraît avoir été fort distrait : un soir, par mégarde, dessinant le chapeau sur la tête, et s'étant trop approché de la lampe, il ne s'aperçut pas que son chapeau était en feu; une autre fois, méditant un petit tableau, il s'assit sur sa palette, et ne fut averti de son inadvertance que lorsque, se levant pour exécuter sa pensée, la palette se détacha et tomba à terre. Guerchin, surpris, ne put s'empêcher de rire; mais, changeant aussitôt de costume, il fit préparer une autre palette et se remit paisiblement à l'ouvrage.

[2] Paul-Antoine Barbieri, peintre de fleurs et de fruits; Benoît et César Gennari, fils de sa sœur. Paul-Antoine Barbieri tenait aussi le registre des commandes de son frère (*V.* ci-après, chap. XXVI), et était chargé du soin de la maison; sa mort causa au Guerchin une douleur si profonde, qu'il voulut être enterré près de lui à l'église S.-Salvatore de Bologne. *Notizie*, p. 37, 44.

[3] *V.* liv. XII.

[4] *Notizie*, p. 43.

ouvrages, cette reine voulut prendre et toucher la main qui avait fait tant de chefs-d'œuvre. [1]

L'église du Rosaire est appelée à Cento la *Galerie*, titre profane qu'elle justifie assez par son apparence et la manière dont les tableaux y sont rangés. Le Guerchin n'y éclate pas moins que chez lui. Cette église est remplie de ses peintures : il a donné, dit-on, le dessin de la façade, du clocher, et travaillé à la statue de bois de la Vierge ; il s'y montre ainsi peintre, sculpteur et architecte ; mais surtout il y est chrétien. Une chapelle fondée par lui porte son nom ; il avait fait un legs pour qu'on y célébrât un service, et laissé à l'image de la Vierge du Rosaire une chaîne d'or d'un grand prix, offrande pieuse qui fut volée vers le milieu du dernier siècle par un *custode* de l'église :

*Ladro alla sagrestia de' belli arredi*, [2]

double sacrilége dans la ville illustrée par ce grand peintre, et où sa mémoire est encore aujourd'hui populaire et vénérée.

A Pieve, très près de Cento, est au maître-autel de l'église, une admirable *Assomption*, du Guide, pleine de vie, de variété, de mouvement et d'expression. Ce tableau devait être emporté en 1797, mais il fut défendu par le peuple, qui commençait à se soulever au bruit de son enlèvement ; on fut obligé, afin que les spoliateurs eussent leur compte, de le remplacer par un autre tableau du même maître. Ainsi, dans cette oppression successive de l'Italie, et lorsqu'elle cédait à de nouveaux vainqueurs, ses tableaux étaient plus puissans que ses chefs, et, mieux que les hommes, ils provoquaient encore à la résistance.

[1] *Notizie*, p. 43.
[2] Voleur de beaux ornemens d'églises. Dante, *Inf.*, XXIV, 138.

## CHAPITRE XVIII.

BOLOGNE. — Première impression. — Distinction de Bologne.

Lorsque j'arrivai à Bologne pour la première fois, c'était le soir au mois d'août, le jour de la fête de S.-Dominique, au moment où l'on promenait dans la ville la relique de la tête du saint enveloppée dans une riche boîte d'argent; les fenêtres étaient pavoisées, et tout le monde était dehors; mais cette fête, où le sensualisme religieux de l'Italie dominait bien plus que la vraie piété, était sans ordre et sans magnificence; je ne puis oublier que dans cette cohue je me trouvai jeté entre un moine et un *ruffiano* (rencontre à laquelle, voyageur moins expérimenté, je ne m'attendais pas à l'entrée des États de l'Église); l'accent du peuple, quoique j'y fusse préparé, me parut rude et criard [1]; les maisons, grandes, uniformes et toutes badigeonnées, étaient sans caractère, enfin un certain vacarme industriel d'usines, de filatures et de fabriques [2] ne m'annonçait guère cette docte Bologne, *la mère des études*,

[1] Une lettre du savant professeur Aulus Janus Parrhasius, de l'année 1506, adressée au Trissin, signale déjà cette *rancidam Bononiensium loquacitatem*. V. t. X, p. 166 de la traduction italienne de la *Vie et du Pontificat de Léon X*, de Roscoe, par M. L. Bossi; les lettres qu'a publiées le traducteur, et qui lui ont été communiquées par la famille Trissino.

[2] Les filatures de soie sont nombreuses à Bologne dans le quartier de *Porta Stiera*; une manufacture de draps a été établie en 1825 par deux Français dans les vastes bâtimens de l'ancien collége des nobles *del Porto* ou académie *degli Ardenti*, près du canal *Naviglio*; les nouvelles machines y ont été introduites, et ses draps passent pour être de bonne qualité.

ainsi qu'elle avait été anciennement surnommée, cette Bologne que Sadolet montrait à Béroalde comme *tutta involta nei travagli* [1], cette ville enfin si littéraire, si intellectuelle, comme on dirait aujourd'hui. Je suis bien revenu de cette première impression causée par la physionomie commune de la ville. Bologne est encore, à juste titre, regardée comme une des plus illustres cités de l'Italie; quoique, depuis long-temps, elle ait cessé d'être le siége d'un gouvernement [2], qu'elle n'ait jamais été résidence de cour, elle est au niveau de la civilisation des premières capitales : la science est sa dignité, et l'on sent encore dans ses mœurs, son esprit et ses opinions, quelque chose de sa vieille devise *libertas*, qu'elle a conservée [3]. Bologne était, dit-on, la ville d'Italie que préférait lord Byron; sans décider si ce goût était parfaitement raisonnable, il est très facile de le comprendre.

## CHAPITRE XIX.

Université. — Professeurs. — Femmes-docteurs. — Antiques. — Bibliothèque. — M. Mezzofanti. — Jardin *agrario*. — Jardin botanique.

L'UNIVERSITÉ de Bologne, la plus ancienne, comme on sait, de l'Italie, qui vit quelques unes des plus belles

---

[1] Tout enveloppée dans l'étude. *Il Cortegiano*, lib. II, p. 194.
[2] C'est en 1506 que Bologne s'est donnée pour la seconde fois au pape Jules II.
[3] Le Discours de M. Giordani, prononcé au *Casino* de Bologne dans l'été de 1815, sur la restitution au S.-Siége des trois légations, est singulièrement remarquable sous le rapport de l'indépendance et de la dignité; il peut être regardé comme un des meilleurs morceaux de cet écrivain. *V.* vol. XII, p. 57 de ses *Opere*. (*Italia*, 1821.)

découvertes de l'esprit humain [1], s'honore encore aujourd'hui de maîtres célèbres, tels sont : MM. Valeriani, professeur d'économie publique; Tommasini, de médecine théorique-pratique; Orioli, de physique; Mezzofanti, de grec et de langues orientales; Schiassi, d'archéologie : MM. Medici et Mondeni, chargés, le premier de la chaire de physiologie, le second de celle d'anatomie, sont aussi de fort habiles professeurs. Bologne compte les cinq nouvelles Facultés dont les chaires sont : pour la Faculté de théologie, les chaires de théologie sacrée, de théologie morale, d'Écriture-Sainte, d'histoire ecclésiastique, d'éloquence sacrée; pour la Faculté de droit, les chaires des institutions canoniques, du droit de la nature et des gens, du droit public ecclésiastique, des textes canoniques; pour la Faculté de médecine, les chaires de physiologie, de pathologie générale et de séméiotique, de médecine théorique-pratique, de médecine politique légale, de chimie, de botanique, de pharmacie, d'hygiène thérapeutique et de matière médicale, d'anatomie humaine, d'anatomie comparée et de médecine vétérinaire, de chirurgie théorique, d'accouchemens; pour la Faculté des sciences, les chaires de logique et métaphysique, de morale, d'algèbre et de géométrie, d'introduction au calcul, de mathématiques transcendantes, de physique, de mécanique et d'hydraulique, d'optique et d'astronomie; pour la Faculté des lettres, les chaires d'art oratoire et poétique, d'histoire, d'archéologie, de langue grecque, d'hébreu, de siriaque-chaldéen et d'arabe. On voit par ce tableau l'étendue des études médicales et leur supériorité sur les autres branches de l'enseignement. Le système des gastrites est né à Bologne, et M. Tomma-

---

[1] La première dissection de cadavre au xive siècle; le Galvanisme.

sini avait précédé M. Broussais. Il est vrai que ce système y était beaucoup plus sensé que chez nous, la situation de Bologne au pied de l'Apennin y rendant communes les inflammations de poitrine et les maladies nerveuses et aiguës [1]. Les professeurs de l'université de Bologne, qui, du temps de Lalande, avaient cent écus par an, sont aujourd'hui moins mal rétribués, la ville leur accordant un supplément de traitement; mais la plupart trouveraient à l'étranger un sort plus brillant : ils préfèrent ne point quitter leur ville natale, et leur enseignement est encore du patriotisme. Cette existence honorable est cependant quelquefois troublée par d'ineptes et viles délations; lorsque je me trouvais à Bologne en 1828, trois des professeurs les plus distingués, MM. T\*\*\*\*\*\*\*\*, O\*\*\*\*\* et \*\*\*, furent invités confidentiellement et même avec une sorte d'intérêt à donner leur démission, afin d'éviter peut-être la nécessité fâcheuse de se présenter devant la commission de Faenza, chargée de juger les carbonari; le charitable avis n'ébranla point ces messieurs; ils refusèrent leur démission, et se présentèrent au tribunal : les juges surpris, con-

---

[1] Je crois devoir rappeler ici une observation remarquable d'un excellent juge sur les écoles médicales d'Italie : « Ce qui caractérise « particulièrement ces écoles, dit M. Alibert, c'est qu'elles n'ont « jamais été dominées ni par l'esprit de secte, ni par l'ascendant de « l'imitation. On citait jadis Naples pour les maladies chroniques; « Modène, pour les épidémies; Bologne, pour les sciences phy- « siques; Padoue, pour l'anatomie et l'histoire naturelle; Pavie, « pour les expériences de physiologie; Rome, pour la pratique de « l'art et la doctrine des anciens. J'ajouterai qu'on ne voit guère un « savant de cette heureuse contrée se traîner sur les traces d'un « autre; ils suivent chacun leur route d'une manière libre et indé- « pendante; il en est même qui ne se ressemblent en aucune ma- « nière, quoiqu'ils soient instruits par les mêmes maîtres, quoiqu'ils « habitent la même ville. » Considérations préliminaires sur les progrès de la médecine depuis Hippocrate jusqu'à nos jours, en tête de la *Nosologie naturelle*, t. I$^{er}$, p. LV et LVI. Paris, 1817, in-4°.

fondus à l'apparition de pareils accusés, répondirent qu'ils ne comprenaient point ce que cela voulait dire; qu'ils chercheraient dans leurs dossiers, et vérifieraient s'il n'y était point fait mention de ces singuliers prévenus; ils ne trouvèrent rien, et l'affaire en resta là. Il a été question, en 1829, de la suppression de la chaire d'histoire; il n'y était pourtant traité que de l'histoire ancienne, et l'on ne voit pas trop vraiment le danger de parler aujourd'hui des Grecs et des Romains.

L'université de Bologne, dont la façade est de Pellegrini, et la grande et belle cour de Barthélemi Triachini [1], est décorée avec ce luxe des arts commun en Italie, jusque dans les colléges [2] : les peintures du cabinet de physique, par Nicolas dell' Abate, ont la grace du Parmesan, et les belles fresques de Pellegrini dans le *Loggiato* méritèrent d'être imitées par les Carraches. Ainsi cette docte université n'a point été non plus étrangère aux progrès de la peinture.

Au milieu de la cour, l'*Hercule en repos* est un travail singulier d'Ange Pio, sculpteur du XVIIe siècle, dont les nombreux ouvrages ont quelque réputation, grace au petit nombre de meilleures productions à cette époque. Malgré le mérite des professeurs auxquels on a élevé des statues dans cette cour et sur l'escalier, tels que Galvani, Gaëtan, Monti, Cavaz-

---

[1] L'auteur de la *Vie et des ouvrages des plus célèbres architectes* paraît s'être mépris lorsqu'il attribue la grande cour du bâtiment de l'institut de Bologne à Tibaldi, et ne parle point de Triachini, architecte bolonais de la moitié du XVIe siècle, qui construisit encore à Bologne le palais Malvezzi Medici et le palais Lambertini, maintenant Ranuzzi; artiste très loué dans le bizarre manuscrit intitulé *Graticola* (le Gril), commandé par Messer Pastorino, peintre, sculpteur et architecte de Sienne, afin de faire connaître à une femme les divers monumens et curiosités de Bologne, et dont l'auteur est Pierre Lamo, que l'on croit disciple d'Innocent d'Imola.

[2] *V.* liv. IV, chap. V.

zoni, Zanotti, et les talens de Laura Bassi et de Clotilde Tambroni, la première qui avait occupé la chaire de philosophie, la seconde celle de langue grecque (tous ces professeurs sont du dernier siècle, ou contemporains), Bologne eût encore pu montrer là quelques uns de ses anciens maîtres; j'aurais aimé à y voir les traits de cette Novella d'Andrea, fille d'un célèbre canoniste du xiv<sup>e</sup> siècle, si savante qu'elle servait de suppléant à son père, et si jolie qu'afin de ne pas causer de distraction aux étudians, elle avait, selon Christine de Pisan [1], une petite courtine devant elle, probablement au-dessus des saints canons, lorsqu'elle professait [2]. La science des dames de Bologne est encore remarquable; l'université compte deux femmes docteurs, l'une en droit, l'autre en chirurgie, et l'on pourrait presque appliquer à cette dernière l'éloge que faisait de M<sup>lle</sup> Delaunay le bon Duverney, lorsqu'il disait qu'elle était la fille de France qui connaissait le mieux le corps humain. Ginguené a trouvé cet enseignement par les femmes CONTRE NATURE : « Nous avons bien de la peine, dit-il, à
« permettre aux femmes un habit de muse ; com-
« ment pourrions-nous leur souffrir un bonnet de

---

[1] *Cité des Dames*, manuscrite.
[2] L'auteur du *Prospetto biografico delle Donne italiane rinomate in letteratura*, déjà cité, prétend, d'après Facciolati (*Fasti gymn. Pat.*, p. 1, p. 35), appuyé de l'autorité, d'ailleurs assez faible, de Jules-César Croce, poète qui n'est que du xvi<sup>e</sup> siècle, que c'était Bettina, autre fille savante d'Andrea, qui suppléait son père; mais Facciolati semble un peu suspect comme Padouan, puisque Bettina, mariée à Giovanni da Sangiorgio, canoniste de Padoue, mourut et fut enterrée à S.-Antoine. On voit dans Tiraboschi (*Storia della lett. ital.*, lib. 11, 8) que Milancia, femme d'Andrea, était aussi utilement consultée par lui; pourquoi ses deux filles n'auraient-elles point été capables de le suppléer? Le droit canon paraît avoir été si familier à toutes ces dames !

« docteur ?¹ » Cette exagération française méconnaît complétement les mœurs anciennes et les habitudes de l'Italie : « Y a-t-il du mal à savoir le grec ? » fait très bien répondre Corinne à sés ingénues compatriotes : « Y a-t-il du mal à gagner sa vie par son travail ? Pourquoi riez-vous d'une chose aussi simple ? »

Le Musée des Antiques a le célèbre fragment de la patère *Cospiana*, représentant la naissance de Minerve, sortant tout armée du cerveau de Jupiter tandis que Vénus le caresse ², véritable planche de graveur, argument échappé à l'investigation de Dutens, et à l'appui de son système sur les découvertes attribuées aux modernes, et connues ou entrevues par les anciens. Une statue en bronze de Boniface VIII, élevée à ce pape par les Bolonais, en 1301, ouvrage du sculpteur, ou plutôt du ciseleur Manno, un de leurs compatriotes, atteste l'enfance de l'art : la figure est sans expression, sans noblesse, sans caractère, et répond assez à l'idée que l'on se fait du pontife. Le modèle du Neptune de Jean Bologne est inférieur au monument ³ ; c'est le contraire du modèle de la statue de Persée, par Benvenuto Cellini, que j'ai vu depuis au cabinet des bronzes de la galerie de Florence ; la différence s'explique assez par la recherche du talent de ce dernier, qui a dû nuire à son ouvrage par le travail. Le médailler, de l'avis des juges compétens, est riche principalement en pièces grecques de la Sicile et en pièces romaines.

La bibliothèque de l'université a 80,000 volumes et

---

[1] *Hist. litt. d'Ital.* I, 375.
[2] *V.* sur l'interprétation des diverses figures de la patère *Cospiana*, la lettre savante adressée par l'abbé Philippe Schiassi à François Inghirami, conservateur du musée de Volterre. Bologne, 1808, in-4°.
[3] *V.* ci-après, chap. xxv.

4000 manuscrits ; le local est dû à Benoît XIV, qui non seulement laissa tous ses livres à cette bibliothèque (une moitié de son vivant, l'autre après sa mort), mais encore invita le cardinal Philippe Monti, Bolonais comme lui, à suivre son exemple : de la part d'un autre pontife, cette sorte d'avis eût pu sembler un ordre ; il est probable que Monti dut céder bien plutôt à la bonhomie et au patriotisme de cet excellent pape. C'est un des mérites de la plupart des bibliothèques d'Italie d'avoir quelque illustre donateur ou bienfaiteur : Lambertini respire à la bibliothèque de Bologne, comme Bessarion à S.-Marc [1] ; de pareils souvenirs donnent à ces bibliothèques une sorte de caractère, de physionomie, d'intérêt que n'ont point les nombreuses bibliothèques créées ou accrues par les spoliations, la conquête, et même par d'honnêtes achats, de bienveillantes souscriptions, ou le *dépôt* légal. On remarque, parmi les imprimés, un *Lactance de Subiaco* [2] ; un exemplaire du livre d'Henri VIII contre Luther, dédié à Léon X [3], avec la signature autographe *Henricus rex*, pamphlet religieux, défense énergique de S. Thomas, qui fit accorder par le pape au royal théologien le titre de *Défenseur de la foi*, conservé singulièrement dans le protocole de ses hérétiques successeurs ; parmi les manuscrits, le précieux *Lactance*, vu par

[1] *V.* liv. vi, chap. v.
[2] 1465. *V.* liv. v, chap. xxiii.
[3] *Assertio septem sacramentorum adversus Martinum Lutherum. Lond., in œdibus Pynsonianis*, 1521. Une copie très ornée de cet ouvrage avait aussi été envoyée précédemment par Henri VIII à Léon X ; elle se conserve à la Vaticane. La signature *Henricus rex* a été certifiée par Simon Assemani, préfet de cette bibliothèque, qui l'avait confrontée avec l'écriture de son manuscrit. Celui-ci servit à faire l'édition romaine du même livre de 1543 ; mais, indépendamment de l'édition de Londres, il en avait été publié une autre à Anvers en 1522.

Montfaucon[1] au couvent de S.-Sauveur, et qu'il ne croyait que du vi^e ou du vii^e siècle, serait du v^e, de l'avis d'un illustre savant italien, Monsignor Gaëtan Marini; les *Quatre Évangélistes*, manuscrit arménien du xii^e siècle, d'une belle écriture, avec des miniatures charmantes, petit volume in-12 trouvé dans le monastère de S.-Ephrem, près d'Edesse, provenant de la bibliothèque de Benoît XIV, auquel il avait été donné par Abraham Néger, arménien catholique; un manuscrit des *Images de Philostrate*, qui rappelle de touchantes infortunes : il est de la main de Michel Apostolius, un des Grecs fugitifs de Constantinople, et porte cette inscription répétée sur d'autres livres qu'il a transcrits : *Le roi des pauvres de ce monde a écrit ce livre pour vivre;* il paraît que Bessarion ne put continuer à son malheureux compatriote les secours qu'il lui avait d'abord accordés. Ce cardinal avait été gouverneur de Bologne; à l'époque de la renaissance, les premières places semblent données aux savans par la cour de Rome, et, comme à la Chine, les *lettrés* sont à la tête des affaires. Les 200 volumes manuscrits de notes et de matériaux d'Aldovrande ont été rendus à la bibliothèque de l'université [2]; il y avait eu quelque chose d'odieux à dépouiller une ville telle que Bologne des travaux d'un homme qui l'honorait. Cet énorme manuscrit scientifique n'a point l'éclat des grands manuscrits poétiques de la bibliothèque de Ferrare [3]; telle est l'espèce d'infériorité de la science que les derniers venus tuent leurs prédécesseurs, et rendent leurs ouvrages à peu près inutiles : Buffon, sans le style, ne serait guère un jour moins oublié qu'Aldovrande.

---

[1] *Diarium ital.*, cap. xxxii.

[2] Le Catalogue en a été publié par le comte Jean Fantuzzi. *V.* sa Vie d'Aldovrande insérée dans ses *Scrittori Bolognesi*.

[3] *V.* ci-dessus, ch. xii.

Le bibliothécaire de l'université de Bologne, est M. l'abbé Mezzofanti, célèbre en Europe par sa vaste connaissance des langues; il en sait, y compris les dialectes, jusqu'à trente-deux : c'est dix de plus que n'en parlait Mithridate, avec lequel cet ecclésiastique, plein de douceur et de modestie, a du reste fort peu de rapports. Une telle érudition tient véritablement du prodige, car M. Mezzofanti n'est jamais sorti de Bologne; philologue, orientaliste distingué, il entend même divers patois; c'est un apôtre pour le don des langues comme pour la piété.[1]

Le *Jardin botanique* est dû aux Français; il a de belles serres, et le nombre des espèces s'élève, dit-on, aujourd'hui à plus de cinq mille. Le jardin *Agrario*, autre création des Français, fut très convenablement établi dans une ville qui, outre ses vieux titres de *docte*, de *mère des études*, rappelés ci-dessus[2], avait aussi le surnom de *grasse*, à cause de la fertilité de son territoire. L'ancien *Palazzino della Viola*, jadis pavillon d'Alexandre Bentivoglio et de Ginevra Sforze son épouse, est destiné aux leçons. Il offre trois admirables fresques d'Innocent d'Imola, représentant *Diane et Endymion*;

---

[1] On trouve dans les Pensées détachées de lord Byron, publiées à la fin de ses Mémoires, pensées si vraies, si naturelles, si touchantes, les traits suivans sur l'abbé Mezzofanti : « Je ne me rappelle « pas un seul des littérateurs étrangers que j'eusse souhaité revoir, « excepté peut-être Mezzofanti, qui est un prodige de langage, « Briarée des parties du discours, polyglotte ambulant, qui aurait « dû vivre au temps de la tour de Babel, comme interprète universel; « véritable merveille, et sans prétentions encore! Je l'ai tâté sur « toutes les langues desquelles je savais seulement un juron ou adju- « ration des dieux contre postillons, sauvages, forbans, bateliers, « matelots, pilotes, gondoliers, muletiers, conducteurs de chameaux, « vetturini, maîtres de poste, chevaux de poste, maisons de poste, « toute chose de poste! et pardieu! il m'a confondu dans mon propre « idiome. » T. v, p. 446.

[2] Chap. I.

*Actéon changé en cerf*; *Marsyas*, *Apollon et Cybèle*[1] : aucune société d'agriculture n'a certes dans le lieu de ses séances des figures aussi gracieuses. Le cours d'agriculture paraît fort peu fréquenté, et d'après les réglemens universitaires, il n'est point obligatoire.

## CHAPITRE XX.

Galerie. -- Carraches. — Guide. — Dominiquin. —Sujets neufs ou renouvelés dans les arts. — *Ste.-Cécile* — Femmes de la Galerie.

La galerie de Bologne, formée principalement des chefs-d'œuvre de l'école bolonaise, est un admirable monument national. Il est singulièrement glorieux pour une ville d'avoir produit à elle seule tant de doctes personnages et de brillans artistes. On ne pourra point certes me reprocher en parlant de ces tableaux de faire des descriptions qui n'apprennent rien à ceux qui ne les ont point vus; qui ne connaît point ceux-là ? On les sait comme les vers des grands poètes; la gravure les a multipliés et rendus populaires; conquis par nous contre toute l'Europe, il a fallu l'Europe entière pour nous les reprendre, et leur destinée se mêle aux plus grandes catastrophes de notre âge.

C'est une heureuse idée que d'avoir placé à l'entrée

---

[1] Deux fresques ont été à peu près détruites en 1767, afin d'établir de nouvelles chambres au *Palazzino della Viola*. Les vicissitudes de cet édifice et les peintures d'Innocent d'Imola, sont le sujet de trois discours de M. Giordani, prononcés à l'académie des beaux-arts de Bologne dans l'été de 1812 : le premier de ces discours, fort agréable, est inséré, t. vi, p. 5, de ses *Opere*. Un habile artiste de Bologne, M. Jean Frulli, professeur à l'académie des beaux-arts, dessinait récemment les fresques du *Palazzino*, qui ont dû être gravées.

de cette galerie quelques uns des tableaux des anciens peintres; on peut ainsi remarquer et suivre les progrès de l'art; comme dans les lettres, quelques beaux ouvrages primitifs, isolés, précèdent les véritables chefs-d'œuvre; la supériorité de ces derniers n'est point affaiblie, mais elle s'explique. Les vierges de Francia, le fondateur de l'école bolonaise, pleines de naïveté, ont quelque sécheresse; la grâce, la facilité des contours, comme l'élégance et la perfection du style, n'arrivent qu'après une sorte d'exercice et de culture. La *Ste. Famille*, d'Innocent d'Imola, élève de Francia, est une des belles saintes familles qui existent, et déjà digne de Raphaël. Il s'en faisait en 1826 une copie pour le roi de Prusse : le monarque avait, disait-on, éprouvé à la vue de ce tableau une émotion profonde, tant la figure de la Vierge lui rappelait les traits de sa noble compagne. Les Carraches sont comme une tribu de peintres[1]; Louis en est le digne chef : sa *Transfiguration* offre l'imitation du Corrège et des Vénitiens, mais c'est une imitation grande, inspirée, c'est la bonne; dans la *Conversion de S. Paul*, au contraire, il est lui, et n'est pas moins admirable. Plusieurs de ses tableaux représentant des sujets sacrés montrent dans le paysage la vue de Bologne, anachronisme patriotique, qu'il semblerait trop rigoureux de blâmer, et qui fait même une sorte d'honneur aux sentimens de l'artiste. La *Communion de S. Jérôme*, chef-d'œuvre d'Augustin, n'a point em-

---

[1] La multitude des peintres du même nom ou de la même famille est alors très commune en Italie. La fille du Tintoret, le neveu du Titien, le fils de Francia, le fils de Mantegna, avaient été leurs élèves; Paul Véronèse eut pour élèves, son frère et ses deux fils; le Bassan, fils d'un peintre habile, ses quatre fils; le grand-père, le père, et deux oncles de Procaccini étaient aussi peintres; Élisabeth Sirani, peintre distinguée de l'école bolonaise, était élève de son père, et avait même deux autres sœurs peintres.

pêché le chef-d'œuvre. différent du Dominiquin, parce qu'il n'y a pas plus de sujets usés dans les arts que dans les lettres et qu'un sujet est toujours neuf pour le talent. La *Vierge et l'enfant Jésus* dans une gloire, d'Annibal, était, suivant Algarotti, une imitation de Paul Véronèse, mais tel est son mérite qu'elle est le meilleur tableau de ce grand peintre. Ce n'est point la douleur de la terre, mais, si l'on peut le dire, la douleur céleste qu'exprime la *Madonna della pietà* du Guide : elle offre la perfection la plus diverse, depuis la grace des petits anges du bas, jusqu'à l'affliction de la vierge et des anges du haut qui pleurent. Malgré les critiques des savans[1], le *Massacre des Innocens* m'a semblé très pathétique; les cheveux de la mère qui fuit ne sont point tirés si doucement; la beauté de cette autre mère dont les fils sont égorgés, n'affaiblit point sa déchirante expression; c'est le vers du Dante sur la douleur paternelle d'Ugolin, qui, malgré ses angoisses, n'égalera jamais les douleurs maternelles :

*Io non piangeva, sì dentro impietrai.* [2]

Les enfans crient sans contorsions, sans grimaces;

---

[1] *V.* Reynolds, *Discours cinquième sur la peinture;* Lévesque, *Dictionnaire des arts*, et les observations impartiales de l'auteur du texte du *Musée français* sur le tableau du Guide.

[2] « Je ne pleurais pas, tant j'étais pétrifié. » *Inf.*, cant. XXXIII, 49. Le Massacre des Innocens est décrit dans la *Galeria* du cav. Marin ; les premiers vers sont d'une affectation vraiment ridicule :

<pre>
Che fai, Guido? che fai?
La man, che forme angeliche dipigne
Tratta hor' opre sanguigne?
Non vedi tu, che mentre il sanguinoso
Stuol de' fanciulli ravivando vai,
Nuova morte gli dai?
O ne la crudeltade anco pietoso
Fabro gentil, ben sai,
Ch' ancor tragico caso è caro oggetto
E che spesso l' horror va col diletto. ( Historie, n° 17. )
</pre>

ceux qui sont morts ne sont ni hideux, ni verts, ils sont simplement morts. *Le Christ agonisant* est plein de désolation et de poésie; le *Samson victorieux* a quelque chose de l'Apollon, mais ce n'est point le vainqueur pythien, le dieu des vers, du soleil et des arts; c'est un Apollon juif, marchant sur le ventre aux Philistins, et qui leur casse la tête avec une mâchoire d'âne. *La Vierge et l'enfant Jésus*, peint sur soie, servait autrefois de bannière pour la procession de la paroisse S.-Dominique; on l'a fort convenablement remplacée par une copie; il y a un superbe S. François qui représente un ami du Guide. Ces portraits d'amis sont fréquens en Italie dans les ouvrages des artistes; ils annoncent une certaine bonté de cœur, une facilité de caractère et de commerce qui les fait aimer. Le *Bienheureux André Corsini*, évêque, en habits pontificaux, les yeux tournés vers le ciel, est admirable de foi et de piété. Le *S. Sébastien* n'est qu'ébauché, et cependant il a toute son expression de douleur et de sacrifice. Le *Martyre de Ste. Agnès*, par le Dominiquin, est une composition toute dramatique; chaque personnage contribue à l'action: la figure de la sainte respire l'espérance; le préteur, confus, a le visage caché dans sa robe; c'est quelque Félix aux *sentimens pitoyables et bas....., et qui le font rougir*; le soldat de garde est indifférent: le prêtre idolâtre, cruel, une femme effrayée; on dirait presque Mathan et Josabet. La *Madone du rosaire* n'est point inférieure à ce grand chef-d'œuvre; ses divers plans, et surtout sa couleur, son énergie, son intérêt, sa pureté, en font un beau poëme à plusieurs chants. Le *Martyre de S. Pierre, dominicain*, est le même sujet que le tableau du Titien, de S.-Jean et Paul [1]; la com-

---

[1] *V.* liv. vi, ch. xviii.

position se ressemble, mais il est différent par les détails, l'expression et le paysage; il fournit un nouvel et imposant exemple du renouvellement des mêmes sujets par le talent. L'*Assomption*, de Laurent Sabattini; *S. Nabor et S. Félix adorant avec S. François, S. Jean-Baptiste, Ste. Catherine, Ste. Claire, et Marie-Madeleine, la Vierge*, dans une gloire d'anges, et couronnée par la Trinité, d'Horace Samacchini, étaient loués par les Carraches, comme les meilleurs ouvrages de ces peintres nobles, purs, gracieux; l'*Assomption*, de Simon de Pesaro, est un des chefs-d'œuvre de ce maître élégant et correct; son portrait du Guide, dans sa vieillesse, paraît vivant; le *Baptême de Jésus-Christ*, par l'Albane, admirable, prouve que ce peintre des graces, que cet Anacréon de la peinture, est aussi capable de grandes et sérieuses compositions; une *Déposition de croix*, d'Alexandre Tiarini, autre excellent peintre de l'école bolonaise, a été crue d'Annibal Carrache ou des autres Carraches. La *Vierge dans les nuages, avec son fils entre les bras*, suffirait à la gloire de Cavedone, imitateur énergique du Titien, mis par Algarotti au rang des premiers coloristes bolonais; un troisième *Martyre de S. Pierre*, du même peintre, est encore remarquable après ceux du Titien et du Dominiquin; le saint, au moment d'être frappé de nouveau par le brigand, écrit sur la terre avec son sang les mots *Credo in Deum*. S. Pierre, dominicain, était chef de l'inquisition du Milanès, il est probable que sa conviction si vive n'aura pas toujours été partagée par ses cruels collègues ou successeurs. Ce tableau et les paroles inscrites par le saint me rappelèrent le mot éloquent d'une femme très croyante, mais opposée à l'action du pouvoir dans la religion, *l'inquisition est un manque de foi*, disait-elle, tant la religion lui paraissait porter sa vie et sa force en elle-même et n'avoir pas besoin des efforts des hommes [1]. Le *S. Antoine, auquel apparaît l'enfant Jésus*, d'Élisabeth Sirani, jeune artiste, morte à vingt-six ans, une de ces Bolonaises bons peintres, a déjà le goût et l'élégance du Guide, son maître [2]. *Le duc d'Aquitaine, Guillaume, à genoux devant S. Félix, évêque*, du Guerchin, offre cette sorte de perfection égale, complète, qui produit l'estime, bien plus qu'elle n'excite la louange ou donne de la renommée; le *S. Bruno* est célèbre, à juste titre, par l'expression de la figure du saint, l'exécution de ses vêtemens, la grace des anges de la gloire et l'effet des ombres et de la lumière; *Dieu le Père*, fait par le Guerchin en une seule nuit, et mis en place le lendemain matin à la stupéfaction des assistans, est une brillante improvisation de peinture.

Parmi ces beaux ouvrages de l'école bolonaise sont quelques chefs-d'œuvre des autres écoles; telle est l'immortelle *Ste. Cécile*. Il y a loin de la pieuse exaltation, du mystique délire de cette patrone des musiciens aux agrémens profanes de la muse Euterpe. La musique semble véritablement donnée par Dieu comme la parole, lorsqu'elle apparaît sous un tel emblème. Comment décrire les perfections d'un pareil tableau? l'ar-

---

[1] Si une pareille discussion n'était un peu grave dans une galerie et au sujet d'un tableau, on pourrait ajouter que les faits contemporains appuient la généreuse pensée que nous venons de rapporter; la population catholique s'est particulièrement accrue dans les pays où règne la liberté religieuse; cette population a décuplé depuis trente ans aux États-Unis; elle s'étend considérablement en Angleterre parmi les classes inférieures des villes. On peut douter que le zèle de l'administration ait été aussi utile à la religion dans quelques états du continent. La liberté religieuse vient de trouver d'éloquens et intrépides défenseurs dans les rangs même du clergé et parmi de jeunes chrétiens pleins de foi et de talent; il est impossible de ne pas s'intéresser vivement à leurs efforts et à leurs doctrines.

[2] *V.* ci-après, chap. XXIII.

deur, la joie triomphante des séraphins qui chantent au ciel l'hymne sacré, la pureté, la naïveté des traits de la sainte, qui contrastent si bien avec l'air frivole et coquet de Madeleine? Il faudrait, afin de rendre dignement toutes ces beautés, pouvoir s'écrier comme le Corrège, lorsqu'il les contempla pour la première fois : *Anch' io son pittore!* (et moi aussi, je suis peintre!). *La Vierge dans une gloire*, et en bas, S. Michel, Ste. Catherine, Ste. Apollonie et S. Jean, du Pérugin, est déjà digne, par ses diverses qualités, de son grand élève. On sent aussi quelque reflet de Raphaël dans la *Madeleine au désert*, de Timothée della Vite, son compatriote, son ami, son compagnon fidèle, et qui avait exécuté ce tableau pour le dôme de leur ville natale. *S. Grégoire à table* avec douze pauvres, parmi lesquels il reconnaît le Christ, est un des meilleurs ouvrages de Vasari ; il offre comme une galerie des portraits de ses divers protecteurs et de ses amis, depuis le pape Clément VII, représenté sous les traits de S. Grégoire, et le duc Alexandre de Médicis, jusqu'au sommelier du couvent de S.-Michel *in Bosco* de Bologne, pour lequel le tableau était commandé. La *Ste. Marguerite à genoux devant la Vierge et l'enfant Jésus*, par le Parmesan, mérita l'admiration des Carraches et du Guide, qui l'ont étudiée : les têtes de la Vierge et de la sainte sont nobles et touchantes comme toutes les nombreuses figures de femmes qui ornent ce musée ; il est en cela véritablement enchanteur, et jamais la beauté n'apparut ni plus exquise, ni plus diverse.

## CHAPITRE XXI.

Églises. — *S.-Pétrone.* — *Portes.* — Tribolo. — Properzia de' Rossi. — Plans. — Cathédrale. — Benoît XIV. — Artistes–ouvriers.

S.-Pétrone passe à Bologne, ainsi qu'il a été déjà remarqué, avant la cathédrale [1]. Élevée du temps de la liberté bolonaise, à la fin du xiv<sup>e</sup> siècle, aux frais de la commune, cette église est un monument de la magnificence religieuse des républiques du moyen âge, et une preuve de la dignité, de l'importance de leurs artistes : l'architecte Antoine Vincenzi était un des seize *riformatori*, et il fut ambassadeur à Venise.

Les beautés de l'art brillent à S.-Pétrone : les sibylles des portes, sculptées par le Tribolo, le timide compagnon de voyage de Benvenuto Cellini [2], ont la pureté et l'élégance des sibylles de Raphaël; ses prophètes, les ornemens des petites portes, les bas-reliefs d'*Adam et Ève*, surtout la figure de celle-ci filant, dont les premiers enfans embrassent les genoux, et les autres figures de Jacques della Quercia, sont des ouvrages excellens. La *Résurrection du Sauveur*, par Alphonse Lombardo, au-dessus de la porte à gauche, est admirable de naturel, de noblesse et de simplicité. Dans l'intérieur, à la chapelle des reliques, l'*Assomption*, bas-relief en marbre, du Tribolo, est aérienne, vaporeuse. Michel-Ange a donné le dessin des sombres et

---

[1] *V.* liv. v, ch. xx.
[2] *V.* sa Vie, t. 1, 278 suiv.

magnifiques vitraux de la chapelle de S.-Antoine, et ces peintures fragiles ont toute sa force et son expression. Le beau *S. Antoine ressuscitant un mort*, est de Laurent Pasinelli, élégant peintre bolonais du xviie siècle; le grand et bon *Couronnement de la madone del Borgo*, ainsi que la superbe fresque en perspective qui est vis-à-vis, du Brizzio, aide habile de Louis Carrache. Au maître-autel, les deux statues de *S. François* et de *S. Antoine*, sont de Jérôme Campagna, et au-dessus du lutrin une petite et gracieuse statue de *David*, est de Sylvestre Giannotti. *Ste. Barbe décapitée par son père*, est le premier ouvrage de Tiarini; le *S. Michel*, excellent tableau du Fiammingo, un des maîtres du Guide, explique les chefs-d'œuvre de son élève, comme il arrive toujours aux tableaux de pareils maîtres. Le *Paradis* et l'*Enfer*, vieilles peintures de la chapelle S.-Pétrone, malgré d'érudites recherches, sont d'auteurs incertains.

Sur un des pilastres est une statue de S.-Pétrone, regardée comme sa plus ancienne image, mais fort altérée par de nombreuses restaurations qui ne laissent guère aujourd'hui deviner sa vraie physionomie. La méridienne de S.-Pétrone, substituée par Cassini à celle du P. Ignace Danti, et rendue encore plus précise en 1778, par Eustache Zanotti, autre illustre Bolonais, est un monument scientifique qui honore Bologne et contraste encore avec les souvenirs et l'éclat de sa vieille basilique.

Les salles dites de la *Residenza della Rev. fabbrica* méritent d'être visitées. Sur la porte intérieure est le buste du comte Guido Pepoli, un des premiers et bons ouvrages de Properzia de' Rossi. Les ouvrages de cette femme infortunée excitent encore plus d'intérêt quand on se rappelle sa touchante histoire. Cette Sapho bolonaise, peintre, sculpteur, musicienne, graveur, mourut d'amour au moment même où le pape, sur le bruit de sa gloire, l'envoyait chercher et voulait l'emmener à Rome, après avoir couronné Charles-Quint[1]. Un bas-relief, son chef-d'œuvre, représente la *Chasteté de Joseph* : on sent que l'artiste a voulu y peindre ses propres infortunes ; sa femme de Putiphar, triste, charmante, a quelque chose d'Ariane, et elle est plutôt abandonnée qu'effrontée et lascive. Ces salles offrent encore seize dessins originaux des plans proposés par les premiers architectes du monde pour l'achèvement de la façade de l'église, collection précieuse qu'il serait si intéressant pour l'art de voir publier. Là sont quatre plans divers que leur perfection fait attribuer à Palladio; au-dessous de l'un deux est écrit de sa main : *Laudo il presente disegno*, inscription qui ne permet point de croire que le dessin soit de lui, puisque tous les ouvrages de ce grand artiste attestent qu'il n'y eut pas d'homme plus modeste et plus humble. Un dessin est de Vignole; il mérita le suffrage de Jules Romain et de Christophe Lombardo; au-dessous un autre est de Jacques Ranuccio, son rude antagoniste dans ces mêmes travaux de S.-Pétrone, mais qui constate son immense supériorité; d'autres plans sont de Dominique Tibaldi, de Balthasar de Sienne, de Jules Romain, de Christophe Lombardo, de Jérôme Rainaldi, du Varignana, d'André da Formigine, d'Alberto Alberti da

[1] *Finalmente alla povera innamorata giovane ogni cosa riuscì perfettissimamente, eccetto il suo infelicissimo amore.* Vasari. *Vita di Properzia de' Rossi.* Vasari rapporte énergiquement comment le pape ayant demandé Properzia, après le couronnement de Charles-Quint, il lui fut répondu : *Sta in chiesa, e egli si fa il funerale.* La mort de Properzia de' Rossi, est le sujet d'une *Rappresentazione tragica* (espèce de tragi-comédie historique en prose), du célèbre professeur Paul Costa, jouée avec succès à Bologne en 1828 : le même sujet serait peut-être propre à nos nouveaux essais dramatiques.

Borgo S. Sepolcro, et il en est un du grand architecte bolonais François Terribilia, qui fut approuvé par le sénat de Bologne en 1580, et dont la publication est due aux soins de M. Cicognara [1]. Cette façade de S.-Pétrone, qui a inspiré tant de si merveilleux projets, ne pourra jamais s'exécuter qu'avec d'autres temps, d'autres mœurs, et d'autres destinées pour l'Italie, mais son achèvement serait alors une des premières, une des plus nobles, une des plus nationales constructions de ce pays régénéré. [2]

La statue colossale de Jules II, en bronze, par Michel-Ange, gage de la réconciliation de l'artiste et du pape, si mal ensemble depuis le *Moïse*, était devant le portail de S.-Pétrone. Jules avait voulu être représenté réprimandant de la main droite les Bolonais, et portant une épée de la gauche [3]. La statue menaçante, un des chefs-d'œuvre dont la perte est à jamais déplorable, fut brisée par le peuple de Bologne à l'arrivée des Bentivoglio et des Français; et elle semble, attendu l'esprit belliqueux du pontife, avoir été assez naturellement fondue en pièce de canon par le duc de Ferrare, et baptisée la *Julienne*. Les ouvrages de Michel-Ange sont, au reste, singulièrement exposés au milieu des révolutions; ils en paraissent comme acteurs, ou plutôt comme

---

[1] *V*. Pl. III, des planches de l'*Hist. de la Sculpture*.

[2] A l'époque de la décadence, le cardinal Castaldi offrit de terminer à ses frais et à sa manière la façade de S.-Pétrone, mais sous la condition d'y apposer ses armoiries : la fabrique crut devoir refuser avec dignité une telle proposition. Le cardinal, afin de satisfaire sa passion de bâtir, fit alors élever à Rome près de la porte du Peuple les deux églises que l'on y voit encore, et qui permettent de juger du goût et des connaissances architecturales de cet amateur ignorant et vaniteux.

[3] Michel-Ange lui demandant s'il devait lui mettre un livre dans la main gauche : « Non, répondit-il, donne-moi une épée ; je ne suis point un écolier. »

victimes; son *David* eut le bras cassé dans l'assaut livré par le peuple au palais de la Seigneurie de Florence [1], et son admirable carton de la Guerre de Pise, pendant si long-temps modèle de dessin pour tous les artistes, que, de l'aveu même de Benvenuto Cellini, il n'avait pu jamais surpasser, périt au milieu des troubles de cette même république.

L'antique Cathédrale de Bologne a été plusieurs fois refaite, *modernisée;* mais sa reconstruction nouvelle n'inspire point les regrets ordinaires; on aime à y retrouver les traces du bon Lambertini, son ancien archevêque, pape unique, qui semble, si j'ose le dire, pour le sacerdoce, ce qu'Henri IV fut pour la royauté. La façade est de lui; quelques uns de ses présens sont d'une richesse rare; l'urne du martyr S. Procul est de bronze doré, orné de lapislazzuli; et les tapisseries, exposées le jour de la S.-Pierre, furent envoyées par lui de Rome, et exécutées sur les dessins de Raphaël Mengs. *S. Pierre consacrant évêque S. Apollinaire,* est un bon ouvrage d'Hercule Graziani le jeune, peintre bolonais du XVIIe siècle, qui a fait aussi *Ste. Anne montrant à la Vierge enfant le Père éternel dans sa gloire,* et le *Baptême de Jésus-Christ; l'Apparition de S. Pierre au pape Célestin, pour lui ordonner d'élire S. Pétrone évêque de Bologne,* est de Victor Bigari, autre artiste bolonais du dernier siècle, qui s'était aussi adonné avec succès à la sculpture et à l'architecture, et qui, par sa fécondité et les nombreux tableaux dont il avait peuplé l'Europe et l'Italie, obtint le titre de peintre universel. A la chapelle du S.-Sacrement, la *Vierge dans les nuages avec l'enfant Jésus, S. Ignace et des Anges,* de Donat Creti, est estimée.

---

[1] *V.* Liv. IX, ch. IV.

La cathédrale de Bologne offre de nouveaux exemples de cette peinture, fruit de l'âge le plus avancé, qui semble comme la vie des artistes italiens, et qu'ils n'abandonnent qu'avec elle[1] : la fresque de *S. Pétrone* et de *S. Pancrace* fut exécutée par Marc-Antoine Franceschini à quatre-vingts ans. Louis Carrache était aussi octogénaire quand il fit l'*Annonciation* à la voûte de la sixième chapelle. A défaut du talent, un ouvrage placé si haut prouverait du moins une singulière agilité à cet âge. Il était d'ailleurs commun alors de voir les peintres les plus célèbres s'exposer aux fatigues et aux dangers des fresques de coupole. Le pied de l'ange qui s'incline devant la Vierge est de travers; l'ardent et consciencieux vieillard voulait le retoucher, et rétablir à ses frais l'échafaud, ce qu'on lui refusa, et ce qui, dit-on, fut cause de sa mort : tant ces hommes joignaient à la sensibilité, à l'amour-propre, si irritables de l'artiste, quelque chose des mœurs et des habitudes de l'ouvrier. A la sacristie, un beau tableau de ce même Carrache représente *S. Pierre* pleurant avec la Vierge la mort du Christ, mais le temps a noirci sa couleur. L'église souterraine, dite *il Confessio,* offre un *Christ mort pleuré par les Maries,* travail d'Alphonse Lombardo.

## CHAPITRE XXII.

Autres églises. — *S.-Jacques.* — *S.-Martin.* — Beroalde. — *S.-Salvatore.* — Monument au Guerchin. — *Corpus Domini.* — *S.-Paul.*

L'église de la *Madonna di Galliera* offre à la voûte de la chapelle du Crucifix, les fresques du *Meurtre*

[1] *V.* Liv. v, ch. xxii, et Liv. vi, ch. xvii.

*d'Abel* et du *Sacrifice d'Abraham,* qui sont des derniers ouvrages d'Ange Michel Colonna, mort à quatre-vingt-sept ans, à la fin du xviie siècle, et fort habile dans ce genre de peinture. A la chapelle principale, les Anges qui adorent l'antique et miraculeuse image de la Vierge sont un très bel ouvrage du bolonais Joseph Mazza, habile sculpteur du dernier siècle, qui avait commencé par la peinture. Le *S. Thomas touché par le Sauveur* est de Thérèse Muratori Moneta, excellente musicienne, et bon peintre, élève de Jean-Joseph dal Sole, qui, avec son talent particulier à rendre les anges, a fait ceux qui sont en l'air dans ce tableau; l'*Enfant Jésus au milieu de ses parens, montrant au Père éternel les instrumens de la passion qu'il doit un jour souffrir;* les figures à l'huile d'*Adam* et d'*Ève;* les *Chérubins,* de belles fresques des *Vertus,* une *Assomption,* à la sacristie, sont de l'Albane; *S. Philippe de Néri en extase entre deux Anges et la Vierge,* est du Guerchin; à la sacristie, un *S. Philippe*; *deux bienheureux Ghisilieri,* une *Conception,* sont d'Élisabeth Sirani; l'*Amour céleste,* et la reine *Ste. Élisabeth,* de son père. L'élégant ornement de la porte de l'oratoire voisin est de Ma. Polo, artiste du commencement du xvie siècle; la fresque du *Christ mort montré au peuple,* de Louis Carrache.

A Ste.-Marie Majeure, *S. Jean l'évangéliste indiquant à S. Jérôme ce qu'il doit écrire; Ste. Agathe, Ste. Apollonie, S. Antoine de Padoue,* sont de Tiarini; celle-ci est un des derniers ouvrages de ce grand peintre, mort à quatre-vingt-onze ans. Un crucifix de bois de figuier passe pour un travail antérieur à l'an 1000.

L'église de S.-Barthélemi *di Reno* conserve une antique et vénérable image de la madone de la pluie; une admirable *Nativité*, d'Augustin Carrache, montre la Vierge allaitant, nouvel exemple opposé à l'assertion d'un savant juge, qui a prétendu, je crois, que la Vierge n'avait jamais été peinte ainsi. La *Circoncision* et l'*Adoration des Mages*, par Louis, sont encore très belles. En face de l'escalier qui conduit à l'oratoire, un bon et grand paysage à l'huile sur le mur est l'unique ouvrage de peinture de l'habile graveur Louis Mattioli; et le *S. Barthélemi*, à ce même oratoire, est d'Alphonse Lombardo.

Au grand autel de S.-Joseph, la *Vierge*, et sur ses genoux l'enfant Jésus, auquel le petit S. Jean offre une pomme en présence de S. Joseph, de Ste. Anne, de S. Roch et de S. Sébastien, est du Fiammingo. La voûte de l'oratoire, par Colonna et Mitelli, peintre bolonais, élégant et bon dessinateur, est très belle. Un hospice de septuagénaires tient à S.-Joseph, dont il porte le nom; on y voit deux bas-reliefs en marbre, ouvrage d'Octave Toselli, statuaire bolonais, mort dans cet hôpital, présens de sa reconnaissance et de son infortune.

A S.-Benoît, la *Vierge sur un trône et l'enfant Jésus*, avec Ste. Catherine, S. Maur, S. Placide, S. Jean-Baptiste, S. Jérôme, est une gracieuse composition de Lucius Massari, élève des Carraches, dont il n'a pu atteindre le style grandiose; les quatre *Prophètes*; *S. Antoine abbé battu par les démons, et consolé par le Christ*, une belle *Charité* au plafond, et les *Vertus* de Dieu le père, une demi-figure de *S. Antoine*, sont de Jacques Cavedone; *S. François de Paule* est de Gabriel *dagli Occhiali*, un des habiles maîtres du Guide; une *Vierge* assise tenant la couronne d'épines, et discourant avec Madeleine sur la mort douloureuse de son fils, noble et touchant tableau; les *Prophètes*; les *Anges*; une fresque de S. Charles et de S. Albert, sont de Tiarini.

A la Madone *del Soccorso*, un crucifix, jadis à l'église supprimée de S.-François, passe pour avoir adressé la parole au P. Jean Peciani, en 1242, ainsi qu'il constatait d'un procès-verbal de la fabrique. Le *Christ montré au peuple juif* est un célèbre ouvrage de Barthélemi Passerotti, bolonais, élève de Vignole, chef d'une illustre école, rival et ennemi des Carraches, et, selon le Guide, le meilleur peintre de portraits après Titien. Dans l'oratoire, une *Naissance de la Vierge* est copiée de Louis Carrache; les fresques furent faites gratuitement par Joachim Pizzoli, peintre bolonais du xvii$^e$ siècle, bon dans le paysage, et compagnon de Colonna.

L'église de la *Mascarella*, dont l'architecture, du dernier siècle, n'est pas très correcte, conserve quelques traces de la vie miraculeuse de S. Dominique : la table sur laquelle, au moyen de quelques oraisons, il fut lui et ses compagnons, qui n'avaient rien à manger, servi par deux anges; à la sacristie, sa cellule et l'image de la Madone qui lui avait parlé. Une *Assomption* est de Tiburce Passerotti, excellent peintre, le plus habile des fils de Barthélemi; un *S. Dominique*, antique peinture, est précieuse par sa conservation. Les voûtes de l'église et de la grande chapelle, peintes par Flaminius Minozzi et Maur Tesi, ont été restaurées avec talent par un artiste vivant de Bologne, M. Gaëtan Caponeri.

Ste.-Marie-Madeleine rassemble les ouvrages de plusieurs des maîtres bolonais: la *Vierge*, *S. Onufre*, *S. Vital*, *S. François*, *S. Jacques Intercis*, de Tiburce Passerotti; un *Noli me tangere*, de son père; la *Vierge*, *S. Sébastien et S. Roch*, du Bagnacavallo; et à l'oratoire, la tableau de l'autel, du vieux Procaccini, bien restauré par Charles Giovannini; l'*Ange Gabriel*, la *Vierge*, de l'Espagnolet.

Ste.-Madeleine a la *Ste Catherine*, un des meilleurs

ouvrages de Barthélemi Passerotti; un *Christ pleuré par les Maries*; la *Vierge, S. Joseph, S. Jean-Baptiste*, beaux tableaux : le premier, de Joseph Mazza; le second, de François Monti, peintre fécond du dernier siècle, et habile coloriste.

A Ste.-Marie *Incoronata*, la *Vierge*, l'*enfant Jésus*, S. François qui lui baise la main, S. Joseph, S. Gaëtan, une gloire d'anges, est un bel ouvrage de J.-B. Grati, digne élève et ami de Jean-Joseph dal Sole.

Les chefs-d'œuvre qui faisaient la réputation de l'église des *Mendicanti* ne s'y trouvent plus : la *Madonna della pietà*, du Guide, le *S. Mathieu* de Louis Carrache, le *S. Éloi* et le *S. Pétrone* de Cavedone, sont à la galerie, et le *Job* du Guide, qui les avait accompagnés en France, y est heureusement resté. On voit encore aux *Mendicanti* la *Ste. Ursule* de Barthélemi Passerotti, une *Fuite en Égypte*, avec un beau paysage, du Mastellata, moine franciscain, habile élève des Carraches, que le Guide, avec trop de modestie, disait être né plus peintre que lui; *Ste. Anne adorant la Vierge dans une vision*; un *Crucifix*, avec la *Vierge et S. Jean*, de Cesi, peintre exquis de la moitié du xvie siècle, des ouvrages duquel le Guide, toujours humble, prétendait avoir beaucoup profité; deux tableaux médiocres de Cavedone représentent deux miracles singuliers de S. Éloi : dans l'un le saint prend par le nez le diable sous la figure d'une femme; dans l'autre, il rapporte le pied d'un cheval qu'il avait emporté à la forge afin de le ferrer plus à son aise.

L'église S.-Léonard a une délicieuse *Annonciation* de Tiarini, et deux excellens Louis Carrache; le *Martyre de Ste. Ursule*, dans le goût vénitien, tant le talent de ce grand maître est flexible; *Ste. Catherine en prison* : la sainte convertit la femme de Maximien et Porphyre; son expression est douce, charmante, elle attire et ne prêche point.

Le tableau de François Francia, qui couvre l'antique image de la Madone *della Natività* à l'église S.-Vital et Agricola, est noble et gracieux : à côté est une *Nativité* de son fils et de son élève Jacques, qui n'est point indigne de son glorieux père.

L'ancienne église S.-Jacques Majeur, possédée par les Augustins *Eremitani*, dont la voûte immense est une hardie construction, a de belles peintures; telles sont principalement : l'*Apparition du Christ à S. Jean*, de Cavedone; la *Vierge sur un trône, entourée de Saints*, de Barthélemi Passerotti; le *Mariage de Ste. Catherine*, une petite *Nativité*, d'Innocent d'Imola, presque dignes de Raphaël; *S. Roch atteint de la peste et consolé par un ange*, de Louis Carrache. A la chapelle Poggi, construite et peinte par Pellegrini et autres premiers artistes, sont deux excellens tableaux des Carraches et de leur école : *Jean-Baptiste baptisant* et le *Multi vocati pauci vero electi*. Le caractère de la célèbre chapelle des Bentivoglio, anciens seigneurs et maîtres populaires de Bologne, est très remarquable : on y admire une *Vierge*, l'*enfant Jésus*, des anges et des saints, gracieuse composition de Francia, peintre de Jean II Bentivoglio. Le *Martyre de Ste. Catherine*, de Tiburce Passerotti est tout-à-fait dans le goût de son père et de son maître Barthélemi; la *Présentation au temple*, et autres figures latérales, d'Horace Samacchini, sont très belles. Le fameux Crucifix dont l'histoire miraculeuse remonte au x$^e$ siècle, est simplement de bois; le corps n'y est point et il n'a ni le barbouillage ni l'enluminure des croix de nos calvaires, qui jamais ne seront aussi vénérées.

A S.-Donato, église de la famille Malvasia, une inscription et une image de la Vierge rappellent son apparition et le salut rendu par elle en 1488 à des Carmélites qui chantaient le *Salve Regina* : les mots *venerare et colito* terminent l'inscription et prouvent la foi vive et impérative de cette époque.

S.-Martin Majeur n'est pas sans éclat ; on y voit le monument et le buste de Béroalde l'ancien, grand érudit bolonais, un des hommes illustres de la renaissance : au-dessus est une *Ascension*, premier ouvrage médiocre de Cavedone, habile et infortuné artiste que la mort de son fils, jeune peintre d'une haute espérance, plongea dans une telle douleur qu'il en perdit son talent, et, faute de commandes, fut réduit à mendier vers la fin de sa vie, et mourut dans une écurie. D'autres peintures sont remarquables : une *Madone* gracieuse, à laquelle les mages offrent des présens, de Jérôme da Carpi, élève de Raphaël ; la *Vierge avec l'enfant Jésus*, un *Évêque, Ste. Lucie, S. Nicolas*, d'Ami Aspertini, élève de Francia, dit des deux Pinceaux, puisqu'il les tenait à la fois des deux mains, l'un pour les teintes claires, l'autre pour les teintes obscures ; le *Christ et S. Thomas*, de Zanotti, né à Paris, bon peintre de l'école bolonaise, poète et écrivain fécond, historien et secrétaire de l'Académie Clémentine ; une belle *Assomption*, du Pérugin ; la *Vierge*, son fils et plusieurs saints, de Francia ; et un *S. Jérôme* implorant le secours divin pour l'explication des Écritures, par Louis Carrache, qui a conservé à ce terrible saint quelque chose de son air dalmate, et, malgré le désir de Lalande, qui le voudrait plus gracieux, a fort bien fait de ne lui point donner ce visage doux, dévot, résigné, pacifique de beaucoup d'autres saints Jérômes. La chapelle du Saint-Sacrement fut peinte avec goût par Maur Tesi, l'ami, le compagnon fidèle d'Algarotti, qui mourut jeune encore de la même maladie que lui, et victime des soins qu'il lui avait prodigués. Le cloître a plusieurs tombeaux, parmi lesquels on distingue le beau mausolée des deux Saliceti, ouvrage de 1403, qui porte le nom d'André de Fiesole, artiste excellent, que l'on ne doit pas confondre avec André Ferucci.

S.-George mérite d'être vue pour la *Piscine probatique* et *l'Annonciation*, de Louis Carrache, et deux beaux ouvrages de Camille Procaccini, voisins de cette dernière.

A S.-Grégoire, le *Baptême du Christ* est un des premiers tableaux peints à l'huile par Annibal Carrache; il a déjà toute la vigueur de ce grand maître, et l'on y sent l'étude profonde qu'il avait faite de la manière vénitienne. Le *S. George qui délivre la reine du dragon* est de Louis; un *Dieu le père*, par le même, est superbe.

S.-Mathias possède une *Annonciation* du Tintoret; cinq petits tableaux d'Innocent d'Imola, et une *Vierge apparaissant à S. Jacinthe*, ouvrage charmant de la jeunesse du Guide, fait à vingt-trois ans.

Les fresques de la chapelle dite *l'Oratoire*, à l'église S.-Roch, montrent quelle fut jadis l'ardeur des jeunes peintres bolonais; ces fresques, qui représentent les traits divers de l'histoire du saint, sont l'ouvrage de leur vive émulation, de leur amour de la gloire; chacun n'avait reçu pour salaire que deux pistoles : c'était comme un tournoi de peinture; le Guerchin se distingua entre ses rivaux par son tableau assez peu noble, mais vrai, de *S. Roch* soupçonné d'être espion, et pris et mené en prison à grands coups de pied dans le derrière.

S.-Nicolas et S.-Félix a le beau tableau d'Annibal Carrache, *Jésus crucifié, la Vierge et S. Pétrone*,

*S. François et S. Bernard*. La tête au-dessus de la porte de l'église est d'Alphonse Lombardo.

*S.-Salvatore* est une riche et belle église; l'*Image de la Vierge couronnée*, vieille peinture bien conservée, est, dit-on à Bologne, de 1106, et antérieure à Giotto. Les autres peintures remarquables sont : une *Résurrection du Sauveur*, belle de nu ; *Judith* venant au-devant des filles d'Israël avec la tête d'Holofernes, du Mastellata ; le *Miracle du Crucifix de Béryte*, de Jacques Coppi, florentin, élève de Michel-Ange; le *Sauveur tenant sa croix*, du Gessi, mais qui peut être regardé comme du Guide, puisqu'il l'a dessiné, retouché, et qu'il y a fait la tête ; un *S. Jérôme*, de Charles Bonone; une superbe *Nativité*, de Tiarini; un beau *Christ sur la croix au milieu des Saints*, est d'Innocent d'Imola; un gracieux *S. Jean à genoux devant Zacharie*, est du Garofolo; et de grandes *Noces de Cana*, de Gaëtan Gandolfi, peintre bolonais, mort en 1802. On regrette de ne point trouver à *S.-Salvatore* de pierre ni d'inscription consacrée au Guerchin; c'est là qu'il voulut reposer auprès du frère qu'il avait tant aimé[1] : un tel monument, qui rappellerait sa gloire et ses vertus, serait à la fois juste et touchant.

La belle église dite *Corpus Domini* ou *della Santa*, pour désigner Ste. Catherine de Bologne, offre une nouvelle preuve de la flexibilité merveilleuse du talent de Louis Carrache[2] ; le *Christ apparaissant à la Vierge avec les Patriarches* est rempli de douceur ; vis-à-vis, les *Apôtres ensevelissant la Vierge*, est plein de force; un *S. François* est du Fiammingo; une *Madone*, les *Mystères du Rosaire*, deux grands Anges sont de bons ouvrages de Joseph Mazza ; la *Ste. Catherine*,

---

[1] *V*. ci-dessus, ch. xvii.
[2] *V*. plus haut, même chapitre.

de la sacristie, écrivant son livre des sept Ames spirituelles, fut exécutée par Zanotti à l'âge de dix-neuf ans; la *Mort de S. Joseph*, superbe; et les agréables fresques à la voûte de la même chapelle sont de Marc-Antoine Franceschini. Par la lucarne d'une des chapelles, on aperçoit dans un caveau le corps intact de la sainte, cadavre noirci, pompeusement paré, avec des bagues de diamans et une couronne sur la tête.

S.-Paul a de la magnificence. A *l'Enfer* près, cette église est comme la *Divine Comédie* du Dante en peinture : le *Paradis*, admirable, est de Louis Carrache, et le *Purgatoire*, du Guerchin. Le *Christ présenté au temple* est un bon ouvrage d'Aurèle Lomi, appelé aussi Aurèle de Pise, peintre du xvie siècle. L'*Épiphanie* et la *Vierge dans l'étable*, de Cavedone, obtinrent ce bel éloge de l'Albane : on lui demandait s'il y avait à Bologne des tableaux du Titien; « Non, « répondit-il; mais on peut regarder comme tels les « deux Cavedone que nous avons à S.-Paul. » Au grand autel sont les statues de S. Paul et du bourreau qui lui tranche la tête, ouvrage plein de vie et de vérité, de l'Algardi.

Aux Célestins, le *Christ apparaissant à Madeleine*, gracieux, est de Lucius Massari; et le beau tableau du maître-autel, la *Vierge, S. Jean-Baptiste, S. Luc et S. Pierre* célestin, de Marc-Antoine Franceschini.

Sur la grande porte de S.-Procul est la *Vierge, l'enfant Jésus et les saints Sixte et Benoît*, vieille et belle peinture de Lippo Dalmasio, artiste bolonais du xive siècle, surnommé le peintre des Madones, tant il semblait avoir reçu le don de les peindre avec grace et majesté. Le tableau de *S. Procul* est à l'huile, d'après les meilleurs juges, et il prouve que cette découverte est bien plus ancienne que ne l'a prétendu Vasari.

## CHAPITRE XXIII.

*S.-Dominique.* — Tombeau du Saint. — Nicolas de Pise. — Gain des artistes. — Tombeaux de Taddeo Pepoli et du roi Enzius, du Guide et d'Élisabeth Sirani. — Mausolée *Tartagni.* — Le comte Marsigli. — Cloître. — Inquisition de Bologne. — Bibliothèque Magnani. — Clôture des bibliothèques d'Italie.

La place de l'église S.-Dominique offre de singuliers monumens : la statue du saint, de cuivre doré ; le tombeau du docte jurisconsulte Passaggieri Rolandino, grand personnage de la république bolonaise au XIII$^e$ siècle[1], et le tombeau de l'ancienne famille éteinte des Foscherari, élevé en 1289 par Egidio Foscherari, et orné de grossiers bas-reliefs.

L'église est un temple splendide par les merveilles de l'art et les illustres tombeaux qu'elle renferme. Au tombeau de S. Dominique, par Nicolas de Pise, un ange plein de grace est de la jeunesse de Michel-Ange, et diffère des vigoureuses productions de sa maturité : il reçut douze ducats pour cette figure. La petite statue de S. Pétrone, sur le haut du même monument, lui avait été payée dix-huit ducats. L'excellente sculpture paraît alors à bon marché. Les énormes profits des artistes sont très souvent une preuve de la décadence de

---

[1] Rolandino avait été secrétaire de la Commune ; il écrivit la réponse faite à la lettre menaçante de l'empereur Frédéric II, qui redemandait son fils, le roi Enzius, prisonnier des Bolonais (*V.* ci-après et chap. XXV). Il fut ensuite élu recteur, consul et *ancien perpétuel* (c'est-à-dire premier magistrat).

l'art, puisque l'argent paie alors les travaux dont la gloire doit être la première récompense. Les bas-reliefs de Nicolas de Pise, représentant divers miracles du saint, sont au nombre de ces chefs-d'œuvre primitifs, pleins de sentiment, de naturel et de vérité; telle est particulièrement l'histoire du *Cavalier renversé*, entouré de sa famille qui le pleure, et ressuscité par S. Dominique. Un autre bas-relief, d'un caractère tout-à-fait opposé, est remarquable par la noblesse des figures et la pureté des détails; c'est *S. Pierre et S. Paul recevant au ciel une députation de Dominicains*, et remettant au fondateur le Livre des constitutions et le bâton du commandement. Nicolas de Pise, le grand homme des arts de son siècle, fut un de ces génies extraordinaires, uniques, qui dominent toute une époque; il doit être enfin regardé, soit par ses ouvrages, soit par son école, comme le premier précurseur de la renaissance. Au-dessous de cette sculpture de 1200, sont les élégans bas-reliefs d'Alphonse Lombardo, postérieurs de trois siècles, composés à l'époque du goût, et qui n'effacent point leurs vieux prédécesseurs. Cette brillante chapelle de S.-Dominique est de l'architecture de Terribilia; ses peintures sont très belles : l'*Enfant ressuscité*, d'Alexandre Tiarini, obtint à son auteur les félicitations de Louis Carrache. La fresque du Guide représentant la *Réception de l'ame du saint par le Christ et la Vierge*, au milieu des mélodies du ciel, est admirable de grace et de poésie. La *Tempête*, le *Cavalier renversé*, de gracieuses figures représentant les vertus du saint, sont du Mastellata. *S. Dominique brûlant les livres des hérétiques*, est un bel ouvrage de Leonello Spada.

Dans les diverses chapelles on remarque une *Madone*

dite *del Velluto* (au Velours), de Lippo Dalmasio; un *S. Antonin*, auquel apparaissent le Sauveur et la Vierge, de Pierre Facini, à la fois élégant et bizarre; *S. Thomas d'Aquin écrivant sur l'Eucharistie*, du Guerchin; le *S. Raymond traversant la mer sur son manteau*, chef-d'œuvre original de Louis Carrache, et au maître-autel, l'*Adoration des Mages*, très belle, de Barthélemi Cesi.

Dans la sacristie, deux statues grossières de la *Vierge* et du *Saint*, plus fortes que nature, furent sculptées, selon deux vers latins médiocres mis au-dessous, avec le bois d'un cyprès qu'avait planté Dominique. Cet arbre triste et funèbre devait être planté par le fondateur de l'inquisition, et il méritait d'en avoir une statue.

Le beau tombeau de Taddeo Pepoli, du vénitien Jacques Lanfrani, élevé au milieu du xiv$^e$ siècle, sur lequel une sculpture naïve a représenté ce chef populaire rendant la justice à ses concitoyens qu'il avait gouvernés dix années, ce tombeau républicain est adossé à celui du roi Enzius, fils de l'empereur Frédéric II, mort à Bologne en 1272, après vingt-deux ans de captivité [1]. Il n'y a que l'Italie pour offrir aussi rapprochés de pareils contrastes. L'inscription du tombeau d'Enzius est singulière, et peint assez bien l'orgueil municipal et la fierté sauvage des républiques du moyen âge. [2]

La superbe chapelle du Rosaire offre réunis deux tombeaux dont l'impression est bien différente de celle que produisent les dépouilles de Taddeo Pepoli et du roi Enzius; ils renferment les cendres du Guide et de

---

[1] *V.* ci-après, chap. xxv.

[2] *Felsina Sardiniæ regem sibi vincla minantem,*
*Victrix captivum consule ovante trahit;*
*Nec patris imperio cedit, nec capitur auro;*
*Sic cane non magno sæpe tenetur aper.*

son élève bien aimée, Élisabeth Sirani, grand peintre, femme irréprochable, morte à vingt-six ans de poison, et digne de son maître par la grace et la force de son talent. Cette chapelle est resplendissante d'admirables peintures qui représentent les quinze mystères du Rosaire ; telles sont la *Présentation au temple,* du Fiammingo ; la *Descente du S.-Esprit sur les Apôtres,* de Cesi ; la *Visite de Marie à Ste. Élisabeth ;* la *Flagellation du Sauveur,* de Louis Carrache ; et l'*Assomption,* du Guide. Près de là est le mausolée du célèbre jurisconsulte et professeur Alexandre Tartagni, excellent ouvrage du sculpteur florentin François di Simone.

Un monument a été consacré dans l'église S.-Dominique par l'Académie d'architecture Clémentine au général Marsigli, fondateur de l'Institut de Bologne, homme célèbre par sa science, son patriotisme et les traverses de sa vie guerrière, voyageuse, captive, et qui tient du roman. Marsigli, malgré les riches collections venues à grands frais de l'étranger, qu'il avait données à sa patrie, ne voulut jamais, dit son ingénieux panégyriste [1], que son nom parût dans aucun monument public ; il ne put échapper toutefois aux complimens du discours d'ouverture de l'Institut, prononcé en 1714 par le P. Hercule Corazzi, religieux olivétain, mathématicien de la nouvelle compagnie : « Les louanges refusées, remarque Fontenelle, savent « bien revenir avec plus de force, et il est peut-être « aussi modeste de leur laisser leur cours naturel en les « prenant pour ce qu'elles valent. » Le monument de S.-Dominique est encore un de ces hommages dont a parlé Fontenelle, et auxquels la mémoire du comte Marsigli a dû se résigner. [2]

---

[1] Fontenelle, *Éloge de Marsigli.*
[2] Marsigli avait voulu être enterré sans aucune pompe à l'église

L'inscription et le buste consacrés à Louis Carrache, dans la chapelle de S.-Dominique, ne s'y trouvent plus; ils sont à l'Académie des Beaux-Arts, où l'on doit élever un digne monument à la mémoire de ce grand artiste.

Le cloître de S.-Dominique offre de nombreux et d'anciens tombeaux; deux sont remarquables, savoir : le tombeau de Jean-André Calderini, par Lanfrani, l'habile sculpteur du monument de Taddeo Pepoli, et celui de Barthélemi Salicetti, fait en 1412 par André Fiesole. Quelques débris curieux de peinture montrent la *Madeleine aux pieds du Christ*, premier ouvrage, selon Malvasia, de Lippo Dalmasio, le peintre gracieux des Madones dont il a été parlé.[1]

Le couvent de S.-Dominique, occupé par les Dominicains, est le siége de l'inquisition; mais ce tribunal redoutable est aujourd'hui, à Bologne, très benin et presque insensible. L'inquisiteur, le P. Medici, est un bénédictin savant et fort respectable, et qui lui-même, m'a-t-on dit, avait, dans le temps, fait au pape des observations sur l'inutilité de rétablir l'inquisition.

La bibliothèque Magnani, devenue bibliothèque de la ville, occupe une partie du couvent de S.-Dominique; elle fut léguée par l'ecclésiastique dont elle porte le nom, homme lettré, excellent Bolonais, qui voulut que sa bibliothèque servît à ses jeunes compatriotes, et fût particulièrement accessible les jours où les autres bibliothèques seraient fermées. Une pareille destination est singulièrement utile et secourable avec

---

des Capucins. *V.* les détails instructifs donnés récemment sur sa vie et ses ouvrages, par M. Ant. Lombardi, bibliothécaire de Modène. *Storia della letteratura italiana nel secolo* XVIII, lib. II, cap. III. Modène, 1828.

[1] *V.* chap. précédent.

les éternelles vacances et les jours innombrables de clôture de la plupart des bibliothèques d'Italie, surtout dans l'État romain. La bibliothèque du Vatican n'ouvre à peu près que cent jours dans l'année ; je me rappelle avec regret qu'à l'un de mes passages par Florence, il me fut impossible d'arriver à la Laurentienne, parce qu'elle était, comme les autres bibliothèques, fermée sous le prétexte de la fête de Ste. Catherine. Le local de la bibliothèque Magnani, composé de trois vastes salles, et d'autres moins grandes, est superbe ; quoique récente, elle compte déjà 83,000 volumes ; une somme annuelle de mille écus est allouée par la ville pour acquisitions nouvelles, et, comme le luxe de la peinture éclate de toute part à Bologne, cette bibliothèque offre une *Déposition de Croix*, de Frédéric Barocci, inachevée, mais d'un effet prodigieux.

En sortant du couvent, à gauche, sous un portique, est une *Vierge avec l'enfant Jésus et S. Jean*, du Bagnacavallo, ouvrage curieux, apprécié par le Guide et exposé dans une rue.

## CHAPITRE XXIV.

*Ste.-Lucie.* — Manuscrit-relique. — Moines, religieuses-artistes. — *Servi.* — *S.-Jean in Monte.* — *S.-Étienne.* — Peintures grecques. — *S.-Barthélemi di porta Ravegnana.* — *Ste.-Marie della Vita.* — Le bienheureux Buonaparte. — Portrait de Louis XIV sur un autel. — *Oratoire.* — Bas-reliefs d'Alphonse Lombardo.

L'ÉGLISE Ste.-Lucie possède une lettre de S. François Saverio, écrite en portugais, que l'on expose le jour de la fête du saint, manuscrit-relique qui a reçu plus d'hommages que les plus grands chefs-d'œuvre littéraires. Une des plus belles peintures est la *Mort du même saint*, assisté par les anges, ouvrage de Charles Rambaldi, peintre bolonais du dernier siècle, qui se noya en passant le Taro. A la sacristie, une *Immaculée Conception* est un des premiers ouvrages du Fiammingo, lorsqu'il était élève de Sabattini.

Au-dessus du noble portique de la *Madonna del Baracano* (du Bouracan) est une *Vierge*, d'Alphonse Lombardo. De gracieuses sculptures de Properzia de' Rossi [1] ornent le maître-autel de cette même église de la *Madonna del Baracano*, dont le bizarre surnom ne semble guère aller ni à la Vierge ni à cette dernière artiste.

A l'église de la Trinité est un *S. Roch*, du Guerchin: la *Madone* dans une gloire, divers saints et de petits enfans qui jouent avec le chapeau de cardinal de S. Jérôme, par J.-B. Gennari, est un ouvrage presque *procaccinesque*.

Plusieurs tableaux de Ste.-Christine sont l'ouvrage des anciennes religieuses du couvent dont cette église dépendait. Les peintures de moines et de religieuses étaient jadis communes en Italie; le cloître comptait d'habiles et de brillans artistes; sous ce rapport, la vie monastique y a encore dégénéré. Lors même que ces religieux ou ces religieuses n'ont point le talent de peindre, ils paraissent en avoir le goût et encourager la peinture. L'*Ascension* du maître-autel de Ste.-Christine fut commandée à Louis Carrache par la révérende mère Buttrigari, et exécutée à ses frais; les figures semblent aujourd'hui trop fortes, parce qu'elle était placée plus haut dans l'ancienne église. D'autres religieuses avaient aussi commandé les six figures mises entre les

---

[1] *V.* ci-dessus, chap. xxi.

pilastres, parmi lesquelles sont les *S. Pierre et S. Paul*, du Guide, alors dans sa première jeunesse.

Au maître-autel de l'église Ste.-Catherine *di strada maggiore*, le *Martyre de la Sainte* avec le Seigneur dans une gloire, du Gessi, est élégant.

Le portique majestueux des *Servi*, du frère André Manfredi, général des Servites, grand architecte du xiv° siècle, offre les belles fresques représentant divers traits de l'histoire de leur fondateur, S. Philippe Benizio : l'*Aveugle au tombeau du Saint* était un chef-d'œuvre de Cignani, détruit par le temps, et même, dit-on, par l'envie; le *Saint porté au ciel par les Anges*, de Jean Viani, élève du Guide, est superbe; les *Courtisanes converties* sont de Joseph Mitelli, peintre vif, gai, élève de l'Albane, du Guerchin et de Simon de Pesaro. L'église est remarquable par ses peintures, ses monumens et presque ses curiosités : le Guerchin a fait le *Père éternel;* le Guide exécuta dans une nuit, aux flambeaux, *gratis,* l'*Ame de S. Charles au ciel* : l'*Annonciation,* d'Innocent d'Imola; le *S. André,* le *Noli me tangere,* de l'Albane, sont admirables; un grand et beau *Paradis,* du Fiammingo, n'est pas sans quelque recherche; les *Douze mille crucifiés,* une *Madone,* sont, les premiers, d'Élisabeth Sirani; la seconde, de Lippo Dalmasio; une vaste *Nativité,* au-dessus de la porte, est une bonne fresque, et le dernier ouvrage de Tiarini. Les monumens du sénateur J.-J. Grati, de Louis Gozzadini, ont de la noblesse; dans une des chapelles on montre une cruche de marbre qui aurait servi aux noces de Cana, et que l'on doit à un général des Servites envoyé près du soudan d'Égypte en 1359. Un crucifix, fabriqué adroitement avec des jeux de cartes, est l'ouvrage d'un domestique de la maison Grati : un pareil emploi des cartes, peut-être unique, fait un singulier honneur aux gens de cette maison. Dans le cloître sont un majestueux escalier de Terribilia, et une très belle perspective, du Dentone, le plus habile homme de son temps pour ce genre de peinture.

L'église de la Présentation de la Vierge offre à l'autel le même sujet peint par André Sirani, retouché par le Guide ; dans la sacristie, sont plusieurs dessins d'Albert Durer, et la *Véronique,* petit tableau d'Annibal Carrache.

L'antique église de S.-Jean *in Monte* a été complétement *modernisée* en 1824. Un *S. François,* du Guerchin, adorant le Crucifix, est d'un admirable effet : le crucifix est à terre ; cette adoration en bas est singulièrement neuve et profonde. Une vieille *Madone*, fresque détachée, antérieure à l'an 1000, ainsi que le constatent quelques pièces authentiques ; une autre *Madone*, de Lippo Dalmasio, contrastent avec les réparations nouvelles.

S.-Étienne, église extraordinaire, formée de la réunion de sept chapelles, est une des plus anciennes et des plus caractéristiques de l'Italie : vieilles madones, images de saintes, tombeaux de saints, *ex voto* des voyageurs, puits miraculeux, qui étaient comme les *eaux* des âges de la foi, gothiques inscriptions ; elle offre de toute part les traces vénérables des siècles. Mais ce temple si curieux doit être surtout visité pour ses peintures grecques à fresque du $xii^e$ au $xiii^e$ siècle, représentant le *Christ suivi des saintes femmes, portant sa croix* et une *Piété*, peintures naïves pleines de vie, de mouvement et d'expression.

Le tableau du maître-autel de l'église S.-Michel *de' Leprosetti*, représentant une *Madone* couronnée par les anges et le saint archange, qui lui recommande la ville de Bologne désolée par la peste, est un chef-d'œuvre du Gessi.

A S.-Barthélemi *di porta Ravegnana*, *S. Charles à genoux au tombeau de Varallo*, par Louis Carrache, offre un ange plein de grace : une *Annonciation*, dite du Bel Ange, de l'Albane, céleste d'expression, chef-d'œuvre que le temps avait presque détruit, fut très habilement rendu à sa beauté première par un artiste bolonais, M. Joseph Guizzardi ; une *Vierge et l'enfant Jésus*, du Guide, est un legs du chanoine Sagaci ; et les fresques représentant la *Vie de S. Gaëtan*, sont un bel et rapide ouvrage des élèves de Cignani fait en moins de deux mois, et dessinées et retouchées par leur maître.

A l'entrée de l'église Ste.-Marie *della Vita*, j'éprouvai une étrange impression : dans une brillante chapelle, on vénère les os du bienheureux Buonaparte Ghisilieri, transportés là, en 1718, de l'église voisine et supprimée de *S. Eligio*. Le tableau qui représente *S. Jérôme* et le même bienheureux Buonaparte, est un ouvrage estimé d'Aurélien Milani. Il est permis de s'étonner à l'apparition dans un tel lieu de ce nom redoutable, qui semble bien plus appartenir aux annales de l'ambition et de la gloire qu'à la légende des saints. La relique de l'obscur et bienheureux Buonaparte repose sur un riche autel plus doux, plus léger pour elle que le roc battu des flots qui cache la dépouille de Napoléon.

Au grand autel et dans le tabernacle se trouve singulièrement un médaillon de Louis XIV, garni de diamans, et peint par Petitot ; il est même exposé les grandes fêtes de la Vierge, probablement à cause de sa richesse. Malgré mon respect pour le grand Roi, je ne m'attendais guère à trouver son image à cette place vénérée. Ce médaillon est un legs du chanoine comte de Malvasia, qui l'avait reçu de Louis XIV, auquel il avait dédié sa *Felsina pittrice*. Un premier médaillon fut volé au courrier, et remplacé par celui-ci, encore plus précieux. Lebrun, qui avait reçu du même Malvasia son Guide de Bologne, lui fit présent de la collection des batailles d'Alexandre, qu'il a léguée, et qui est à la bibliothèque. On retrouve jusque dans les plus petits faits de cette époque la politesse, le sentiment des convenances dont le maître était le modèle, et qui étaient imités non seulement par sa cour, mais encore par les simples officiers de son service.

Le nom de Bonaparte, le portrait de Louis XIV, rappellent à Ste.-Marie *della Vita* les temps de la puissance et des conquêtes de la France; mais les conquêtes de Louis furent raisonnables et durables, ainsi qu'un habile professeur l'a démontré [1]; les lointaines expéditions de Napoléon étaient folles, sans but, et il n'en est rien resté.

L'oratoire *della Vita* offre un des premiers chefs-d'œuvre de la sculpture moderne : les bas-reliefs d'Alphonse Lombardo qui représentent les *Funérailles de la Vierge*; les têtes des apôtres ont inspiré plus d'une fois les peintres bolonais, honneur singulier pour la statuaire, et qui prouve quelle est leur vraie et noble expression.

## CHAPITRE XXV.

Palais. — Palais de l'ancienne commune. — Palais du Podestat. — Fontaine. — Palais *del Pubblico*. — Forces militaires pontificales. — Portique *de' Banchi*.

Quelques bouts de mur près de S.-Pétrone sont les seuls restes de l'ancienne maison de la commune de

---

[1] M. Guizot. *Cours d'Histoire moderne*, année 1828.

Bologne, siége d'un état libre [1], puissant, riche, agité, glorieux, qui résista aux empereurs, prit part aux croisades, soumit Modène, Ravenne et les autres villes de la Romagne, et ne périt que par la proscription de ses concitoyens et l'appel de l'étranger.

Le palais du Podestat fut jadis la prison du roi Enzius : beau, jeune, brave, poète, aimé dans les fers par une tendre Bolonaise, qui, sous divers déguisemens, venait le visiter, Enzius, autre prince infortuné, comme Conradin, de l'héroïque et romanesque maison de Souabe, est encore populaire à Bologne [2]. La grande salle est appelée *sala d'Enzio;* sa destination a singulièrement varié : en 1410, le conclave s'y tint pour l'élection du pape Jean XXII; elle devint salle de spectacle dans le dernier siècle; elle était, en 1826, un jeu de ballon, et, lorsque je la parcourus en 1828, elle servait d'atelier aux peintres de décorations de l'Opéra. La tour dite *Torrazzo dell' Aringo*, construite afin de surveiller Enzius, est, comme le reste du palais, une construction hardie, puisqu'elle pose sur les arcades.

A côté de la salle d'Enzius sont les archives de la ville, remarquables par leurs rares et nombreux monumens historiques, dont le plus important est la bulle dite *dello Spirito Santo,* donnée à Florence le 6 juillet 1439,

---

[1] « La république de Bologne avait peut-être fixé d'une manière « plus précise et mieux entendue la division des pouvoirs dans son sein « (1185) »; dit M. de Sismondi. *V.* l'analyse qu'il a donnée de cette constitution, *Hist. des rép. ital. du moyen âge*, ch. xii.

[2] *V.* ci-dessus, chap. xxiii. Un Allemand, M. Ernest Munch, a publié en 1828 (Louisbourg, in-8°.) une biographie particulière du roi Enzius, qui paraît intéressante par les faits et les pièces qu'elle contient; telles sont principalement la correspondance de l'empereur Frédéric avec les Bolonais, pour obtenir la liberté de son fils, et les poésies de celui-ci composées pendant sa captivité. Sa maîtresse était Lucie Vendagoli; les Bentivoglio, selon M. Munch, devraient leur origine à ce commerce mystérieux.

par le pape Eugène IV, et qui se rapporte à l'union inutilement tentée de l'Église grecque et latine.

La fontaine dite du *Géant* offre le Neptune, les Sirènes, et autres figures en bronze, ouvrages célèbres de Jean Bologne, commandés par S. Charles Borromée lorsqu'il était légat de cette ville. Quand on considère la robuste nudité du Neptune, la grace et la volupté des Sirènes, il semble assez étrange de voir un tel monument dû à un saint aussi austère, et élevé au milieu d'une place publique, dans les États de l'Église. Cette fontaine n'a point assez d'eau, et il faudrait qu'il en jaillît, comme autrefois, du sein des sirènes.

Le palais *del Pubblico* est de la fin du XIIIe siècle. Au-dessus de la porte est la statue de Grégoire XIII, autre grand pape bolonais, par Alexandre Minganti, artiste appelé ingénieusement par Augustin Carrache un *Michel-Ange inconnu* : peut-être pourrait-on découvrir aussi dans les lettres quelque Bossuet, quelque Corneille ignoré [1]. Lors de la révolution de 1796, ce pape de bronze fut changé en S. Pétrone; on lui mit une crosse à la main; sa tiare fut remplacée par une mitre, et au-dessus de la statue renouvelée, on écrivit les mots *Divus Petronius protector et pater* : S. Pétrone devint ainsi démocrate à Bologne, comme S. Janvier le fut à Naples. L'escalier *a cordoni* du palais *del Pubblico* est un ouvrage grandiose du Bramante [2].

---

[1] La police correctionnelle a révélé l'année dernière l'existence d'un poète de premier ordre, Hippolyte Raynal, homme d'un talent plein d'élévation et de sensibilité, qui, sans de généreux secours, aurait peut-être disparu pour jamais dans l'abîme du bagne.

[2] Les escaliers *a cordoni*, particuliers à l'Italie, sont extrêmement commodes pour monter une pente rapide soit à cheval ou même en voiture; ils consistent en marches de brique, bordées d'un étroit cordon de pierre dure ou de granit, et larges de plusieurs pieds, mais inclinées. Le plus célèbre de ces escaliers, communs à Rome et à Naples, est celui du Capitole.

Dans la grande salle dite d'Hercule est la statue colossale du dieu, par Alphonse Lombardo, l'une des meilleures figures de ce genre du XVIe siècle. Le beau plafond de la salle dite Farnèse, peint par Cignani, Scaramuccia, Pasinelli, Bibiena, a malheureusement encore plus souffert des injures de l'air que du temps. Au fond d'une des cours est la belle citerne de Terribilia.

Le palais *del Pubblico* est la résidence du cardinal légat, du sénateur et *della magistratura*. Je fus extrêmement frappé à mon premier voyage de l'air martial des hommes du poste, fort différent de la tournure allemande des autres garnisons de l'Italie : c'étaient de véritables soldats français, des soldats de la grande armée, dont la physionomie militaire et la moustache contrastaient singulièrement avec la tiare, le mot *pax* et les clefs pontificales qui ornaient leurs schakos. Le pape a sur pied de 6 à 8000 hommes, force qui peut paraître trop considérable pour un État dispensé de faire la guerre, et qui n'a pas trois millions d'habitans.

En face est le Portique *de' Banchi*, d'une grande et habile architecture de Vignole, puisqu'il fut très gêné par l'irrégularité de l'ancien bâtiment.

## CHAPITRE XXVI.

Palais *Fava*. — *Bentivoglio*. — Du peuple et des statues. — Palais *Marescalchi*. — *Zambeccari*. — *Bacciocchi*. — *Hercolani*. — Honoraires du Guerchin. — Palais *Malvezzi-Bonfioli*, — *Sampieri*, — des *Stracciaiuoli*.

Les voûtes du palais Fava resplendissent de la gloire fraternelle des Carraches : Augustin et Annibal, qui, à leur retour de Parme et de Venise, n'étaient point encore des frères ennemis, ont peint pour la première fois à fresque et sous la direction et avec l'aide de leur cousin Louis, l'*Expédition de Jason*, en dix-huit tableaux. Ce dernier a représenté en douze tableaux le *Voyage d'Énée*; il en fit colorier deux par Annibal, savoir, le *Polyphème poursuivant la flotte troyenne*, et les *Harpies*. Un autre plafond peint par l'Albane, encore avec les avis généreux et infatigables de Louis Carrache, représente seize sujets de la vie d'Énée; d'autres pièces exécutées sur ses dessins et par ses élèves, et la dernière par Cesi, offrent de pareils sujets et continuent cette espèce d'Énéide; jamais peut-être les actions du pieux héros n'ont été peintes autant de fois, et les tableaux commandés pour son palais de Laurente étaient probablement moins nombreux que les fresques du palais Fava, et surtout ils ne les valaient pas. Les arabesques d'un cabinet, quatre paysages et l'*Enlèvement d'Europe*, sont d'Annibal Carrache, dans le style du Titien.

Au palais Tanara, le *Baiser de Judas*, de Louis Carrache, est infernal d'expression; le *Bain de Diane*, d'Augustin, est gracieux, voluptueux, aérien; une *Vierge allaitant* est un admirable chef-d'œuvre du Guide : malgré son charme ordinaire, Carlo Dolce a su rendre dans son beau portrait de *S. Charles Borromée* la dure physionomie du saint.

Le palais Magnani est d'une noble architecture de Dominique Tibaldi; les fresques des Carraches, représentant l'histoire de Romulus et de Rémus, sont dignes d'être comparées, pour la couleur et l'élégance, à leurs autres fresques célèbres du palais Farnèse, et elles sont à peu près aussi bien conservées.

Sous le portique du palais Leoni, aujourd'hui Sedazzi, est une belle *Nativité*, ouvrage de Nicolas dell' Abate, et au plafond de la grande salle l'*Histoire d'Énée*, de ce même peintre gracieux, élégant.

Le palais Bentivoglio est grand et moderne : il ne reste aucune trace de l'ancien, monument de la plus belle architecture, disent les historiens[1], que Jules II fit raser par le peuple, pour se venger d'Annibal Bentivoglio, comme ce même peuple à l'arrivée des Bentivoglio et des Français, brisa ensuite la statue de Jules, chef-d'œuvre de Michel-Ange[2]. Cette inconséquence vandale du peuple de Bologne me rappela, aux merveilles de l'art près, un mot d'un homme du peuple de Paris, mot qui peint dans tous les temps la nature des opinions populaires : lorsque la nouvelle statue de Henri IV, comme engravée dans les Champs-Élysées, fut dégagée et tirée par le peuple, une dame enthousiaste complimentant un des bons travailleurs, qui s'essuyait le front : « Oh ! pour le coup, répondit froidement celui-ci, c'était bien une autre affaire quand il fallut descendre la statue de Louis XV. »

Au palais Grassi, une fresque superbe de Louis Carrache représente Hercule foulant l'hydre et armé d'un flambeau, au lieu de massue, emblème heureux pour exprimer l'union si rare de la force et de la lumière. Le même palais possède un singulier chef-d'œuvre de Properzia de' Rossi, illustre Bolonaise dont il a déjà été parlé[3] ; ce sont de jolis camées gravés sur des noyaux de pêche qui représentent la *Passion de Jésus-Christ*, la *Vierge*, les *Saints*, les *Apôtres*. La multitude de ces petites figures est vive, élégante, légère ; cet ouvrage semble un charmant caprice de l'art : une femme seule

---

[1] *V. Jacopo Nardi*, lib. IV, p. 191. *Pauli Jovii Epitome*, Hist. lib. IX, p. 156, cités par M. de Sismondi, *Hist. des rép. ital. du moyen âge*, ch. XIII.

[2] *V.* ci-dessus, ch. XXI.

[3] *V.* ci-dessus, ch. XXI.

a pu l'exécuter. De nos jours, M^lle Fauveau, par son talent fin et gracieux, serait encore une digne émule de Properzia.

La galerie du palais Marescalchi est toujours à vendre. La vraie mère d'un *Jugement de Salomon*, par le Giorgione, semblait belle, admirablement belle à lord Byron, malgré son indifférence pour la peinture. La bibliothèque, aussi à vendre, offre quelques articles précieux, et surtout le *Pétrarque* de Gaspard Siliprandi (1477), sans lieu d'impression, mais imprimé à Venise, selon le P. Paciaudi et M. Pezzana [1]; et à Mantoue, selon MM. Marsand et Gamba [2]. La galerie et la bibliothèque Marescalchi ont été formées par le comte Ferdinand, ancien ministre des relations extérieures du royaume d'Italie près de Napoléon, homme excellent, naïf, facétieux, resté bien complétement Italien au milieu de cette cour européenne, burlesque contraste avec l'homme dont il contresigna les traités.

La galerie du vaste palais Zambeccari est riche de tableaux des Carraches, tels sont : *Abraham à table avec les anges*; l'*Échelle de Jacob*; *Notre-Dame des anges*. Un *Charles-Quint* du Titien est admirablement vrai; six maîtresses de Charles II, par Pierre Lesli, sont charmantes : c'est Hamilton peint.

Au palais Bevilacqua est encore la salle, ainsi que le constate une inscription, dans laquelle s'assembla le concile de Trente, transféré là en 1547, par ordonnance de Fracastor. Cette salle n'est point aussi grande que pourrait le faire supposer la réunion d'une telle assemblée. La porte sur la rue, par laquelle entraient et sortaient les Pères, est condamnée et fermée par une

---

[1] *V.* la lettre écrite par ce dernier en 1806 sur l'édition des *Rime* de 1477.
[2] *Biblioteca Petrarchesca; Serie de' testi di lingua italiana.*

barre de fer. La crainte de la contagion, dont parlent tous les historiens, n'était, à ce qu'il paraît, qu'un prétexte: Paul IV commençait à ne pas trop bien s'entendre avec Charles V, et il dut chercher à attirer le concile dans une ville d'Italie, sujette du Saint-Siége. La science de Fracastor serait ainsi descendue à servir la politique pontificale, faiblesse dont sa haine de l'étranger et son patriotisme peuvent être l'excuse. [1]

L'Observatoire élevé par le général comte Marsigli, dans le palais qui porte son nom, subsiste encore; il constate les goûts, la passion et les habitudes scientifiques de cet homme illustre et modeste. [2]

Un des plus magnifiques palais de Bologne est le palais Ranuzzi, maintenant Bacciocchi : la façade principale est de Palladio. Le propriétaire actuel s'est appelé, sous l'Empire, le prince Félix; et il fut aussi une espèce de souverain : ses honneurs ne lui donnèrent point de vertige, il est sorti sans regrets, et presque sans souvenirs de cet étrange songe. On prétend même que lui aussi s'est plaint de la révolution qui l'avait empêché d'avoir la croix de S.-Louis, à laquelle il aurait eu droit comme noble et officier. La bonhomie italienne a su bien mieux que la vanité française échapper au ridicule de tant de fortunes subites et passagères.

La galerie du palais Hercolani est superbe; une *Assomption* avec les protecteurs de Bologne en bas est un chef-d'œuvre d'Innocent d'Imola; une *Ste. Famille sur le gazon*, de Jean Bellini, est charmante.

La bibliothèque de ce palais, qui offrait de précieux manuscrits et de bons livres grecs, latins et italiens, est aujourd'hui à peu près vendue. J'examinai, en 1828, le manuscrit du registre de commandes du Guerchin,

---

[1] *V.* sur Fracastor le liv. v, chap. xxviii.
[2] *V.* ci-dessus, chap. xxiii.

## LIVRE VII, CHAP. XXVI.

tenu par son frère [1]; il commence le 4 janvier 1629 (le Guerchin avait alors trente-huit ans), et finit au mois de septembre 1666, trois mois avant sa mort. A la fin de chaque année est le total des gains et de la dépense (celle-ci manque à deux années): les premiers s'élèvent, pour ces trente-huit années, à la somme de 72,176 écus bolonais (311,800 fr. 32 c.), faisant par année 1,899 écus (8,205 fr.) [2]; la dépense est de 57,437 écus (243,807 fr. 84 c.), par année de 1,485 écus (6,415 fr.); les placemens d'argent sont de 3,250 écus (14,040 fr.), et la dépense pour l'acquisition de deux maisons et de rentes, de 9,989 écus (43,152 fr. 48 c.). On peut ainsi juger de l'opulence et de la bonne administration de la fortune du Guerchin. Si M<sup>me</sup> de Maintenon, qui fait dans une de ses lettres le compte du ménage de son frère et de sa belle-sœur pour l'année 1680, trouvait qu'avec 9,000 liv. ils pouvaient, à Versailles, louer une maison agréable, avoir dix domestiques, quatre chevaux, deux cochers et un bon dîner tous les jours, les 6 à 7,000 fr. que dépensait chaque année le Guerchin, qui n'avait point à payer de loyer, devaient lui procurer, en Italie, et plusieurs années auparavant, une existence non moins aisée. Les prix de quelques uns des ouvrages du Guerchin ne seront point peut-être sans intérêt: l'admirable *Agar*, du Musée de Brera, revient à 70 écus 1 liv. 8 sous (303 fr. 48 c.) [3]; le *S. Bruno*, de la Galerie de Bologne, à 781 écus (3,373 fr. 92 c.) [4]; le *S. Jérôme s'éveillant au bruit de*

---

[1] *V*. ci-dessus, chap. XVII. Ce manuscrit est imprimé à la suite des *Notizie della vita e delle opere del cavaliere Gioan Francesco Barbieri, detto il Guercino da Cento*. Bologne, 1808, in-4°.
[2] Quelques fractions de livres et de sous bolonais ont été négligées dans ces calculs.
[3] *V*. liv. III, chap. XIV.
[4] *V*. ci-dessus, chap. XX.

*la trompette*, resté à la Galerie du Louvre, à 295 écus (1,274 fr. 40 c.). Un tableau d'*Angélique et Médor*, offert assez singulièrement par la ville de Cento au cardinal Ginetti, légat de Ferrare, est payé 351 écus (1,516 fr. 32 c.); un autre, sur le même sujet, plus convenablement commandé par un Français, le marquis Duplessis *Perlin* (Praslin), 312 écus et demi (1,350 fr.); les portraits du duc et de la duchesse de Modène, de grandeur naturelle, 630 écus (2,721 fr. 60 c.). Le prix de certains tableaux est quelquefois acquitté en denrées; c'est ainsi qu'un sieur Sébastien Fabri paie en froment un *S. Barthélemi* qui lui revient à 432 écus (1,866 fr. 24 c.), et une *Madone della Neve*, qui lui coûte 62 écus (267 fr. 84 c.). Il est douteux que cette manière d'échange patriarchale et primitive fût aujourd'hui du goût de nos artistes.

Le palais Lambertini, maintenant Ranuzzi, est remarquable par les ouvrages des peintres bolonais antérieurs aux Carraches, qui, en les surpassant, ont su les apprécier; tels sont le singulier plafond de la salle supérieure par Thomas Lauretti; les *Vertus*, de Laurent Sabbatini; la *Chute d'Icare*, d'Horace Samacchini; la *Mort d'Hercule*, de Pellegrini, et autres peintures déjà d'un effet habile et qui honorent l'école bolonaise.

Le palais Biagi offre un plafond du Guide et de son école. Un autre du même grand maître, les *Harpies infestant la table d'Énée*, est au palais Bianchi. La porte de bronze du palais Gozzadini est du dessin le plus élégant. Le nom de ce dernier palais rappelle Bethisie Gozzadini, femme célèbre dans l'histoire fabuleuse, si on peut le dire, de l'université de Bologne. J'ai vainement recherché, sous les portiques, le pupitre ou petite tribune indiquée par Ginguené, où ce docteur en droit aurait professé devant dix mille écoliers [1]. Quoique la sténographie ait donné de nos jours de plus nombreux disciples à quelques uns de nos célèbres professeurs, je crois que l'on fera bien de s'en tenir à l'opinion prudente de Tiraboschi sur Gozzadini, lorsqu'il remarque que l'université de Bologne est trop riche de faits glorieux et avérés pour qu'il soit nécessaire de lui en prêter de faux ou d'incertains. [2]

La seconde cour du palais Malvezzi-Bonfioli offre divers sujets de la *Jérusalem délivrée*, peints à fresque par Leonello Spada, Lucius Massari, François Brizzi et autres habiles artistes. La galerie est riche de tableaux de l'école bolonaise. Le *Portrait du prélat Agucchi*, par le Dominiquin, une *Sibylle*, du Guide, sont de merveilleux chefs-d'œuvre.

Le triste palais Sampieri, dont la galerie célèbre est vendue, a toujours ses beaux plafonds et dessus de cheminées, ouvrages des Carraches et du Guerchin.

L'ancien palais de la communauté des *Stracciaiuoli* (marchands de draps) de la fin du XVe siècle, qui sert maintenant d'habitations particulières, est attribué par la tradition à l'illustre Francia que l'on connaissait bien comme peintre, orfèvre et graveur, et qui paraît encore avoir été architecte.

---

[1] *Hist. litt. d'Ital.*, t. III, 229.
[2] *Stor. della Letterat. ital.*, lib. II.

## CHAPITRE XXVII.

Maisons Rossini. — Martinetti.

Bologne a, comme Venise, des maisons non moins illustres que ses palais [1]; telles sont la *Casa* Rossini et la *Casa* Martinetti. La maison de Rossini va bien à Bologne, ville amie des arts et la plus musicale de l'Italie [2]. Cette maison, construite en 1825, était couverte à l'extérieur d'inscriptions latines en grandes lettres d'or, inscriptions prises aux auteurs classiques; celle-ci de Ci-

---

[1] *V.* ci-dessus, liv. vi, le chap. x, sur les maisons Albrizzi et Cicognara.

[2] L'académie *de' Filarmonici,* fondée en 1666 par Vincent Carrati, a compté parmi ses membres les plus célèbres compositeurs de l'Europe; le lycée *Filarmonico* créé en 1805, espèce de conservatoire, a cent élèves entretenus généreusement aux frais de la ville. Cet établissement possède la précieuse bibliothèque musicale formée par le savant professeur de musique bolonais, le P. Martini, religieux franciscain; bibliothèque composée de 17,000 volumes, d'un grand nombre de manuscrits très bien classés, et la plus riche qu'il y ait en ce genre. Algarotti, adressant à Frédéric l'Histoire de la musique du P. Martini, fait de lui cet étrange éloge, « qu'au milieu de la corrup-
« tion moderne il conserve dans ses compositions la dignité de l'an-
« cienne musique. » (Lettr. à Catt., du 11 avril 1761.) Jomelli, Gluck, Mozart, avaient recherché les conseils de ce franciscain. Grétry raconte dans ses *Mémoires,* qu'ayant désiré être reçu de l'académie *de' Filarmonici,* il était fort effrayé de l'obligation de fuguer un verset de plain-chant pris au hasard, « Mais les bons avis du fameux P. Mar-
« tini, dit-il, m'en donnèrent bientôt une connaissance suffisante, et
« furent la première cause de mon succès. » Une femme distinguée de la société de Paris, d'un talent musical supérieur, fut reçue en 1828 à l'académie *de' Filarmonici* : M<sup>me</sup> la comtesse M***** n'eut point alors besoin comme Grétry de recourir aux conseils de personne, et il lui suffit de se faire entendre : son brevet lui fut remis solennellement au *Casino,* où elle venait de chanter, et lorsqu'elle ne s'attendait point à un tel honneur.

céron ne semblait pas très modeste : *Non domo dominus sed domino domus* [1] : la plupart faisaient allusion à la gloire musicale du propriétaire ; je me rappelle les vers du vi° livre de l'*Énéide*, sur Orphée :

> *Obloquitur numeris septem discrimina vocum*, etc. ;

sur les chœurs des musiciens des Champs-Élysées :

> ..... *Lætumque choro Pæana canentes,*
> *Inter odoratum lauri nemus*........

Dans l'intérieur, un gros Apollon en pied offrait l'image de Rossini, auquel toute cette décoration exécutée à son insu et en son absence par l'architecte avait fort déplu, et qu'il comptait faire disparaître : de pareils complimens étaient en effet assez déplacés chez soi, et je ne sais si l'on ne devait pas préférer à tant de citations l'inscription fastueuse, mais précise, placée à Naples par le musicien Caffarelli sur son palais :

> *Amphion Thebas, ego domum.*

La maison Martinetti réunit le luxe des arts de l'Italie, le *comfortable* anglais et l'élégance française. Elle est le séjour d'une femme supérieure, célèbre dans la haute société européenne qui a visité l'Italie, par sa beauté, son esprit et ses rares connaissances. Cornelia m'a paru offrir quelques rapports d'existence, de destinée et de perfections avec une Française dont nous avons eu déjà occasion de rappeler la grace et le généreux caractère [2] : aimées toutes deux par les fils des rois, deux grands artistes de la France et de l'Italie les ont choisies pour types de leurs premiers chefs-d'œuvre : la figure de M^me R******* a révélé à Canova les traits inspirés de

---

[1] *De Officiis*, 1, 39 ( sous-entendu *honestanda*).
[2] *V.* liv. vi, chap. x.

la Béatrix du Dante; M^me M*********, sous le pinceau de Gérard, fut le modèle de la Corinne de M^me de Staël. Malgré tant d'éclat, de succès et d'hommages, malgré cette espèce de gloire donnée par la mode et la fortune, ces femmes ont vécu pour quelques nobles amis, pour les arts et pour l'étude; des revers ont ajouté depuis, auprès de certaines ames, à l'attrait qu'elles inspiraient; délivrées d'une cour vaine et importune, leur asile, qui jadis n'était qu'un palais, est devenu le temple du goût, du savoir et du génie.

## CHAPITRE XXVIII.

Opéra. — Théâtre *Contavalli*. — Tabarin.

L'OPÉRA de Bologne est bâti sur les ruines de ce palais Bentivoglio que la vengeance de Jules II fit détruire dans une émeute populaire [1]; souvenir des fureurs pontificales qui contraste singulièrement avec la destination du nouvel édifice. Ce théâtre, construit intérieurement et extérieurement tout en pierres, est un ouvrage célèbre d'Antoine Bibiena, qui eut dans le dernier siècle comme le monopole de la construction des salles de spectacle. La salle de Bologne est sourde et d'assez mauvais goût; elle a été fréquemment et récemment restaurée. La toile, qui représente Alexandre à Babylone, est le plus célèbre ouvrage du meilleur peintre actuel de Bologne, M. Pierre Fancelli, imitateur à la fois des Carraches et de l'école vénitienne, et fils lui-même d'un peintre bolonais estimé. J'assistai aux représentations d'octobre 1828. Si j'avais vu avec quelque

[1] *V.* ci-dessus, chap. XXVI.

surprise les ballets d'*Agamemnon* et de *Zaïre* à la Scala, je trouvai alors encore plus étrange la *Gabrielle de Vergy* de Gioja. C'étoit un spectacle à la fois horrible et bizarre que le désespoir et les fureurs cadencées de Gabrielle et de Fayel, car le ballet n'était autre chose que la pièce française avec des divertissemens et de méchans vers de moins; il n'y avait rien du sentiment, de la grace et du naturel de la chronique en vers [1]. L'opéra était l'*Assedio di Corinto*, de Rossini, qui devait être suivi de la *Zelmira* : Cosselli, excellent chanteur, jouait Mahomet; les femmes étaient de la dernière médiocrité. L'opéra de Bologne s'était élevé cette année à une magnificence de décorations et de costumes qui le rendait digne de balancer la *Scala* : M. Ferri et les décorateurs bolonais semblent avoir pris le milieu entre l'effet de Sanquerico et la peinture de Ciceri; la tente de Mahomet, la chambre de Gabrielle, étaient de beaux et agréables tableaux. Il y avait, comme à notre opéra, des chevaux, et même en plus grand nombre; leurs évolutions, trop multipliées, succédaient assez ridiculement aux danses des chevaliers et des dames de Gabrielle, et ce mélange de bal et de manége était là tout aussi choquant. Quant au luxe des pots de fleurs, des corbeilles et des guirlandes de roses, on aurait pu se croire, sans la fraîcheur des décorations, à un vieil opéra français. Je remarquai que, dans cet État stationnaire, les vieilles mœurs de l'opéra n'avaient point été altérées. Les coulisses étaient accessibles et paraissaient assez joyeuses, et les jupes et les corsets n'avaient pas

---

[1] Manuscrit de la Bibliothèque royale, publié en 1829 avec un soin si louable par M. Crapelet. Cette intéressante histoire du châtelain de Coucy et de la dame de Fayel fait partie des *Anciens monumens de l'histoire et de la langue françoise* (1826 à 1830), collection très bien commencée, et dont l'interruption est vraiment regrettable.

subi de réforme ; les pantalons seuls étaient tout blancs au lieu d'être de couleur de chair. L'opéra de Bologne attirait beaucoup de monde ; il était, cette année, le mieux monté de toute l'Italie : au milieu de tant de pompes, il n'y avait toutefois qu'un chanteur, Cosselli, et M<sup>me</sup> Adélaïde Mersy, très agréable danseuse.

Le théâtre *Contavalli* a été bâti en 1814, dans une partie de l'ancien couvent des Pères Carmélites de S.-Martin majeur ; les escaliers même du couvent conduisent encore à la salle de spectacle.

On jouait en 1827, au théâtre du *Corso*, une pièce fort gaie, imitée de Moratin, la *Donna di falsa apparenza*, espèce de Tartuffe femelle, dont la représentation était un peu étrange dans l'État pontifical, et prouvait une certaine liberté dramatique à Bologne.

J'ai suivi quelques représentations de *Tabarin* (le docteur). Le *Docteur* est le personnage populaire de Bologne, comme *Girolamo*, de Milan ; on voit, à son titre très ancien, qu'il a dû naître dans une ville d'université. Tabarin est un bourgeois beau parleur, et qui ne peut s'exprimer en bon italien ; il s'est toujours distingué par la liberté de son langage sur les choses du temps, et plus d'une fois il fut interdit sous la domination française : c'est ainsi que, faisant allusion aux impôts énormes que payait l'Italie (appelée, dans le Moniteur du temps, *la Fille de la France*), il avait observé que c'était ordinairement la mère qui donnait à sa fille, et non point la fille à sa mère. La salle de Tabarin est jolie ; il y a des stalles ; on commence à huit heures comme aux grands spectacles, et sur la toile est écrite la devise à la fois orgueilleuse et modeste : *Facile è il criticar, difficile l'arte,* traduction du vers :

La critique est aisée, et l'art est difficile,

si fréquemment attribué à Boileau, et qui n'est pas de lui.

Le mécanisme des marionnettes du théâtre Tabarin est inférieur aux *Fantoccini* de Milan, quoique les figures soient d'une proportion beaucoup plus grande. Dans une des pièces que je vis jouer, Tabarin avait été nommé ministre-secrétaire d'État d'un roi d'Égypte; malgré la gravité de son titre, toute la cour se moquait de lui : le patois bolonais rend ses plaisanteries à peu près inintelligibles pour un étranger, mais il m'a paru cependant que Tabarin n'avait point tout-à-fait perdu son ancienne habitude d'opposition.

## CHAPITRE XXIX.

Douane. — Colléges *d'Espagne*; — *des Flamands.* — Bâtards. — *Scuole.* — Collége *Venturoli.*

Un tombeau sur le dessin de Jules Romain (celui du docteur Boccaferri), est à la Douane, ancienne et superbe église du couvent des Pères Mineurs de S.-François; il n'y a que l'Italie vraiment pour trouver ainsi l'ouvrage d'un grand maître dans un lieu partout ailleurs si peu poétique.

Le Collége d'Espagne ( *collegio reale della illustrissima nazione spagnuola*) mérite d'être visité quoique les fresques, ouvrage de la jeunesse d'Annibal Carrache, et la plupart de celles du Bagnacavallo aient à peu près disparu. Une vaste fresque de ce dernier offre des débris pleins de vérité et d'expression; elle représente le Couronnement de Charles V à Bologne par Clément VII; la figure de l'empereur, assez intacte, est singulièrement madrée; la tête du poète Trissino, qui eut l'honneur envié par les plus illustres princes de porter la queue du pape [1], est une de celles qui a le moins souffert; il est en chevalier et point du tout en prélat ou en archevêque, comme on pourrait le croire d'après Voltaire [2]. La peinture du Bagnacavallo bolonais est contemporaine de l'événement qu'il retrace; elle est ainsi fort curieuse sous le rapport historique. Il n'y avait à ce collége royal DELLA ILLUSTRISSIMA NAZIONE SPAGNUOLA que quatre écoliers; mais il devait, disait-on, en arriver de Madrid.

Le Collége des Flamands, institution singulière, dans lequel sont encore élevés quatre jeunes gens de Bruxelles choisis par la compagnie des orfèvres de la paroisse Ste.-Marie de la chapelle de la même ville, offre un très beau portrait du fondateur Jean Jacobs, orfèvre flamand, par le Guide, son ami.

La maison des Bâtards (*Bastardini*), ancien couvent de Bénédictins, où se trouve un superbe *S. Benoît* demi-figure de Barthélemi Cesi, a été récemment agrandie; nouveau et triste argument contre l'impuissance morale de l'administration ecclésiastique. [3]

Le bâtiment des Écoles (*scuole*), de Terribilia, est un des plus beaux de Bologne. L'enseignement gratuit donné aux enfans pauvres de la ville paraît assez relevé puisque l'arithmétique, le latin, le chant et le dessin en font partie : les maîtres sont ecclésiastiques et laïques. Les fresques de Cesi à la chapelle Ste.-Marie *de' Bulgari*, représentant l'histoire de la Vierge, les *Sibylles*, les *Prophètes*, etc., sont pleines de goût et très bien con-

[1] *V.* liv. v, chap. xxxiv.
[2] *Ibid.*
[3] D'après le relevé des actes de naissance des dix dernières années, le nombre des enfans naturels est à Bologne environ d'un septième; cette proportion toutefois est encore plus forte à Paris; en 1828, elle s'est élevée à plus du tiers.

servées; l'*Annonciation* est du Fiammingo. Le bâtiment latéral offre de très belles peintures de Samacchini, de Sabbattini et de leurs élèves. Ainsi le luxe des arts brille au sein même de ces écoles gratuites.

Le collége Venturoli, créé en 1825, est destiné à l'étude de l'architecture; fondation bienfaisante de l'architecte dont il porte le nom, ce collége entretient jusqu'à l'âge de vingt ans environ huit élèves, mais le nombre doit en être augmenté. On voit que Bologne n'a point oublié la gloire de ses anciennes écoles, soit dans les sciences, les lettres ou les arts, et qu'elle travaille encore à produire des maîtres non moins illustres.

## CHAPITRE XXX.

Tour des *Asinelli*. — Vue. — Songe. — La *Garisenda*.

De toutes les expéditions de tours, de dômes, de clochers et de phares qu'un voyageur qui a de la conscience et des jambes doit accomplir, une des plus rudes sans doute est celle de la tour des *Asinelli*, tant l'escalier en colimaçon, espèce de longue échelle, est peu praticable. Cette tour, la plus haute de l'Italie, sert quelquefois à des observations astronomiques; je ne serais donc pas surpris, à mon grand regret, qu'un des savans qui la montent n'éprouvât un jour l'accident de l'astrologue de La Fontaine.

La vue est agréable : ce n'est ni l'immensité de la vue du dôme de Milan, ni l'horizon unique du clocher de S.-Marc, mais la plaine est riante, et l'Appenin, de ce côté, au lieu de ses sommets arides, n'offre qu'une suite de jolies collines boisées et couvertes de charmantes maisons de campagne.

La tour des *Asinelli* est juste au milieu de Bologne, comme Bologne est la grande ville la plus au centre de l'Italie. Au cœur de ce pays, je ne pouvais me défendre de pressentimens sur les destinées qui l'attendent, car ma raison ne pouvait croire à la durée de l'ordre faux qui y règne. Je jetais un triste regard sur cette terre que j'aimais, que je plaignais. Quels seront, me disais-je, avant peu de temps, son gouvernement, son empire? Je gémissais sur le sort infligé à un pays si beau et à quelques ames si nobles, sur cette gloire passée, sur ces lumières nouvelles qui ajoutent à la rigueur de leur condition. Je souhaitais à cette contrée les lois, la liberté, les institutions de ma patrie sans le poison démocratique qui peut les faire périr. Dans ce délire de mes vœux et de mes espérances, je voyais succéder une vie active et utile à l'oisiveté frivole et élégante de la jeunesse de Milan, à l'inaction docte et lettrée de Bologne et de Florence, aux intrigues et à l'ambition des clercs de Rome et aux charges de cour des divers états. Ces hommes si nobles de nom, de caractère et de facultés, ces généreux protecteurs des lettres et des arts, ces possesseurs de superbes palais, de brillantes galeries, de riches bibliothèques, devenaient des hommes publics, et certes ils ne le cédaient pas à ceux de France ou d'Angleterre; ils donnaient la liberté à ce peuple affaibli, divisé, incapable de la faire, mais qui peut la recevoir; ils étaient une preuve de plus que l'aristocratie poursuivie par tant de haines, peut devenir un superbe instrument de liberté, et que l'honneur des races antiques peut très bien s'allier avec la dignité et le perfectionnement des générations nouvelles. Le courage militaire, jamais éteint chez ces anciens maîtres du monde, prenait avec cette liberté un nouvel essor, car sans lui elle n'a jamais pu fleurir. Ainsi renaissait à la civilisation une des plus belles parties de la race humaine, une de ces nations illustres dans les fastes de l'univers; ainsi l'ardeur de mes désirs marquait un terme à cette fatalité de servitude, à cette longue calamité de tout un peuple, toujours dépendant sans être dégradé, preuve de son ancienne et forte nature, phénomène dont aucun autre peuple n'aurait peut-être été capable.

La régénération de l'Italie fut manquée par Bonaparte : Italien, maître de l'Italie entière, il délaissa et méconnut ses compatriotes. Certes, il eût été plus beau de rendre son existence de nation à un tel peuple que de n'y chercher que des hommes et de l'argent, et d'avoir un roi de Rome à S.-Cloud et des ducs de Parme et de Plaisance, rue S.-Honoré et place du Carrousel ! La conduite de Bonaparte envers l'Italie est une des parties de son histoire qui justifie le plus la remarque sévère de M. de Chateaubriand : « L'avenir doutera si « cet homme a été plus coupable par le mal qu'il a fait « que par le bien qu'il eût pu faire et qu'il n'a pas fait. »

L'Italie semble offrir, pour la politique comme pour l'imagination, trois grandes divisions naturelles : le Nord, l'État romain, le royaume de Naples; tout le passé est réuni dans les souvenirs que ces divisions rappellent : le Nord est le moyen âge; Rome, l'histoire; Naples, la fable. Le plan d'un État unique en Italie, et d'une seule capitale, est tout-à-fait chimérique. Si jamais quelque nouvel Amédée, négociateur et guerrier, monte sur le trône de Savoie, ses destinées seront grandes; il sera le fondateur de cet empire nouveau de l'Italie septentrionale : alors elle cessera d'être la proie toujours incertaine de la conquête; il y aura un peuple de plus en Europe, et douze millions d'Italiens reprendront leur place au rang des nations.

La tour penchée voisine de la tour des Asinelli est moins élevée ; la *Garisenda* a fourni l'une de ces innombrables et pittoresques images du Dante, quand il compare le géant qui se baisse pour saisir son guide et lui à cette tour, si on la considère lorsque les nuages fuient au-dessus de ses créneaux :

> *Qual pare a riguardar la Carisenda*
> *Sotto'l chinato, quand' un nuvol vada*
> *Sovr' essa si, ch' ella in contrario penda ;*
> *Tal parve Anteo.* [1]

L'inclinaison de la Garisenda n'est point un effet de l'art, mais de l'affaissement subit du sol ; il est prodigieux qu'elle ait résisté depuis à tant et de si violens tremblemens de terre ; elle paraît désormais inébranlable, comme certaines ames qu'une première catastrophe a bien moins abattues que surprises, et qui semblent, au contraire, affermies par cette chute.

## CHAPITRE XXXI.

Environs. — *S.-Michel in Bosco.* — *Madonna di S. Luca.* — *Campo-Santo.* — Suicides.

L'église de l'*Annunziata* a des peintures remarquables : le *Crucifix*, *Madeleine*, la *Vierge* et *S. Jérôme* ; une *Annonciation*, de Francia ; le superbe *S. François en extase*, de Gessi, appelé le second Guide, et dont ce tableau justifie le surnom ; la *Madone del Monte*,

---

[1] *Inf.*, xxxi. « Telle que la Garisenda, si on la regarde du côté où « elle est inclinée et lorsqu'un nuage passe au-dessus d'elle, paraît « prête à se renverser, ainsi parut Antée. »

de Lippo Dalmasio. Sous le beau portique extérieur de l'église, les fresques représentant la *Vie de la Vierge*, furent en grande partie exécutées par Giacomone da Budrio, peintre facile de l'école des Carraches; les *Bergers à la crèche du Sauveur* sont de Paul Carrache, sur le dessin de son frère Louis.

Les fresques de la *Madone*, de Mazzaratta, souvent et très louées, ouvrage de maîtres du XIV$^e$ siècle, ont souffert des injures du temps, et surtout des changemens et des réparations faites à l'église. Les plus célèbres et les mieux conservées de ces peintures sont : une grande *Nativité*, avec une multitude d'anges, attribuée à Vitale; une femme assise et filant avec deux enfans gracieux qui jouent ensemble, et près de là un homme travaillant à la terre, figures qui représentent peut-être *Adam* et *Ève*; *Noé fabricant l'arche*; les quatre sujets de l'*Histoire de Moïse*, divers de style, et dont la *Punition des révoltés* rappelle les airs de tête du Giotto, et peut-être son ouvrage.

S.-Michel *in Bosco*, sur une colline, dans une situation riante, était un des premiers monumens du luxe monastique en Italie. Cette merveille de l'art n'est aujourd'hui qu'un grand bâtiment abandonné, et qui, depuis la suppression du monastère, a servi de caserne et de prison. Les fresques des Carraches et de leur école ont à peu près disparu; ces murailles, ces voûtes animées et vivantes, sont maintenant dégradées; quelques traits subsistent encore, comme pour montrer la grandeur d'un tel ravage. Ainsi la civilisation ne fait pas moins de ruines que la barbarie; impuissante contre les passions, elle n'a jamais chez les peuples anciens, comme chez les nations modernes, dépassé un certain niveau; elle n'arrête ni les guerres, ni les invasions, ni les conquêtes, ni toutes les calamités de la gloire, et la baïonnette du soldat polonais de l'armée d'Italie, qui a criblé de coups ces admirables peintures, n'est pas moins destructrice que la framée des Huns ses prédécesseurs et ses aïeux.

L'ancienne et superbe bibliothèque de S.-Michel *in Bosco*, célèbre par ses ingénieuses figures, n'est plus reconnaissable : le bibliothécaire, l'abbé Pepoli, au lieu de l'inscription des titres des diverses matières, avait fait représenter par Canuti, artiste excellent, élève du Guide, les principaux écrivains dissertant, chacun selon le caractère de leurs ouvrages : la dispute entre le docteur angélique et le docteur subtil sur l'universel *à parte rei*, mise au-dessus des rayons de la philosophie scolastique, était regardée, dit-on, pour le feu et l'expression, comme le chef-d'œuvre de cette peinture bibliographique.

Sur la montagne de la Guardia, à une lieue de Bologne, est la célèbre église de la *Madonna di S.-Luca*. C'est là qu'on vénère l'image miraculeuse de la Vierge, peinte par S. Luc, selon la tradition, qu'un ermite transporta, en 1160, de Constantinople à Bologne, et qui fut déposée dans la chapelle dédiée à cet évangéliste, chapelle solitaire qu'habitait une sainte fille de Bologne, nommée Angela. Un arc magnifique sert de propylée ou d'entrée à six cent trente-cinq arcades qui conduisent de la ville au temple de la Madone. Ces portiques prouvent une foi singulière et le goût des Italiens pour les travaux de maçonnerie; ils ont été construits en moins d'un siècle, et malgré les difficultés du terrain, soit avec le produit des aumônes, soit avec les dons des corps et des communautés, et même avec l'offrande des domestiques, hommes et femmes, de Bologne. Je remarquai aussi parmi les inscriptions qui rappellent les noms des divers fondateurs qu'un directeur de comédiens avait donné une représentation, afin de consacrer la recette à élever quelques uns de ces pieux portiques.

La magnificence de l'église actuelle de la *Madonna di S. Luca* est du dernier siècle; le grand autel a été refait en 1815; excepté une *Madone et S. Dominique*, un des premiers essais du Guide, cette église si fréquentée par la dévotion et les pèlerinages populaires, ne possède aucun des ouvrages des grands maîtres bolonais.

L'église des *Scalzi* est ornée de bonnes peintures, parmi lesquelles on distingue la *Ste. Famille*, de Laurent Pasinelli, ouvrage doux, charmant, de ce peintre fougueux, qui, cette fois, a du caractère de l'Albane.

L'ancienne Chartreuse de Bologne est devenue le *Campo-Santo*. L'église offre encore quelques ouvrages remarquables : le *Jugement dernier*, et les deux saints qui l'accompagnent, de Canuti; le *Baptême de Jésus-Christ*, fait à l'âge de vingt ans par l'infortunée Élisabeth Sirani[1], qui a inscrit son nom sur ce vaste tableau; l'*Entrée de Jésus-Christ à Jérusalem*, le *Christ ressuscité apparaissant à sa mère avec la foule des patriarches*, de Laurent Pasinelli; le *Crucifiement*, la *Prière au jardin des Olives*, la *Déposition de Croix*, de Cesi; quelques belles fresques et ornemens dorés du même; le *Christ portant sa croix*, fresque demi-figure de Louis Carrache.

Quoique la fondation du *Campo-Santo* ne remonte pas à trente ans[2], il a déjà l'aspect et le caractère d'un monument plus ancien, et il peut être regardé comme le vrai modèle d'un cimetière de grande ville ; plusieurs des somptueux mausolées qu'il renferme ne sont

---

[1] *V.* ci-dessus, chap. XXIII.
[2] Cette fondation est du 5 avril 1801.

point assurément irréprochables sous le rapport du goût ; mais l'ensemble a de la magnificence. Les inscriptions composées par M. l'abbé Schiassi, sont remarquables par la pureté et l'élégance de la latinité [1]. Une enceinte particulière est réservée aux protestans et aux juifs, mais il n'y a dans ce cimetière d'exclusion pour personne : ceux qui se tuent eux-mêmes n'en sont point repoussés ; il en est de même à Rome, une bulle de Benoît XIV, saint pape, grand théologien, ayant déclaré le suicide un acte de folie. Si quelque peine pouvait être portée contre ces infortunés, l'usage de Silésie paraîtrait assez raisonnable ; on les y enterre sur la face : il y a dans ce châtiment une sorte de leçon morale, sans l'odieux des jugemens infamans, de la confiscation des biens et de ces supplices de cadavres infligés par la barbarie de nos anciennes lois.

[1] Il paraît à Bologne un ouvrage bien exécuté sur le *Campo-Santo*, ayant pour titre : *Collezione scelta di cento monumenti sepolcrali nel comune cimitero di Bologna :* plusieurs des notices, malgré quelque recherche et l'exagération inévitable des éloges, sont intéressantes, et elles sont rédigées avec le talent que l'on doit attendre de littérateurs tels que MM. Costa, Charles Pepoli et autres doctes bolonais.

FIN DU LIVRE SEPTIÈME.

# LIVRE HUITIÈME.

## MODÈNE. — PARME. — MANTOUE.

### CHAPITRE PREMIER.

Reno. — MODÈNE. — Palais ducal. — Galerie. — Bibliothèque.

De Bologne à Modène on passe le Reno. L'île fameuse qui devait être près de Samoggia, dans laquelle s'assemblèrent pendant trois jours les triumvirs, où ils se donnèrent l'un à l'autre la vie de leurs amis et de leurs ennemis, où leur cruauté, dans son délire, ordonna même, sous peine de mort, que chacun eût à se réjouir de leurs proscriptions, où la tête de Cicéron enfin fut marchandée pendant deux jours, et devint le gage de leur union ; cette île petite, mais dont la célébrité peut s'égaler aux îles les plus redoutables de l'histoire, a disparu dans un tremblement de terre : la nature, secourable dans sa fureur, a voulu comme emporter la trace de tels attentats [1]. Le fleuve lui-même, l'ancien Labinius, a perdu son nom, et il ne paraît là qu'une espèce de torrent épars dans une plaine de gravier.

Les plaines voisines avaient vu les derniers efforts de la liberté romaine ; mais la défaite d'Antoine à Modène n'avait rien changé au fond des affaires ; le sénat

---

[1] Malgré la difficulté d'indiquer exactement la position de cette île, les hommes instruits de Modène croient qu'elle était entre les torrens Samoggia et Lavino, dans un bien appartenant aujourd'hui à une famille bolonaise.

n'en fut pas plus avisé, et la mort des consuls **Hirtius** et **Pansa** sur le champ de bataille est comme le prélude des morts républicaines et stoïques de **Brutus** et de **Cassius**.

Le palais, la galerie et la bibliothèque du Palais sont à peu près tout Modène. Le palais est grand, magnifique, sa cour est superbe; il est hors de proportion avec la petitesse de l'État du souverain qui l'habite : telle est la pompe toujours obligée de la souveraineté même la plus mince. La galerie, nombreuse par les restitutions de la France, s'est encore accrue par de récentes acquisitions; les principaux tableaux sont : *Mars, Vénus et l'Amour;* le *Mariage de Ste. Catherine;* le *Martyre de S. Pierre*, du Guerchin; deux grands tableaux, le *Christ en croix* et *S. Roch dans sa prison*, du Guide; l'*Assomption de la Vierge; Vénus et l'Amour, Flore*, de Louis Carrache; *Pluton et autres divinités*, d'Annibal; *S. François offrant des fleurs à Jésus-Christ;* la *Vierge* dans une gloire d'anges, de Leonello Spada; un superbe Garofolo, la *Vierge, S. Jean-Baptiste et Ste. Lucie;* un *Christ*, du Pomarancio; la *Mort de Clorinde*, de Louis Lana, maître modenais, imitateur du Guerchin; plusieurs tableaux et des meilleurs des deux Dossi, tels que l'*Annonce aux bergers,* la *Crèche*, chefs-d'œuvre qui tous ont fait le voyage de Paris; l'*Aurore qui enlève Céphale*, de l'Albane; une *Ascension* avec les douze Apôtres de grandeur naturelle, de Francia; la célèbre *Circoncision*, avec figures colossales de Procaccini; un *Christ en croix*, de Mantegna, qui a plus de cent figures; une *Ste. Famille*, d'André del Sarto; l'*Adoration des Mages*, de Palma; une gracieuse *Nativité*, jadis conservée précieusement à l'église S.-Paul, chef-d'œuvre de Munari Pellegrino, habile peintre modenais, digne élève de Raphaël, qui périt assassiné par les parens d'un homme que son fils avait tué.

La bibliothèque est l'ancienne bibliothèque de la maison d'Este, dont elle a conservé le nom (*Biblioteca Estense*); elle fut transportée à Modène lorsque César d'Este s'y retira, après avoir été dépouillé par Clément VIII de son duché de Ferrare [1]. Il paraît que, dans cette translation précipitée, elle fit des pertes irréparables; elle fut encore négligée par les trois ou quatre premiers successeurs du prince déplacé. Ce ne fut qu'à la fin du xviie siècle et au commencement du xviiie qu'elle fut mise en ordre, et enrichie de livres imprimés et de manuscrits par les soins des ducs François II et François III. Cette bibliothèque s'honore d'avoir eu pour conservateurs deux des meilleurs écrivains d'histoire littéraire, Muratori et Tiraboschi : Muratori, colosse d'érudition, qui semble presque arrivé à la gloire par le travail, et dans lequel on est tout surpris de découvrir encore un bon curé occupé de ses pauvres, de la direction et du salut de ses paroissiens, et de l'administration de sa fabrique [2]; Tiraboschi, esprit sage, mais écrivain diffus, et dont l'utile ouvrage, l'*Histoire de la Littérature italienne*, est plus propre à être consulté qu'à être lu.

La bibliothèque de Modène compte aujourd'hui 90,000 volumes et 3,000 manuscrits. Ces derniers sont, en général, d'une belle conservation. Je remarquai : l'*Évangile*, dans l'ordre de la liturgie grecque,

---

[1] César d'Este fut privé de son duché comme bâtard, par Clément VIII, dont le prédécesseur de nom, Clément VII, était fils naturel de Julien de Médicis.

[2] Muratori était curé de *Santa Maria pomposa* de Modène; il rebâtit l'église, institua la société *della Carità*, et contribua à l'érection d'un mont de piété. Lombardi, *Storia della Letteratura italiana nel secolo* xviii; Modène, 1829, t. III, p. 8.

du viii<sup>e</sup> ou ix<sup>e</sup> siècle, et, selon Montfaucon, du viii<sup>e</sup>; les *Miscellanea*, de Théodore Studite, manuscrit grec du xiv<sup>e</sup> siècle, non imprimé; un superbe *Missel* du xv<sup>e</sup>; un manuscrit des *Lettres de S. Jérôme*, exécuté l'an 1157 aux frais des dames de Modène, dont les noms se lisent à la suite du manuscrit; fait bibliographique qui montre, au milieu du xii<sup>e</sup> siècle, un goût de littérature religieuse et une civilisation singulière.

Une *Cosmographie* de Ptolémée en latin, avec des cartes faites en miniature, avec beaucoup de soin, par un Allemand, Nicolas Hahn, dans le xiv<sup>e</sup> siècle, est curieuse; elle met sous les yeux l'état des connaissances géographiques chez les anciens; l'Afrique, couverte de villes, semble avoir été mieux connue par eux que par nous, qui n'avons si long-temps visité que ses côtes; la Suisse paraît aussi observée en détail et avec exactitude; le milieu de l'Europe est quelquefois comme une terre déserte, et le cours des fleuves est fort infidèlement indiqué.

Le manuscrit non imprimé de l'*Histoire générale* de Flavio Biondo, écrivain de la fin du xiv<sup>e</sup> siècle, est une des premières histoires universelles. Cette histoire devait s'étendre depuis la décadence de l'empire romain jusqu'au temps de l'auteur; elle était divisée en décades à la manière de Tite Live; il n'en existe que trois et le premier livre de la quatrième. Le traité de Flavio Biondo, jusqu'ici inconnu aux savans, *De militaris artis et jurisprudentiæ differentiâ ad Ill. principem Borsum Epistola* (n<sup>o</sup> clxviii des manuscrits latins), est également incomplet.

Le *Recueil de Poésies provençales* fait pour le marquis d'Este par son troubadour, maître Ferrari, de Ferrare, en 1254, n'avait point échappé aux savantes investigations de M. Raynouard [1]; il contient 345 feuillets et 1474 pièces, dont quelques unes ne se trouvent dans aucun autre recueil, et il peut être regardé comme un des plus anciens et des plus curieux manuscrits des poésies des troubadours; il prouve surtout la singulière faveur dont jouissaient alors, au sein même des cours de l'Italie, la langue et la poésie provençales. [2]

Un manuscrit du Dante du XIV° siècle, en parchemin, peut-être trop vanté par Montfaucon, meilleur juge d'érudition grecque et latine que de littérature

---

[1] Indiqué t. Ier, p. 441, du *Choix des Poésies originales des Troubadours*.

[2] A la fin du volume, une note, écrite en provençal, mais traduite par Muratori (*Antiq. Est.*, t. II, p. 11), donne sur Ferrari les détails suivans : « Maître Ferrari fut de Ferrare; il était jongleur, et
« s'entendait mieux à *trouver*, c'est-à-dire à versifier en provençal,
« qu'aucun homme qui fût en Lombardie. Il connaissait bien les
« lettres; et pour écrire, personne ne pouvait l'égaler. Il fit beau-
« coup de beaux et bons livres. Il était homme courtois de sa per-
« sonne. Il voyagea, servit des barons et des chevaliers, et s'arrêta
« dans la maison d'Este; et quand les marquis tenaient cour et don-
« naient quelque fête, les jongleurs qui s'entendaient en langue
« provençale accouraient là, venaient tous à lui, et le proclamaient
« leur maître; s'il en venait quelqu'un qui fût plus habile que les
« autres, et qui fît essai de ses inventions et de celles d'autrui, il
« lui répondait à l'improviste; de manière qu'il était le premier
« champion poétique dans la cour du marquis d'Este (Azzo VII)....
« Dans sa jeunesse, il avait composé une infinité de belles pièces
« pour Madonna Turca, dont il était fort occupé; devenu vieux, il
« ne bougeait plus guère; mais il allait quelquefois à Trévise chez
« messire Girard da Camino et ses fils, qui le recevaient honorable-
« ment et avec plaisir, et lui faisaient volontiers des présens à cause
« de son propre mérite, et par égard pour le marquis d'Este. » (Tiraboschi, t. IV, p. 516, 7, de l'édition des Classiques italiens.) Le texte provençal du passage ci-dessus est imprimé dans l'ouvrage ayant pour titre : *Dell' origine della poesia rimata*, par Jean-Marie Barbieri, p. 84; Modène, 1790, avec des notes de Tiraboschi. Le recueil du troubadour Ferrari a été fort utile à un jeune savant modenais, M. Jean Galvani, auteur des *Osservazioni sulla poesia de' Trovatori, e sulle principali maniere e forme di essa confrontate brevemente colle antiche italiane*, in-8°, publiées à Modène en 1829.

italienne, auquel Muratori l'avait probablement recommandé, a des figures extraordinaires dans le goût du Giotto [1]. Le commentaire de Benvenuto d'Imola offre les marques faites par Muratori des endroits qu'il a indiqués dans ses *Rerum italicarum scriptores*, vaste et laborieux monument, véritable modèle des collections historiques de ce genre.

Le manuscrit en vers ïambes non imprimé, intitulé : *De Captivitate ducis Jacobi Tragœdia*, de Laudivio, poète du xv° siècle, est un des premiers essais dramatiques de la renaissance [2]; le sujet est la captivité du célèbre général Jacques Piccinnino, emprisonné et assassiné par ordre de Ferdinand-le-Catholique; la pièce a cinq actes avec des chœurs ; au quatrième acte le roi Ferdinand discute avec le bourreau la question de savoir quelle conduite il doit tenir envers Piccinnino, qui s'est remis à lui sur la foi des traités; le bourreau est d'avis qu'on le tue, et persuade aisément le roi. On voit ensuite le héros dans sa prison ; le bourreau arrive, et lui avoue *avec regret* l'ordre dont il est chargé et qu'il exécute.

Le beau manuscrit des dix Églogues dédiées par le Bojardo à son protecteur le duc de Ferrare Hercule I$^{er}$, a été réimprimé avec des notes et variantes dans l'édition donnée par M. le professeur Jean-Baptiste Venturi [3]. Ces Églogues, selon Tiraboschi, sont de la plus pure et de la plus élégante latinité [4]. L'auteur de l'*Orlando innamorato*, poète épique plein d'imagination, était encore, comme les grands poètes du xv° siècle, un

---

[1] Foscolo, qui toutefois convient ne pas avoir vu ce manuscrit, prétend que, s'il était publié, les mauvaises versions surpasseraient de beaucoup les bonnes. *Dante illustrato*, I, 177-181.

[2] *V.* Tiraboschi, *Stor. della Lett. ital.*, t. VI, 1300, 1301.

[3] Modène, 1820.

[4] *Stor. della Lett. ital.*, t. VII, p. 176.

homme savant, qui avait traduit Hérodote et Lucien, avait même étudié les langues orientales, et, malgré sa haute naissance, était docteur en philosophie et en droit.

Les manuscrits du Tasse sont très nombreux; ses poésies lyriques ont été imprimées; ses lettres, énorme manuscrit, ont été, soit recueillies en partie par Muratori, soit communiquées par extraits à Serassi, l'historien du Tasse, par Tiraboschi, son ami. Il en est encore d'inédites, mais qui toutes ne méritent point d'être publiées; elles concernent certains détails matériels de la vie; on y voit de nouveau que ce grand poète était minutieux, et qu'il était fort occupé du compte de ses chemises et de l'inventaire de ses meubles.[1]

Un manuscrit français du XIV⁰ siècle, intitulé *Herbier*, offre les plantes en miniature; l'auteur est M. Urfé, qui, par son goût pour la botanique, semble digne d'être un des aïeux du pastoral auteur de l'Astrée.

La volumineuse correspondance de Tiraboschi s'étend de 1770 à 1794, année de sa mort; elle est adressée à des prélats, des cardinaux, des seigneurs instruits, à la plupart des gens de lettres de son temps, et prouve les soins, les recherches, la conscience littéraire de cet écrivain laborieux.

Les imprimés de la bibliothèque de Modène offrent aussi de beaux et rares articles; un exemplaire sur vélin de la Bible de Venise, dont M. Brunet n'annonce de connus que quatre exemplaires[2]; celui-ci pourrait bien être le cinquième; le vélin est d'une finesse et d'un

---

[1] *V*. liv. VII, chap. XIV.

[2] *Nic. Jenson*, 1476. Le registre des cahiers, imprimé sur une seule page après l'Apocalypse et la table des noms hébreux, ne s'y trouve point; le volume finit avec cette table et les mots *expliciunt interpretationes hebraicorum nominum*, *Laus Deo*.

éclat supérieur au vélin le plus souvent employé de nos jours. Un pareil livre est une des preuves nombreuses et splendides de la perfection de l'art typographique à sa naissance [1]. Un *Horace* charmant, sur vélin (Alde, 1501), est à joindre aux sept exemplaires indiqués déjà par M. Renouard [2]. La collection des Alde, d'après de récentes acquisitions, est à peu près complète.

Les éditions princeps sont très nombreuses, telles sont : la *Bible* de Mayence (1462); la *Bible hébraïque* de Soncin (Bologne, 1488); le *Lactance* de Subiaco, (1465); l'*Homère* de Florence (1488); le *Tite Live*, le *Pline*, le *S. Augustin*, de Windelin de Spire (1470, 1469, 1470); l'*Orphée* de Junte (1500); le *S. Augustin* de Rome (1470); l'*Isocrate* de Milan (1483); l'*Anthologie* de Jean Lascaris (Florence, 1494).

La bibliothèque de Modène peut être mise au premier rang des bibliothèques d'Italie; elle n'a pas, je crois, toute la réputation qu'elle mérite, et elle offre de vives jouissances aux amateurs.

## CHAPITRE II.

Cathédrale. — Clocher. — *Secchia rapita*. — *S.-Augustin*. — Muratori.

La cathédrale de Modène, d'un gothique lombard, de la fin du XIe siècle, n'est ni aussi laide, ni d'aussi mauvais goût que le prétendent les livrets et La Lande : la chaire, de 1322, est regardée comme un monument

---

[1] *V.* liv. VI, chap. x.
[2] *Annales de l'Imprimerie des Alde*, t. Ier, p. 66.

caractéristique de l'art ; le clocher, de la même époque, est d'une élégante construction. On y voit encore suspendu à sa chaîne le célèbre seau de sapin conquis sur les Bolonais, et chanté par Tassoni. La *Secchia rapita*, poëme charmant, a été jugée par Voltaire avec une extrême injustice, en prose et en vers [1] ; on a peine à croire comment un pareil juge a pu déclarer que cet ouvrage était sans imagination, sans variété et sans grace, tandis qu'elles y brillent dans une multitude de passages, et y suppléent à l'invention et à l'intérêt [2]. Voltaire, dans ce poëme qu'il est si difficile de nommer, a fait quelques emprunts licencieux à la *Secchia* [3] : peut-être eut-il la petitesse de la déprécier, afin de dis-

---

[1] Lettre à Panckoucke, du 28 février 1767, et premier chant de la *Guerre civile de Genève*.

[2] Il serait trop long de citer les jolis et poétiques détails de la *Secchia*, et tant de scènes si vives, si italiennes, si bien dialoguées : l'idée, spirituellement exprimée de courir au secours du plus fort, est bien rendue par le vers sur ce docteur bolonais Baldi....

......... *Ch' era astuto come veglio*
*E sapea secondar l' onda corrente.* ( Cant. II, st. 14. )

La strophe 17 du même chant, le *Sirene de' Fossi, allettatrici*, semble digne de l'Arioste; telle est encore, chant III, la strophe 47, *Ma dove lascio di Sassol la gente;* et ce trait du chant VI, st. 22 :

*Giandon dalla Porretta era un Petronio*
*Grande come un gigante*, O POCO MENO.

La strophe 43, chant VI, *Qual fiero toro, a cui di fune ignote*, et la 22ᵉ du chant VII, *Come nubi di storni a cui la caccia*, sont de la poésie la plus énergique et la plus élevée. Le chant de l'aveugle Scarpinel sur Endymion ( cant. VIII, st. 47-63), *Dormiva Endimion tra l' erbe e i fiori*, est ravissant de grace, d'harmonie et de volupté; ces vers n'ont point été probablement inconnus à Girodet.

[3] Les vers sur ce

qui     Fantin, prédicateur des grands,

        Confessait et volait les mourans

sont pris à la strophe 58 du premier chant de la *Secchia* :

*Quivi trovar, che 'l prete della cura*
*Già confortando ancor gli agonizzanti*, etc.

simuler ses larcins. Mais si le mérite poétique de la *Secchia* est incontestable et supérieur, on sent dans l'ame du poète une sorte d'infériorité et de décadence. Ce poète de cour, logé au palais du duc François I^er, pensionné par lui et son conseiller, parle avec moquerie des vieilles mœurs et de l'ancienne liberté de sa patrie. Ces guerres si nationales, si fréquentes, si acharnées entre Modène et Bologne ne lui inspirent que des vers burlesques; au lieu de son éternel et imbécille *Potta*, bailli moderne, qui se montre toujours pour ne rien faire, espèce de personnage de comédie, un poète vraiment italien eût peint un de ces chefs populaires, un de ces caractères passionnés du moyen âge, défenseur jaloux de l'honneur de sa ville et des intérêts de ses concitoyens. La poésie de Tassoni, pure, correcte, élégante, mais sans conviction et sans enthousiasme, n'est qu'une œuvre littéraire et bouffonne, qu'un jeu bizarre de l'esprit, ou l'expression amère et satirique de ses inimitiés d'auteur.

La grande église S.-Augustin conserve les restes de deux érudits fameux, l'honneur de Modène, Sigonio et Muratori : ils avaient été enterrés à Ste.-Marie *Pomposa*, paroisse chérie de ce dernier, supprimée en 1774. Le tombeau de Sigonio lui a été érigé par le gouverneur actuel de Modène, M. Louis Coccapani, de la famille du célèbre professeur de belles-lettres Camille Coccapani, contemporain de Sigonio, et qui avait réfuté Bendinelli son fougueux ennemi[1]; la tombe de Muratori est contre le mur, près d'une petite porte; il y a une inscription; mais il faut convenir qu'un si chétif monument est peu digne de l'homme dont les prodigieux travaux ont tant illustré l'Italie.[2]

[1] *V.* Tiraboschi, *Stor. della Lett. ital.*, t. VII, 1209.
[2] *V.* chap. précédent. Les opinions généreuses et indépendantes

## CHAPITRE III.

Théâtre. — Tragédies d'Alfieri.

Le théâtre de Modène, bâti sur les fondations et l'emplacement d'un ancien palais, se ressent de sa première destination; sa forme est allongée, et les acteurs ne peuvent être aperçus d'un grand nombre de places de droite et de gauche. J'y vis représenter, d'une manière satisfaisante, l'*Agamemnon* d'Alfieri : la foule était considérable, et le parterre à 10 sous était rempli d'hommes du peuple; il rappelait assez exactement les vers du poète modenais :

> *O quante scorze di castagni incisi*
> *D' intorno copriran tutta la terra.* [1]

Alfieri est maintenant national en Italie, comme Shakspeare à Londres, et il eût été facile de prendre mes voisins du parterre pour l'artisan ou le matelot anglais qui se pressent à Covent-Garden aux pièces de William. Les tragédies d'Alfieri, si belles de style, si admirables à la lecture, sont à la représentation trop régulières, trop compassées, trop sèches : son imitation de la simplicité antique est exagérée et fausse [2]; ses quatre éter-

---

de Muratori sur les funestes effets de l'influence politique et l'ambition de la cour de Rome, et l'abus des excommunications (*Ann. d'Ital.*, an. 1319-1320), doivent aujourd'hui s'opposer, dans l'État de Modène, à ce que cette sépulture soit plus convenable.

[1] *Secchia Rapita*, cant. VII, 29. « Oh! combien d'écorces de châ« taigniers fendus couvriront au loin la terre! »

[2] La prétendue simplicité d'Alfieri a été ingénieusement définie

nels personnages, malgré le pathétique et la violence même de leurs sentimens, ne suffisent point à animer la scène ; aussi quand on joue une de ses pièces, chacun se croit obligé d'y aller par esprit public, mais tout le monde s'y ennuie et s'y fatigue. Je ne crois point d'ailleurs que cet engoûment pour Alfieri, qui veut être du patriotisme, soit bon aujourd'hui à quelque chose ; le patriotisme de ce grand poète est hautain, haineux, emporté, exclusif; il doit être plutôt funeste aux Italiens, et les égarer que les exalter et les ennoblir.

par M. Patin dans un des passages publiés de son Cours sur la tragédie grecque, fait en 1829, à la société des Bonnes-Lettres; l'habile professeur compare l'Antigone du tragique italien avec celle de Sophocle : « La simplicité d'Alfieri est vantée, mais il ne faut pas
« croire que ce soit la simplicité grecque ; rien ne se ressemble
« moins. Pour les Grecs, l'action n'est qu'un moyen ; pour Alfieri,
« c'est le but même du drame. L'événement importe peu aux Grecs ;
« ils ne s'en servent que pour amener la peinture variée des mœurs
« et des caractères, qui est leur unique affaire; Alfieri subordonne,
« au contraire, cette peinture au tableau de l'événement, qui l'oc-
« cupe exclusivement ; tandis que les Grecs ralentissent à dessein le
« mouvement de la fable par de nombreux développemens, Alfieri
« supprime, au contraire, tout ce qui n'est pas absolument indis-
« pensable à la marche de son intrigue. Chez lui, comme chez eux,
« l'intrigue n'est presque rien ; mais chez les Grecs, la pauvreté des
« incidens est rachetée par la richesse des détails ; chez Alfieri, si la
« carrière est directe, elle est en même temps quelque peu aride ;
« et j'aime mieux, quant à moi, les détours où se plaisait l'ima-
« gination des Grecs. Ses pièces, et surtout les scènes, sont géné-
« ralement bien conduites, mais elles offrent quelque monotonie ;
« son dialogue est pressé, rapide, énergique, mais il vise à l'effet, et
« n'a pas, comme dans les drames antiques, ce mouvement invo-
« lontaire et facile, cet abandon négligé, qui ressemblent à la na-
« ture. Enfin, quoiqu'il soutienne avec fidélité ses caractères, on y
« sent l'arbitraire de la composition ; ils manquent de vie et de
« réalité, et sont trop souvent les représentans des sentimens de
« l'auteur. »

## CHAPITRE IV.

Le duc de Modène.

Le duc de Modène, François IV, dernier rejeton de la maison d'Este, s'est acquis une sorte de célébrité par la déraison et la rigueur de son gouvernement. Le fameux décret sur la presse, du 29 avril 1828, est dans son genre un véritable monument : les livres doivent être marqués à leurs première et dernière pages du double timbre des censeurs ecclésiastiques et laïques; disposition singulièrement désagréable aux amateurs d'exemplaires rares ou de luxe. Les censeurs ont besoin d'une sagacité particulière, puisqu'ils jugent de la tendance des ouvrages, et rejettent ceux mêmes dans lesquels on ne pourrait rien désigner d'intrinséquement condamnable [1]. Tout propriétaire de livres anciens ou modernes, qui les prêterait obligeamment, fût-ce même à son voisin (*nella stessa casa propria*) [2], s'exposerait à une amende de 4 fr. par volume, et à leur confiscation, s'ils n'étaient revêtus du double timbre; l'intercalage de quelques feuillets dans les volumes timbrés est puni de 100 fr. d'amende et d'un emprisonnement d'un à six mois, et la contrefaçon de ce terrible timbre, d'une amende de 230 fr., d'une détention de six mois

---

[1] *Dovranno (i Censori) escludere tal libro nel quale travedano una generale tendenza al male, od anche solo all' eccitare negli animi dei lettori la propensione al male, senza portar loro alcun altro reale vantaggio, ancorchè non vi si possano additare particolari proposizioni intrinsecamente condannabili.* Art. III.

[2] Art. VI.

à deux ans, et même de la peine des GALÈRES pour le même temps [1]. Dans l'exécution du décret, le censeur de Modène peut venir saisir vos livres sous prétexte d'examen, et vous renvoyer les ouvrages communs ou dévots qu'il lui conviendrait d'y substituer. Le Dante est au premier rang des auteurs condamnés par cette censure inouïe, et les exemplaires de son immortel ouvrage découverts à la douane, y sont impitoyablement confisqués. Ce stupide décret, si attentatoire aux droits de la propriété, de la pensée et de l'humanité, est même offensant envers l'Église, malgré le zèle aveugle qui l'a dicté, puisqu'il soumet en définitive des questions religieuses à la décision d'un conseiller laïc chargé de la haute police. J'ai connu à Rome un prêtre saint et éclairé, qui le blâmait encore sous ce rapport.

Le reste de l'administration modenaise répond à ce décret. Un Français eut une réclamation fondée contre le domaine; il gagna sa cause devant les tribunaux, l'arrêt fut cassé, et une commission nommée par le duc lui-même; celle-ci donna un avis semblable à l'arrêt, et cependant justice fut refusée. Notre compatriote crut devoir s'adresser directement au duc, et citer dans l'audience qu'il en obtint l'exemple des princes de la restauration, qui avaient admis et liquidé des créances analogues à celle qu'il faisait valoir : «Ne me parlez pas de pareils jacobins», répondit cet insensé. Aujourd'hui, seul en Europe, n'a-t-il pas refusé de reconnaître le Roi des Français? Il serait injuste d'accuser une puissance quelconque de provoquer ces odieuses et absurdes mesures; tout ce système est dans le prince et dans

---

[1] *Id. Oltre la pena del carcere da sei mesi a due anni, estensibili anche a quella della galera per egual tempo, secondo la gravezza del caso.*

quelques flatteurs et quelques fous dont il est entouré : les États qui confinent avec ce duché sont même fort mécontens d'un tel voisinage ; car parmi tant d'extravagances, le duc, contre le texte formel des traités, s'oppose à la libre navigation du Pô. Il faut convenir que le siècle a là un étrange ennemi, et que ce petit État est unique dans l'univers [1]. Et cependant telle est la Salente que rêvent quelques politiques ; voilà leurs tristes chimères ; voilà cet idéal de l'absolu et de l'unité qu'ils envient et qu'ils préfèrent aux lois, à l'ordre et aux garanties de la monarchie forte et tempérée.

## CHAPITRE V.

Reggio. — Tradition fausse de la maison de l'Arioste. — Église de la *Madone della Ghiara.* — Figure de Brennus.

Reggio, ville charmante, est d'un aspect si joli et si gai, que si l'Arioste n'y était pas né, il aurait dû y naître ; elle est tout-à-fait digne d'avoir été *il natio nido* de ce poète gracieux [2]. Je n'ai pu, toutefois, malgré son inscription et la crédulité d'un célèbre voyageur [3], recon-

---

[1] Le territoire du duc de Modène vient de s'accroître du duché de Massa par la mort de sa mère l'archiduchesse Marie-Béatrix d'Este; il est ainsi devenu propriétaire des carrières de marbre de Carrare, dont probablement il ne méritera jamais une statue. Les derniers événemens de Modène ont prouvé la solidité de ce système de gouvernement, qui, certes, n'aura pu être accusé de concessions.

[2] ...... *Già mi fur dolci inviti a empir le carte*
*I luoghi ameni, di che il nostro Reggio,*
*Il natio nido mio, n'ha la sua parte.* (Sat. iv.)

[3] *V.* la note 19 du iv⁰ chant du *Pélerinage de Childe-Harold.*

naître pour la maison dans laquelle était né l'Arioste, la petite maison refaite, située sur la place de la cathédrale. L'Arioste naquit dans le château de Reggio, dont son père était gouverneur, et, comme l'a démontré son meilleur biographe, la fausse tradition qui le fait naître *in camera media primi ordinis erga plateas*, est postérieure à sa mort environ d'un demi-siècle [1] ; elle est due à la vanité de quelque Malaguzzi, parent de sa mère, ou de quelque ami de cette famille, qui aura voulu illustrer ainsi la maison qu'elle habitait.

La plus belle église de Reggio est celle de la Madone *della Ghiara* ; avec son dôme au milieu et les quatre autres sur les extrémités, elle offre le modèle en petit de la basilique de S.-Pierre, d'après le plan de Michel-Ange, avant qu'elle eût été gâtée par Charles Maderne, qui la réduisit de croix grecque en croix latine, et lui fit perdre son admirable unité. Elle nous fut montrée par de jeunes et joyeux Franciscains, très propres, très polis, très curieux d'interroger les voyageurs, aimables religieux dont il eût été probablement possible de tirer parti en les faisant travailler, tant ils paraissaient éveillés et intelligens.

Une des plus belles fresques de l'Italie du nord, le *Jugement dernier*, de Camille Procaccini, est à l'église S.-Prosper (et non S.-Procul, ainsi qu'on l'a dit), mais elle est fort endommagée.

Quoique notre compatriote Brennus ne fût pas très connu à Reggio, je n'ai pas manqué de rechercher le bas-relief donné pour la figure de ce chef gaulois, et que je découvris enfin au coin d'une rue, et placé contre la maison Cerati ; il porte le grand bouclier de sa nation ; les jambes ont été refaites, et je croirais assez

---

[1] *Vita di M. Lodovico Ariosto*, scritta dall' abate Girolamo Baruffaldi giuniore, p. 47 et suiv.

que cette figure grossière, au lieu d'être antique, comme on l'a prétendu, n'est que du moyen âge.

Je n'ai fait que passer par Reggio ; mais, je le répète, cette ville me parut singulièrement riante et agréable ; je me suis facilement expliqué depuis le caractère de ce général des Reggiens peint par Tassoni, qui composait un madrigal quand l'ennemi survint, et qui, obligé de s'armer,

...... *Era stizzato......*
*Di non aver finito il madrigale.* [1]

Certes, l'intrépide capitaine auquel Napoléon avait donné le titre ancien de duc de Reggio ne ressemblait guère à ce burlesque général de la *Secchia*.

## CHAPITRE VI.

Parme. — Bibliothèque. — Infans ducs de Parme. — Musée lapidaire. — *Velleja*.

Malgré le triste aspect de Parme, le séjour de cette ville, grace aux conseils, à l'obligeance, aux lumières de mon collègue le bibliothécaire, M. Pezzana, me devint extrêmement agréable et instructif. La bibliothèque, dont le local est très beau, qui offre deux demi-figures gigantesques du Corrège, compte plus de 80,000 volumes et de 4000 manuscrits. Elle fut composée par le célèbre P. Paciaudi, sous les infans don Philippe et don Ferdinand ducs de Parme, et ouverte en 1770. Il est remarquable qu'une bibliothèque aussi jeune possède déjà un aussi grand nombre d'articles

[1] .... « Était furieux de n'avoir point achevé son madrigal. » *Secchia rapita*, cant. IV, st. 38, 41.

précieux. Chose singulière! ces ducs de Parme, quoique issus des Bourbons de la branche espagnole et venus d'Espagne, encouragèrent vivement les lettres, les sciences et les arts. Condillac écrivit son cours d'études pour l'infant don Ferdinand, et Millot composa, pour cette cour étrangère, les meilleurs abrégés historiques que nous ayons encore aujourd'hui, malgré tant de résumés. L'ami de Voltaire, M. d'Argental, était, comme on sait, ministre de Parme à Paris. La bibliothèque de Parme s'est depuis accrue des nombreuses bibliothèques de couvens supprimés, et, en 1816, elle a fait l'acquisition de la célèbre bibliothèque du professeur De' Rossi, pour laquelle une salle splendide a été construite, bibliothèque regardée comme la plus précieuse pour les manuscrits orientaux, après celle d'Anvers décrite par Michaelis, et celle plus récente, mais, dit-on, encore plus considérable, du duc de Sussex, à Londres; collection d'environ 3400 vol., dont plus de 1400 manuscrits hébreux, parmi lesquels sont 700 manuscrits bibliques inédits, et guère moins de 200 en d'autres langues, qu'il eût peut-être été désirable de voir passer à un établissement plus fréquenté, et dans une ville plus importante que Parme, où elle est un peu enfouie.

Un volume curieux de cette bibliothèque est le *Coran*, dont le P. Paciaudi raconte ainsi la singulière histoire [1] : Après la levée du siége de Vienne, l'empereur

---

[1] *Prologus ad præclarissimum Alcorani Codicem Regiæ bibliothecæ Parmensis. Parma ex regia typographia*, in-8°, assez rare. L'exemplaire de la bibliothèque de Parme est en papier bleu; on ignore s'il en a été tiré d'autres exemplaires. Le P. Paciaudi a toutefois commis une erreur dans la description qu'il a faite de ce Coran: *tenuissimis in membranis descriptus, aureis literis, flosculis, aliisque librariis ornamentis præstans, et theca ex serico villoso, opereque phrygio decora inclusus;* il n'est point sur parchemin, mais sur papier turc, très beau, avec apprêt sur la partie écrite de la page.

Léopold étant entré dans la tente du visir Kara-Mustapha, ce Coran lui fut offert; il le fit remettre en présent, ainsi que d'autres objets trouvés dans le camp, à sa femme Éléonore. L'impératrice le donna depuis à son confesseur le jésuite Charles Costa de Plaisance, qui l'envoya comme un monument de famille à son frère et à ses neveux, habitans de cette ville. Ce ne fut qu'en 1767, lors de la formation de la bibliothèque ducale, que le comte Jacques Costa, arrière-neveu de Charles, en fit hommage au duc Ferdinand, pour être destiné à la nouvelle bibliothèque [1]. Malgré l'admiration et la reconnaissance que doit inspirer la victoire de Sobieski, racontée avec éclat par un récent historien [2], je ne pus toucher sans une sorte de respect le livre de prières de ce dévot musulman trahi par Allah [3]. L'Alcoran de ce Turc me rappelait que les livres, dans leurs destinées si diverses, ont souvent comparu sur les champs de bataille, qu'ils ont charmé les vainqueurs ou consolé les vaincus : cette illustre partie de leur histoire me paraissait pleine d'intérêt ; Alexandre ne quittait point Homère dans ses campagnes; Platon et Polybe furent les dernières lectures de Caton et de Brutus, assiégés et défaits.

La bibliothèque de Parme possède, si on peut le dire, deux autres livres de dévotion, le *Livre d'Heures* de Henri II et le *Psautier* hébreu de Luther, qui forment

[1] A la fin de ce Coran, il est dit, en arabe, qu'il a été écrit par Ramasan, fils d'Ismahil, en l'an 1077 de l'hégire (1666). Avant d'appartenir à Kara-Mustapha, il avait été à Assan-Aga; des notes écrites en caractères différens, aussi à la fin du volume, se rapportent aux jours de naissance des cinq enfans de ce dernier.

[2] *V.* le liv. ix de l'*Histoire de Pologne avant et sous le roi Jean Sobieski*, par M. de Salvandy.

[3] « Regardez le firmament, disait le kan de Crimée à Kara-Mus« tapha au moment de sa défaite, et voyez si Dieu n'est pas contre « nous. » *Ibid.*

un frappant contraste avec le Coran de Kara-Mustapha. Le *Livre d'Heures* offre un trait de mœurs caractéristique et assez peu édifiant : en bas de chaque page est le croissant, symbole de Diane, chiffre de la maîtresse de Henri, et sa devise : *Donec totum impleat orbem;* chiffre qu'il avait fait graver sur tous les monumens élevés sous son règne, que l'on voit sur les livres reliés à ses armes, mais qui ne semblait guère devoir se trouver jusque dans ses *Heures*. Le *Psautier* faisait partie de la collection Rossi, et avait appartenu précédemment au savant orientaliste Tychsen [1]; il a des notes interlinéaires et autographes de Luther : le volume est très *fatigué;* les deux premiers feuillets sont déchirés en grande partie : on sent que lui aussi a dû être exposé aux emportemens du fougueux réformateur. Le *Galien* d'Alde (1525), grand papier, 5 volumes in-fol., la plus volumineuse de ses éditions, est un livre rare et précieux : cet exemplaire peut être ajouté aux six indiqués par M. Renouard. [2]

Parmi les manuscrits, on distingue un *Virgile* du XII<sup>e</sup> siècle, sur vélin; un *Térence* très élégant de 1470, qu'une note curieuse indique comme ayant été copié d'après un manuscrit tout entier de la main de Pétrarque, de 1358, nouveau témoignage des travaux érudits de ce grand poète [3]; un *Dante*, postérieur de cinquante ans à la mort de l'auteur; un *Pétrarque*, très beau, du commencement du XVI<sup>e</sup> siècle, que les trois fleurs de

---

[1] L'édition est celle de Bâle, 1516; il est décrit p. 13 des *Annales hebraico-typographici ab an. MDI ad MDXL*, de' Rossi, Parme, 1799, et p. 254, note ** du *Tentamen de variis codicum hebraicorum veteris Testamenti manuscriptorum generibus*, de Tychsen; Rostock, 1772.

[2] *Annales de l'Imprimerie des Alde*, t. I<sup>er</sup>, p. 241.

[3] *Memorie degli scrittori e letterati parmigiani, raccolte dal padre Ireneo Affò*. Parma, 1789, t. II, p. 44.

lis au milieu d'une couronne de laurier mises au bas des brillantes miniatures de la première page, ont fait regarder comme ayant appartenu à François Ier, et pris à la bataille de Pavie [1]. Si la nouvelle bibliographie militaire dont nous venons de parler, pouvait être approfondie, il est fort probable que les livres d'amour et de galanterie y tiendraient encore plus de place que les traités des philosophes. François Ier dut peu regretter dans sa captivité le Pétrarque qu'il avait perdu; il eut alors besoin de plus hautes consolations, et le verset du psaume qu'il lut à l'entrée de l'église de la Chartreuse [2], convenait mieux à sa situation que les sonnets et les *canzoni* du poète. Les manuscrits du poète parmesan Basinio, indiqués par Ginguené [3], sont à la bibliothèque de Parme, ainsi que quelques autres de ses petits ouvrages. Elle possède aussi l'édition *rarissime* du recueil consacré à la louange de la belle Isotte *degli atti,* d'abord maîtresse et femme de Pandolphe Malatesta, seigneur de Rimini, recueil auquel Basinio semble avoir eu la plus grande part [4]. Mais c'est à tort que, suivant la première édition de Tiraboschi, Ginguené a fait naître Basinio vers 1421, tandis qu'il était né en 1425; Tiraboschi, d'après un distique de Basinio

---

[1] Une note du catalogue de la bibliothèque de Parme a pu donner lieu à cette conjecture. Peut-être lors de la formation du catalogue a-t-on confondu ce manuscrit avec un autre manuscrit de Pétrarque que possédait en 1826 le comte Louis Gattinara, et sur lequel se trouvent ces mots à la première page : *Este libro fue del rei Frañ de Francia, el quale fue preso en la batalla de Pavia arra es de don P. de Vargas Goū de Novara por su M*[d]*.* V. Memorie dell' Accad. reale di Torino, vol. XXIX, p. 226, et Napione, *Opusc. di lett.*, t. II, 1826, p. 164.

[2] *V.* liv. IV, ch. IV.

[3] *Hist. litt. d'Ital.*, III, 445 et suiv.

[4] *Trium poetarum elegantissimorum, Porcelii, Basinii et Trebanii Opuscula nunc primum edita.* Paris, Christophe Prudhomme, 1549.

cité par le P. Affò [1], avait rectifié cette erreur dans sa seconde édition, qui contient de nombreuses corrections et additions dont Ginguené n'a point eu connaissance. Il n'aurait point non plus donné comme inédits les manuscrits de Basinio, puisqu'une édition de ses principaux poëmes avait paru à Rimini en 1794. Il y a bien aussi quelque rigueur dans la négligence reprochée par lui aux Parmesans de ne point imprimer les œuvres de leur poète : plusieurs fois il en a été question ; Paciaudi, sur l'invitation du ministre Du-Tillot, avait fait des recherches conservées encore à la bibliothèque et relatives à la famille de Basinio ; il est probable que cette publication aurait eu lieu sans la disgrace du ministre, et, par contrecoup, du bibliothécaire.

Le musée lapidaire a plus de vingt mille médailles [2] ; l'article principal est la célèbre table de Trajan, trouvée à Velleja à différentes époques et en divers lieux, et parfaitement restaurée : ce rescrit impérial sur la nourriture des enfans des pauvres, légitimes ou bâtards, est curieux pour l'histoire de l'administration romaine. La quatrième feuille d'un sénatus-consulte sur les intérêts particuliers de la Gaule-Cisalpine montre quelle était déjà sa splendeur au temps de la république. Chose remarquable et qui prouve la puissance et la prospérité de l'ancienne Italie, cette petite ville de Velleja, à peine connue dans l'histoire, a fait à elle seule le musée lapidaire de Parme ; les fouilles, commencées en 1762, par le chanoine Costa et le P. Paciaudi, reprises, en 1804, sous l'administration française [3], ont été reprises de

[1] *Memorie degli scrittori parmigiani.* T. II, p. 185.
[2] Un catalogue raisonné du musée ducal a été publié à Parme en 1824 par le directeur Pierre De Lama, mort peu de temps après, in-8.
[3] Il ne fut découvert alors que les ruines peu considérables d'un

nouveau avec succès en 1821; et Velleja, enfouie obscurément sous l'éboulement d'une montagne, et dont la catastrophe n'a ni Pline ni Vésuve, est devenue comme la Pompéi de l'Italie du nord.

## CHAPITRE VII.

Galerie. — Corrège. — Colosses farnèse.

La nouvelle galerie ducale, peu nombreuse, est bien choisie et arrangée avec goût; on y sent les avis et la direction de l'habile P. Toschi, un des premiers graveurs de l'Europe, établi à Parme, et qui semble tenir à la France par sa belle traduction de l'*Entrée d'Henri IV*. Le *S. Jérôme*, du Corrège, est rentré dans la ville qui compte le plus grand nombre et les plus importans de ses ouvrages, et qui est comme la capitale de son talent : le saint a véritablement usurpé la dénomination de ce tableau, où l'on voit en effet la Vierge, l'enfant Jésus, Madeleine qui le caresse et lui baise les pieds avec la plus tendre expression de respect. S. Jérôme n'est qu'un des autres personnages, avec les deux anges et son lion. L'histoire du tableau, peint en 1524, montre quelle était alors l'existence inférieure des artistes : Briseis Cossa, veuve d'un gentilhomme parmesan, qui

édifice auquel on voulut donner le nom de *Thermes*, tandis que les vrais thermes faisaient partie des premières fouilles. Antolini, dans son ouvrage sur Velleja, n'appelle les ruines de cet édifice que l'*Édifice Moreau*, du nom de ce bon Moreau-S.-Méry, ancien administrateur-général des États de Parme, Plaisance et Guastalla, honnête homme et littérateur médiocre, auteur de volumineux recueils sur les colonies et d'un petit livre sur la danse, dédié aux Créoles, et imprimé à Parme, par Bodoni, en 1801, in-16, et 1803, in-12.

l'avait commandé, malgré la beauté de son nom homérique, n'alloua au Corrège que 47 sequins (environ 552 fr.), et la nourriture pendant les six mois qu'il y avait travaillé; elle eut toutefois la magnificence d'ajouter à ces honoraires *deux voitures de bois, quelques mesures de froment et un porc gras.* Il fut offert depuis, par le roi de Portugal, 40,000 sequins (plus de 400,000 fr.) de ce même chef-d'œuvre à l'abbé du couvent de S.-Antoine de Parme, qui allait le céder, si l'infant Don Philippe, sur les instances de la ville, ne l'eût fait enlever et mettre à la cathédrale. Il passa ensuite à l'Académie de peinture; et lors de nos *illustres pillages*[1] en 1798, le duc de Parme consentit à payer au vainqueur un million, afin de conserver l'ancien tableau de la dame Cossa : la caisse militaire était vide; mais les instances de Monge et de Bertholet l'emportèrent; le sort de cette merveille de l'art fut décidé par un mathématicien et un chimiste; elle fut transportée à Paris pour être reprise en 1815. Les autres tableaux du Corrège sont, un *Repos en Égypte,* connu sous le nom de la *Madone della Scodella,* un de ses plus beaux ouvrages, regardée comme *divine* par Vasari; sa *Déposition de Croix,* belle de douleur et de simplicité, et qui réfute, comme une multitude d'autres ouvrages de ce grand peintre, le reproche qui lui a été fait d'affectation et de mignardise; le *Martyre de S. Placide et de Ste. Flavie,* touchant par la foi calme et profonde de la sainte; le *Christ portant sa croix* marquerait, selon Algarotti, le passage du Corrège de l'imitation un peu sèche de Mantegna à sa propre manière : la figure de la Vierge évanouie est attendrissante; la *Vierge tenant son fils dans les bras,* dite la *Madone della*

---

[1] Expression de Paul-Louis Courrier sur la spoliation de l'Italie.

*Scala*, fresque provenant de l'oratoire de ce nom, démoli en 1812, avait été primitivement peinte au-dessus de la vieille porte S.-Michel. Malgré l'injure du temps, cette fresque est encore placée au premier rang des ouvrages du Corrège, et cette Madone, plus forte que nature, mise sur le mur d'une porte de la ville, exposée à la vénération des hommes du peuple et des gens de la campagne, est remplie de grace, de douceur et d'élégance.[1]

Le *S. Jérôme écrivant*, du Guerchin, a une certaine sévérité d'expression qui s'accorde bien mieux avec son caractère dalmate et littéraire que l'air résigné et pacifique qui lui a été trop souvent donné. Un *Jésus enfant*, en pied, prêt à argumenter contre les Docteurs, par Jean Bellini, est rayonnant d'intelligence et de divinité, comme celui qu'a depuis représenté le poète :

> Le temple de Sion était dans le silence ;
> Les saints hymnes dormaient sur les harpes de Dieu ;
> Les foyers odorans que l'encensoir balance
> S'éteignaient ; et l'encens comme un nuage immense
> S'élevait en rampant sur les murs du saint lieu.
> Les docteurs de la loi, les chefs de la prière,
>     Étaient assis dans leur orgueil ;
> Sous leurs sourcils pensifs ils cachaient leur paupière,
> Ou lançaient sur la foule un superbe coup d'œil.
> Leur voix interrogeait la timide jeunesse ;
> Les rides de leur front témoignaient leur sagesse.
> . . . . . . . . . . . . . . . . . . . . . . . . . . . . . . . . . . . . . .
> Un enfant devant eux s'avança plein de grace.

---

[1] La nouvelle porte S.-Michel, qui subsiste encore, est de San Micheli, et se distingue par sa noble et simple architecture. Elle fut élevée par le pape Paul III, dont le nom est inscrit sur la frise, ainsi que la date de 1545. Cette porte S.-Michel semble véritablement illustre, puisqu'elle fut peinte d'abord par le Corrège et refaite par San Micheli.

> La foule en l'admirant devant ses pas s'ouvrait,
> Puis se refermait sur sa trace.
> Il semblait éclairer l'espace
> D'un jour surnaturel que lui seul ignorait. [1]

La *Vierge colossale couronnée d'étoiles* fut copiée par Annibal Carrache, de l'original du Corrège, qui est à la bibliothèque. Les *Apôtres portant le corps de la Vierge au tombeau*; les *Apôtres découvrant ce même tombeau*, et stupéfaits de le trouver vide, sont deux tableaux de Louis Carrache, plus grands, plus extraordinaires que beaux. La *Vierge allaitant l'enfant Jésus*, et le petit S. Jean, Ste. Marguerite, S. Augustin et Ste. Cécile, petit tableau d'Augustin, est de l'expression la plus douce, la plus noble, la plus vraie et la plus variée. La *Vierge*, les yeux au ciel, l'enfant Jésus dormant sur son sein, par Vandick, est une composition ravissante; les yeux de la Vierge sont pleins de tendresse; le sommeil de l'enfant est charmant. *Joseph d'Arimathie, S. Jean et les trois Maries pleurantes, Jésus descendu de la croix* et posé sur les genoux de sa mère, était, selon Lanzi, le meilleur tableau qu'il eût vu de Francia; un tel éloge suffit pour juger de sa merveilleuse beauté. La *Vierge, l'enfant Jésus dans ses bras, S. Jérôme, S. Bernardin de Feltre*, tableau fait à dix-neuf ans par le Parmesan, est une habile et brillante imitation du Corrège. L'*Entrée de J.-C. dans Jérusalem*, esquisse peinte à l'huile sur papier, jadis un des plus beaux ornemens du palais de Colorno, passe pour une des compositions où le Parmesan a rassemblé le plus grand nombre de figures. La *Vierge avec l'enfant Jésus, S. Joseph, Ste. Barbe* et un petit ange qui tient entre ses bras la tour dans laquelle fut

---

[1] Lamartine. *Cantate pour les Orphelins de la maison de Saint-Nicolas.*

enfermée cette sainte, ouvrage noble, élégant ; la *Vierge*, dans une gloire soutenue par trois anges, et S. Sébastien et S. Roch, sont de Michel-Ange Anselmi, élève et fidèle imitateur du Corrège, peintre né à Lucques, mais d'une ancienne famille de Parme, d'où les orages politiques avaient banni son père. Le *S. François recevant les stigmates* est un des meilleurs ouvrages de Badalocchio. Une *Ste. Famille avec S. Michel*, et un ange qui joue de la mandoline, est un ouvrage gracieux et des plus estimés de Jérôme Mazzola, digne cousin de François, le Parmesan, son camarade de jeunesse et d'études, dont il eut la précocité de talent. La *Vierge entre Ste. Catherine et le petit S. Jean, offrant son sein à l'enfant Jésus,* composition élégante, agréable, est d'Horace Samacchini, un des bons peintres du xvi$^e$ siècle, imitateur du Corrège. L'*Apparition de la Vierge avec l'enfant Jésus, à S. Augustin et à S. Jérôme,* de Rondani, peintre parmesan du xvi$^e$ siècle, est presque *corregiesque*, et passe pour un des meilleurs tableaux de Parme. *Jésus-Christ dans une gloire,* ayant à ses côtés la Vierge et S. Jean-Baptiste en bas, S. Paul et Ste. Catherine d'Alexandrie à genoux, est un beau Raphaël. Le *Christ enseveli et pleuré par sa mère, S. Jean, Madeleine, S. Pierre, S. Paul et Ste. Catherine,* paraît une répétition faite par André del Sarto, ou par un autre artiste excellent, du tableau donné par André aux religieuses du couvent de Lugo in Mugello, dans lequel il avait une fille ; l'original est à la galerie de Florence. L'Ange des trois *Maries*, de Schedone, assis sur le bord du sépulcre, et qui leur annonce la résurrection du Sauveur, est noble et grandiose ; les draperies des femmes sont très belles. Schedone, quoique élève des Carraches, fut un ardent imitateur du Corrège, qui semble avoir inspiré tous les chefs-d'œuvre que l'on admire à Parme. Peintre de la cour, aimé du duc Ranuzio I*er*, Schedone dut à sa faveur une maison, des terres ( présens bien au-dessus des dons rustiques faits à son grand modèle par la dame Briseis Cossa ); mais, possédé de la passion du jeu, il mourut de douleur d'avoir tout perdu en une nuit. Une copie du *Christ tiré par le bourreau*, du Titien, quoique faite par ce grand maître, ne m'a point paru produire l'effet du modèle [1], malgré la barbe et les moustaches ajoutées à la figure du bourreau, et l'expression céleste de la figure du Christ.

Les deux colosses, l'*Hercule* et le *Bacchus*, trouvés en 1724 dans le palais des Césars sur le mont Palatin, et relégués pendant un siècle dans la maison de campagne, beaucoup moins historique, des ducs de Parme à Colorno, viennent d'être plus convenablement placés à la galerie; ces statues, les plus grosses que l'on ait découvertes en basalte égyptien, quoique greco-romaines, et, dit-on, des premiers temps de l'empire, ne paraissent pas très pures, et elles sont assez l'opposé du *Materiam superabat opus.* Une tête colossale de *Jupiter*, en marbre de Carrare, détachée d'un buste ou d'une statue antique, est fort belle, et fut admirée par Canova. La meilleure des diverses statues trouvées à Velleja est une Agrippine seconde, ouvrage romain, dont la draperie semble presque grecque. Une excellente statue, peut-être d'un athlète, a été malencontreusement restaurée comme si elle avait dû être un faune, quoique assurément elle n'eût rien de rustique. Parmi les cinq ou six statues modernes est un petit *S. Jean-Baptiste*, du Bernin, agréable et recherché. Au fond de la galerie est le buste de S. M. la duchesse de

[1] *V.* liv. VI, ch. XVII.

Parme, de Canova, commandé assez singulièrement par les troupes de son petit État, et ornement convenable du Musée qu'elle a magnifiquement créé.

## CHAPITRE VIII.

Cathédrale. — Gothique italien. — Coupole. — Baptistère. — Emblèmes païens mêlés aux symboles chrétiens.

La cathédrale et le baptistère de Parme sont au premier rang des monumens gothiques de l'Italie; mais, avec le marbre qui les décore, on y voit aussi l'empreinte du goût italien, préoccupé par la vue des débris de l'antiquité, et qui n'a point cette ignorance hardie, source des beautés singulières et du grandiose bizarre des édifices gothiques du Nord.

La coupole, peinte par le Corrège, la première des coupoles, est assez pénible à examiner de près. Malgré sa dégradation, il est impossible de ne pas admirer encore ces superbes lambeaux de peinture, et cette *Assomption* si vive, si joyeuse, si triomphante. Ces fresques, qui ravissaient Louis et Annibal Carrache [1], trois siècles plus tard, ramenaient au vrai le restaurateur futur de l'école française, et commençaient, pour

---

[1] *V.* la lettre de ce dernier à son cousin Louis, de Parme, du 18 avril 1580 : « *Non potei stare di non andar subito a vedere la gran « cupola, che voi tante volte mi avete commendato, ed ancora io « rimasi stupefatto, in vedere una così gran macchina, così ben' intesa « ogni cosa, così ben veduta di sotto in sù con sì gran rigore, ma « sempre con tanto giudizio, e con tanta grazia, con un colorito, che « è di vera carne.* » *Raccolta di Lettere sulla Pittura, Scultura ed Architettura*, t. I$^{er}$, p. 86.

ainsi dire, les grands peintres de notre âge [1]. Les deux tableaux du chœur, représentant un *David* et une *Ste. Cécile*, par César Procaccini, paraissent encore beaux à côté de la coupole. A la tribune, le *Christ dans sa gloire*, de Jérôme Mazzola, fresque estimée, mais pénible; les deux fresques de l'histoire de *Moïse*, à la grande chapelle à droite du maître-autel, par Horace Samacchini, ne soutiennent pas aussi bien ce redoutable voisinage; à l'autel, l'*Assomption* avec S. Thomas, Ste. Lucie, S. Jean et S. Bernard, est une fresque remarquable de Jean-Baptiste Tinti, habile imitateur du Corrège et du Parmesan. L'*Apparition de Ste. Agnès* à sa famille, suivie de saintes vierges, de Michel-Ange Anselmi, est du plus vigoureux coloris, quoique maladroitement nettoyée. Les fresques de la nef représentant la *Vie de J.-C.*, de Lactance Gambara, sont peut-être l'ouvrage le plus grand et le plus soigné qu'il ait exécuté; un *Crucifiement* avec Madeleine, Ste. Agathe, S. Bernard et un Ange, du Sojaro, est remarquable par la composition et le bon empâtement des couleurs.

Sous le grand autel, un bas-relief du xie siècle représentant les *Apôtres et les Évangélistes*, est un monument de l'enfance de l'art. Une *Déposition de croix*, autre bas-relief de marbre, dans le mur à gauche, de 1170, par Benoît Antelami, est un travail précieux, primitif, dont un malencontreux confessionnal cache en partie les détails curieux. Le tombeau de marbre du chanoine Barthélemi Montini, mort en 1507, par Jean-

---

[1] On lit, dans une Notice sur David, par M. Coupin, qu'avant son départ pour l'Italie il n'avait point échappé au mauvais goût du temps, et qu'il était partisan de Boucher: *Soyons Français*, répondit-il à ceux qui lui vantaient la supériorité de l'école italienne. Arrivé à Parme, les fresques de la coupole commencèrent sa conversion.

François Da-Grado, parmesan, est d'une rare élégance. Le mausolée du jurisconsulte Barthélemi Prati, à l'extrémité duquel sont deux femmes assises, plongées dans la plus profonde douleur, est l'ouvrage plein de naturel et de vérité d'un habile élève de Michel-Ange, Prosper Clementi, artiste du premier ordre, peu connu, mais regardé par Algarotti comme le Corrège de la sculpture. [1]

Un riche cénotaphe est élevé à Pétrarque dans la chapelle Ste.-Agathe ; il était archidiacre et chanoine de la cathédrale de Parme, comme il était chanoine de Lombez, de Padoue, titres et dignités ecclésiastiques qui contrastent singulièrement avec sa réputation poétique et amoureuse [2]. Pétrarque, s'il fût mort à Parme, aurait voulu être enterré dans la cathédrale, quoique, de son propre aveu, il eût fort peu résidé, et qu'il n'eût guère été qu'un archidiacre assez inutile. [3]

Une simple pierre indique la place où est enterré Augustin Carrache, mort souffrant, malheureux, à l'âge de 43 ans, et retiré au couvent des Capucins ; on lit que

[1] Vasari (t. V, p. 325) n'a dit que fort peu de chose de Clementi, encore s'est-il trompé en le faisant naître à Modène, tandis qu'il était de Reggio. Tiraboschi en a parlé, t. VII, p. 2379, de sa *Stor. della Letterat. ital.*, et plus en détail, p. 377 de sa *Biblioteca modenese*.

[2] L'abbé de Sade (*Mémoires pour la vie de Pétrarque*, II, 298) a commis plusieurs erreurs sur l'archidiaconat et le canonicat de Pétrarque à Parme. Il n'est point vrai qu'il obtint du pape le titre de chanoine afin d'avoir une prébende, dont il jouissait déjà en sa qualité d'archidiacre. Pétrarque, comme son prédécesseur le chanoine Pierre Marini, mort en 1346, cumula les deux titres et les deux prébendes. Le P. Affò a fort bien éclairci tous ces faits (*Discorso preliminare su la dimora di Petrarca in Parma*, p. xxviii et suiv. du tome II des *Memorie degli Scrittori e Letterati parmigiani*), et il a même publié le texte de la bulle de Clément VI, qui nomme Pétrarque chanoine de Parme, pièce intéressante dont il devait communication à l'abbé Gaëtan Marini.

[3] *At si Parmæ moriar (poni volo) in ecclesia majori, ubi per multos annos archidiaconus fui, inutilis et semper fere absens.* V. son Testament.

cette pierre a été placée par deux de ses amis, Jean-Baptiste Magnani de Parme et Joseph Guidotti de Bologne. Sur le même pilastre, une autre inscription indique la sépulture de Leonello Spada, autre bon peintre bolonais. A la cathédrale se trouve aussi une inscription louangeuse en l'honneur de Bodoni; les lettres imitent assez ingénieusement le caractère des frontispices de ses éditions; au-dessus est son buste fait de son vivant par le professeur Comolli, piémontais, son compatriote.[1]

Le superbe baptistère, tout de marbre, est de la fin du XII$^e$ siècle[2]; il est orné au-dehors de statues, de bas-reliefs offrant des traits de l'Ancien et du Nouveau-Testament et de curieux hiéroglyphes; l'intérieur n'est pas moins caractéristique; la voûte est couverte de fresques gothiques ou grecques du moyen âge; Diane et Apollon y sont représentés non loin de l'histoire de S. Jean et des figures des prophètes, des évangélistes et des apôtres; j'y lus le *Spiritus intus alit*, du VI$^e$ livre de l'Énéide, pris de Platon, tant le profane, dans ces siècles barbares, ne peut se détacher de la religion, tant les emblèmes païens semblent encore mêlés aux symboles chrétiens. Ces fresques sont regardées comme un des restes les plus curieux de l'ancienne manière qu'ait l'Italie du nord : le coloris et les dorures, après plus de cinq siècles, sont encore d'un éclat merveilleux et prouvent une habileté singulière dans leur composition. D'autres fresques, d'un goût plus pur, sont du XIV$^e$ siècle,

[1] *V.* ci-après, chap. XII.
[2] La première pierre fut posée en 1196 : quoique non achevé, le baptême put y être administré la première fois le samedi saint de l'année 1216; les troubles de la Lombardie suspendirent les travaux vers le milieu du XIII$^e$ siècle, Eccelin ayant défendu, au grand regret des Parmesans, le transport des marbres de Vérone à Parme; à sa mort, en 1259 ou 1260, ces travaux furent repris; le baptistère paraît réellement avoir été terminé en 1270, et consacré le 25 mai par l'évêque Obizzo II San Vitale.

et marquent les progrès de l'art. Douze figures de l'architecte du baptistère, Benoît Antelami, parmesan, représentent les mois de l'année avec leurs attributs : deux autres figures, dont la première est une jeune fille couronnée de fleurs; la seconde, un grave vieillard, vêtu d'une courte tunique et tenant à la main un rouleau couvert de signes astronomiques, offrent comme un emblème de la saison riante ou de la triste saison de notre vie. Les colonnes isolées sont toutes de hauteur, de forme et de marbre différens; la plus belle, près du grand autel, est même de granit oriental. Au centre est une vaste cuve octogone de marbre servant jadis au baptême par immersion, et qui en contient une plus petite aussi de marbre, couverte de bizarres arabesques. La grande est d'un seul bloc, sa date, inscrite sur le bord, est de 1294, et toutes deux semblent en harmonie avec le reste de cet étrange monument.

Quelque temps avant mon passage à Parme en 1827, le savant M. de Hammer, qui venait de visiter le baptistère, avait tiré de ses divers emblèmes plusieurs conjectures à l'appui de son système sur le culte du feu; mais, quoique ingénieuses, ces conjectures paraissaient un peu hasardées.

Le baptistère, à côté de ses vieux et gothiques ornemens, n'est pas sans quelques bonnes peintures, telles sont : le *Christ baptisé par S. Jean*, entre deux légions d'anges, de Philippe Mazzola *delle Erbette*, le père du Parmesan; un *Dieu le Père*, d'auteur inconnu, mais qui paraît être d'Hilarion ou de Michel Mazzola, s'il n'est pas du même Philippe, tant il semble dans le goût de cette famille; la *Mort de S. Octave*, de Jean Lanfranc, fort endommagée : le tombeau en marbre du cardinal Gherardo Bianchi, fondateur du chapitre de ce baptistère, par Da-Grado, est encore un ouvrage élégant du XVI$^e$ siècle.

## CHAPITRE IX.

*S.-Jean.* — Coupole. — Églises. — *S.-François.* — *S.-Sépulcre.* — Paciaudi. — Curés italiens. — *L'Annunziata.* — Le P. Affò. — Bibliothécaires de Parme. — *Les Capucins.* — Asdente de' denti. — Récollet administrateur et philanthrope.

L'ÉGLISE et le monastère de S.-Jean l'Évangéliste ont été rendus en 1816 aux religieux de S. Benoît, qui s'y livrent à l'éducation de la jeunesse. L'extérieur de l'église n'est pas sans bizarrerie et sans confusion. La tour, la plus élevée de la ville, est d'un autre architecte et de meilleur goût. C'est à tort que l'architecture intérieure, d'un bon effet, a été attribuée au Bramante; des pièces authentiques déposées au couvent constatent qu'elle est de Bernardin de' Zaccagni da Torchiera, dit aussi Ludedera. La coupole est une autre merveille du Corrège; il la fit à 26 ans, et il préludait ainsi par cette superbe *Ascension*, mal éclairée, gâtée par l'humidité et obscurcie par la fumée des cierges, à l'*Assomption* du dôme[1]. Quelques belles peintures se remarquent encore à S.-Jean; telles sont les arabesques de la voûte de la nef, le *Christ portant sa croix*, de Michel-Ange Anselmi, *S. Jacques aux pieds de la Vierge*, une *Transfiguration* au grand autel, la *Vierge qui tend la main à Ste. Catherine*, de Jérôme Mazzola, et dignes par la grace, le goût et l'élégance, de son cousin Fran-

---

[1] D'après la quittance du Corrège, cette coupole, exécutée de 1520 à 1524, lui avait été payée 262 ducats d'or, environ mille écus; selon l'usage du temps, il eut en outre un petit cheval du prix de 8 ducats.

çois, le Parmesan, qui a peint les cintres des chapelles du Crucifix et de Ste.-Gertrude. Un petit tableau représentant la *Vierge, son fils et deux anges*, de François Francia, annonce par le naturel et la simplicité le père du grand Jacques Francia. Au-dessus de la petite porte qui conduit dans le cloître est un *S. Jean évangéliste* prêt à écrire, autre merveilleuse fresque du Corrège.

Les stalles du chœur de S.-Jean, remarquables pour le travail et le goût des ornemens, sont l'ouvrage d'excellens artistes du xvie siècle, Marc-Antoine Zucchi et Pascal, et Jean-François Testa.[1]

Le cloître conserve encore quelques traces de son ancienne magnificence : la décoration en marbre de la porte est du dessin de Zucchi, et exécutée par Da-Grado ; à l'entrée sont quelques fresques de Michel-Ange Anselmi et du parmesan Tonnelli, élève du Corrège ; la perspective à fresque du réfectoire d'été est un bon ouvrage de Jérôme Mazzola ; les quatre superbes statues en plastique du dortoir représentant la *Vierge, S. Jean, S. Benoît, Ste. Félicité*, sont d'Antoine Begarelli[2], et l'on doit encore à l'habile ciseau de Da-Grado les piédestaux de ces statues. La bibliothèque du monastère n'est pas aujourd'hui fort considérable ; elle fut à peu près dispersée en 1810, lors de la suppression de celui-ci. Les sentences philosophiques et morales en diverses langues, que le P. don

---

[1] Zucchi s'était engagé à les exécuter, moyennant 1020 ducats d'or ; après y avoir travaillé dix-neuf ans, il mourut laissant six stalles à finir : ce fut le grand peintre le Dominiquin qui vint de Bologne pour fixer la valeur des stalles terminées ; il les estima 740 écus d'or, que les moines payèrent au tuteur des filles de l'artiste.

[2] Tel était l'enthousiasme qu'inspiraient à Michel-Ange les ouvrages en plastique de Begarelli, que, passant par Modène, patrie de l'habile artiste, il avait été jusqu'à dire : *Se questa terra diventasse marmo, guai alle statue antiche !*

Étienne Cattani, de Novare, y a fait inscrire, sont assez ingénieusement trouvées.

S.-François *del Prato* n'a plus qu'une chapelle, l'église et le couvent étant devenus prison; mais les fresques de sa coupole, de Michel-Ange Anselmi, sont belles, élégantes et fort bien conservées; il paraît aussi avoir exécuté à la même époque, de 1532 à 1533, et conjointement avec le Rodani, fidèle disciple du Corrège, les trois autres fresques gracieuses représentant la *Vierge et l'enfant Jésus*, *S. Antoine abbé*, et *S. François d'Assise*. A la sacristie, la *Vierge sur un trône avec l'enfant Jésus*, et *S. François*, *S. Macaire et des anges*, d'auteur incertain, quoique endommagée, respire le goût et la pureté de l'école du Corrège.

L'église S.-Antoine abbé a toute la recherche de l'architecture du dernier siècle : une *Fuite en Égypte*, de Cignaroli, est touchante, ingénieuse et vraie ; un *Christ en croix*, la *Vierge, S. Jean et Madeleine*, est une belle fresque de Peroni. Les huit *Béatitudes*, statues en plastique, du parmesan Gaëtan Callani, ont la pureté de l'antique, et cependant l'artiste n'avait point encore vu Rome lorsqu'il les fit, phénomène dont Mengs et Canova étaient confondus. Sous le vestibule est une inscription appartenant jadis au tombeau placé dans l'ancienne église S.-Antoine, dans lequel Pierre Rossi, mort en 1438, avait voulu être enseveli, pompeusement vêtu de ses habits dorés, monument curieux pour l'histoire de l'art, et qu'a fort bien expliqué M. Pezzana.[1]

Au S.-Sépulcre, église du xvie siècle, dont la voûte en charpente est d'une habile construction, sont d'ex-

---

[1] *Lettera al Cont. Filippo Linati*. Parma, tipogr. duc., 1819.

cellentes peintures : un *S. Ubald faisant un miracle*, tableau plein de feu, du florentin Sébastien Galeotti ; une *Vierge* très gracieuse, de Jérôme Mazzola, et la *Ste. Catherine*, de Leonello Spada, inachevée, mais l'un de ses meilleurs ouvrages.

La petite église des Capucines nouvelles, autrefois Notre-Dame des Anges, est élégante : à la coupole, l'*Assomption*, fresque de Tinti, est très belle : les quatre figures de *Moïse*, de *David*, de *Gédéon* et d'un prophète, du même habile artiste, sont les derniers grands ouvrages de l'ancienne école parmesane. La voûte a de petits médaillons dans lesquels est peinte, avec beaucoup de force et de fini, l'histoire de la *Vierge et du Christ*, par Jean-Marie Conti. Au-dessus de chaque colonne s'étendent de vastes et énergiques fresques, dans le goût du Corrège, exécutées par Antoine Bernabei, et qui offrent alternativement un prophète et une sibylle.

Le grand autel de l'église S.-Uldaric possède une petite *Nativité* avec diverses figures de bergers, par Jérôme Mazzola, autre chef-d'œuvre de ce peintre charmant, dont il faut perpétuellement répéter l'éloge à Parme. Les stalles du chœur, exécutées aux frais de l'abbesse Cabrina Carissimi par Bernardin Canoccio da Lendinara, sont un autre élégant travail dans le goût de celles de l'église S.-Jean, et de la même époque. Dans une salle du monastère est une fresque pleine d'expression d'Araldi, le *Christ en croix*; d'un côté sont les saintes femmes soutenant la Vierge évanouie; de l'autre, S. Benoît, un autre saint et une religieuse à genoux, probablement la magnifique abbesse Cabrina.

A Ste.-Christine, une simple inscription, peinte sur le mur, indique la place où le P. Paciaudi est enterré. Le savant théatin, le créateur de la splendeur littéraire de Parme dans le dernier siècle, le fondateur de la bibliothèque et du musée lapidaire, le réformateur de l'université, pouvait bien obtenir des religieux de son ordre du couvent de Ste.-Christine une sépulture plus honnête, et il semble qu'une plaque de pierre n'eût point été de trop. Ces religieux, que Paciaudi avait protégés au temps de sa faveur, manquèrent ainsi à la reconnaissance et à la convenance. Il paraît que l'attaque d'apoplexie dont le P. Paciaudi mourut au milieu de la nuit, selon ses biographes, n'était qu'une indigestion : l'*improviso fato abreptus* de l'inscription est une brillante périphrase pour exprimer ce genre de trépas.[1]

Les peintures de Ste.-Christine, la plupart anonymes, quoique dans le faire de l'école parmesane, ont cependant perdu de son élégance et de sa simplicité : un *S. Gaëtan*, qui tient bizarrement une plume d'argent, et auquel S. Jean-Baptiste, dans les airs, indique avec la main le passage d'un livre que tient un ange, offre de belles parties. Le tombeau, du xiie siècle, de la maison Toccoli, est à la fois un monument national et un curieux modèle de construction.

La grande église S.-Vital offre à l'autel deux belles statues de Moggiani; les fresques du chœur, du sanctuaire et de la voûte, bonnes peintures de Peroni, furent malhabilement restaurées en 1821 ; *S. Félix et S. Philippe de Néri* se rencontrant à Rome, près de Montecavallo, est de J.-B. Caccioli, peintre estimé. Les stucs de la chapelle de la Vierge *del Riscatto*, sont un habile travail de Lucas Reti.

---

[1] *È fama appo molti che questo illustre vecchio cibasse non abbastanza continente nel dì in cui passò di questa vita, ed è certezza che nel dì stesso convivò a lauta mensa.* Memorie degli Scrittori e Letterati parmigiani raccolte dal padre Ireneo Affò e continuate da Angelo Pezzana. Parme, 1825, t. VI, p. 150.

A S.-Ambroise, le *Christ qui embrasse sa croix* est un ouvrage d'une noble simplicité de J.-B. Tinti, peintre parmesan du XVIe siècle, qui a son beau coloris.

Une *Nativité* fort belle, de l'église S.-Thomas, a paru digne du Parmesan : une demi-figure du saint a malheureusement été introduite depuis par une main inhabile parmi les autres figures : ce malencontreux S. Thomas, peut-être dû au zèle de quelque paroissien, forme avec elles un choquant contraste. Une pompeuse inscription en l'honneur du dernier curé Jérôme Faelli ne vante pas moins son érudition que sa piété. Quand on se rappelle que des hommes tels que Muratori, Morcelli, ont été curés, il est impossible de ne pas convenir que les curés italiens, comme les ministres anglicans, ne comptent infiniment plus d'hommes instruits que les nôtres, et que le bon Anquetil, curé de la Villette, ne semble un peu vulgaire à côté de tels noms. Cette infériorité n'est peut-être pas un mal : les soins de la charité doivent passer chez le prêtre avant les travaux et la curiosité de l'étude.

Le tableau du grand autel de S.-Marcellin offre la *Vierge*, l'*enfant Jésus*, *des Anges*, *S. Jérôme* et *S. Marcellin*, belle composition de Jérôme Mazzola, altérée par une de ces fatales restaurations qui semblent trop nombreuses à Parme.

L'*Annunziata* est une des grandes et belles églises : l'*Annonciation*, fresque du Corrège, autrefois à l'ancien couvent des frères Mineurs observantins hors de la ville, n'est plus qu'une espèce de ruine faite par le temps et par la maladresse et la négligence des hommes qui l'ont transportée, mais dans laquelle les connaisseurs devinent encore quelques traces de son ancienne beauté. Un vieux tableau portant la date de 1518, de Zaganelli da Cotignola, représente la *Vierge et son fils* sur un trône, et S. Bernard, S. Jean-Baptiste ; S. François d'Assise, peinture singulière regardée comme la plus solide, la plus harmonieuse et la plus habile de son auteur. Le bizarre *S. Gervais et S. Protais*, du grand autel, placé en 1815, est l'ouvrage d'un peintre vivant de Parme, et n'est guère vanté que là. Une inscription se lit à l'*Annunziata* en l'honneur du P. Irénée Affò, récollet, ancien bibliothécaire de Parme, savant, historien et bibliographe, digne successeur de Paciaudi, prédécesseur de M. Pezzana [1], le bibliothécaire actuel, qui continue cette suite d'excellens bibliothécaires et d'écrivains laborieux et exacts chargés jusqu'ici de la conservation de la bibliothèque de Parme.

S.-Hilarion offre un tombeau de chevalier, Rodolphe Tanzi, fondateur de l'hospice des Enfans-Trouvés, autrefois attenant à la même église, ainsi que du grand hôpital. Les pieuses fondations de ce Vincent de Paule guerrier et du moyen âge, remontent au commencement du XIII° siècle.

L'église des Capucins, privée des tombes ducales, mises à la *Steccata* [2], et des chefs-d'œuvre des Carraches et du Guerchin, et d'autres habiles artistes, passés à la galerie, n'offre guère aujourd'hui de remarquable qu'un *Dieu le Père*, d'auteur inconnu, qui annonce l'école du Guerchin; une *Madeleine pénitente*, de Jean-Baptiste Pittoni, un de ces peintres octogénaires de l'école vénitienne [3], un *S. Louis* et une *Ste. Élisabeth*, d'Annibal Carrache; et *Deux Miracles de S. Félix*, dans le chœur, de Leonello Spada.

[1] Une vie détaillée d'*Irénée Affò* a été publiée en 1825 par M. Pezzana; elle forme le tome VI de la 1re partie des *Memorie degli Scrittori e Letterati parmigiani*, cités plus haut.
[2] *V.* chap. suivant.
[3] *V.* liv. VI, chap. XVII.

La salle des assemblées du *Venerando Consorzio*[1] offre un tableau précieux du Temperello, la *Vierge sur un trône, l'enfant Jésus à son cou*; à sa droite est S. Hilarion en costume d'évêque; à sa gauche, S. Jean-Baptiste; et dans le haut, le Père éternel et une foule de chérubins.

La petite église du S.-Esprit n'a rien d'intéressant sous le rapport de l'art. Une inscription mise par un curé prétend qu'Asdente de' Denti y est enterré; ce savetier astrologue de Parme, dont le Dante a parlé :

> . . . . . . . . . . . . . *Vedi Asdente*
> *Che aver inteso al cuojo, ed allo spago*
> *Ora vorrebbe, ma tardi si pente.*[2]

Ste.-Thérèse est couverte de bonnes fresques de Galeotti, qui représentent des traits de l'histoire de la sainte : la peinture architecturale, de Natali, est belle; mais les ornemens, du même, semblent moins bien.

S.-Barthélemi *della Giara* a le *Martyre du saint*, ouvrage estimé de l'abbé Peroni, un des derniers bons peintres de l'école de Parme, frère d'un curé de cette paroisse, excellent paroissien lui-même, et dont les os reposent dans le chœur parmi ceux des prêtres. Un tableau, d'auteur inconnu, dans le goût du Corrège, représente *S. Jérôme* dans sa grotte, habillé en cardinal; la *Vierge, l'enfant Jésus, S. Bernardin de Feltre, un Ange* qui porte les Statuts du Mont-de-Piété, fondé en 1488, par ce dernier saint, premier instituteur de ces établissemens en Italie, avant

---

[1] Le *Venerando Consorzio* est une congrégation de quatre-vingt-quatorze prêtres qui desservent la cathédrale volontairement, et n'en dépendent point; le beau tableau du Temperello était autrefois dans leur chapelle du Dôme.

[2] *Inf.*, cant. xx, 118. « Vois Asdent, qui voudrait bien aujourd'hui « n'avoir jamais quitté son fil et son cuir, et se repent trop tard. »

qu'ils fussent connus en France, récollet, administrateur et philanthrope qui paraît n'avoir point redouté le bien-être et le perfectionnement des classes inférieures [1]. Le cœur et les entrailles de Bodoni sont déposés dans une chapelle de S.-Barthélemi, ainsi que l'indique une inscription mise sur une pierre de marbre et consacrée à SA GLOIRE. [2]

L'église S.-Alexandre, peu étendue, est d'une bonne architecture; toute la voûte est peinte à fresque avec une merveilleuse habileté par Ange Michel Colonna, aidé du Dentone, qui a dû en composer les gracieuses figures, ainsi qu'il l'a fait pour d'autres ouvrages de Colonna. La coupole du grand autel et le sanctuaire sont couverts des peintures d'Alexandre Tiarini, pleines de force, de noblesse, d'effet, de variété, dignes de cet habile artiste de l'école bolonaise. Le tableau du grand autel est un autre de ces chefs-d'œuvre de Jérôme Mazzola, si nombreux à Parme.

## CHAPITRE X.

*Steccata*. — Le Parmesan. — Alexandre Farnèse. — Souveraineté de Parme. — Destruction des villes anciennes. — Chambre du Corrège. — Frugoni. — Variations des poètes. — Anachronismes commandés.

La *Steccata*, la plus belle église de Parme depuis la renaissance, est comparable aux premières de l'Italie;

[1] Bernardin de Feltre, célèbre orateur de son temps, avait fréquemment prêché dans les diverses villes d'Italie pour la fondation des monts-de-piété, afin de soustraire le peuple aux usures dévorantes des juifs, qui avaient causé sa misère. Vaddingo, *Annal. minor* t. VII, p. 323.
[2] *V.* ci-après, ch. XII.

attribuée à tort au Bramante et au Bramantino, qui n'étaient point nés lors de sa construction, elle ne paraît pas indigne de ces habiles architectes, quoiqu'elle ait subi, dans le dernier siècle, quelques ornemens extérieurs du mauvais goût de cette époque. Au-dessus de la grande porte, l'*Adoration des Mages* est une bonne fresque d'Anselmi ; de chaque côté, la *Descente du S.-Esprit* et une *Nativité*, de Jérôme Mazzola, sont belles. La tribune derrière le grand autel offre le *Couronnement de la Vierge*, au milieu d'une foule de saints, d'anges et de patriarches, fresque d'Anselmi, d'après un dessin à l'aquarelle de Jules Romain ; à la voûte est le célèbre *Moïse brisant les tables de la loi*, peint en clair-obscur, et l'*Adam et Ève* du Parmesan. Ce grand et bizarre artiste n'avait point achevé l'*Adam*, qui toutefois lui avait été payé, que, possédé de la passion de l'alchimie, il abandonna les travaux de cette voûte, pour se livrer à ses vaines recherches : mis en prison, d'après les rudes manières alors d'usage envers les artistes [1], il parvint à s'évader, et mourut peu de temps après, errant, caché, solitaire, à trente-sept ans, comme Raphaël, dont il avait fidèlement suivi la trace.

La coupole, qui représente la *Vierge et Jésus-Christ* entouré d'anges et de saints, est un des beaux ouvrages du Sojaro ; le *S. George à cheval*, de Marc-Antoine Franceschini, a la vivacité et la hardiesse de son maître Cignani. A la chapelle S.-Antoine de Padoue est le tombeau de Bertrand Rossi, fils de Troilo VIII, comte de San Secondo et de Blanche Riario, nièce de Sixte IV, jeune homme mort à dix-neuf ans, en 1527, à Valmontone, dans le royaume de Naples, lorsqu'il faisait sa première campagne dans l'armée du prince d'Orange, tombeau de bon goût, qui lui fut érigé par son frère

[1] *V.* liv. vi, chap. vii.

Jean-Jérôme, le célèbre évêque de Pavie. A la chapelle de S.-Jérôme et de S.-Jacques, les bas-reliefs du tombeau de marbre de Sforzino Sforza, fils naturel de François II, duc de Milan, mort en 1523, et sa statue couchée, sont d'excellens ouvrages de Da-Grado. Une inscription remarquable rappelle l'amitié que le duc Ranuccio Ier portait au professeur de médecine et d'anatomie Antoine Molinetti, enterré à la chapelle de S.-Hilarion et de S.-Jean.

Dans le chœur, d'un aspect imposant, la *Ste. Trinité, S. Nicolas, S. Basile, S. Grégoire*, est un brillant tableau de Cignaroli; *S. Jean-Baptiste dans le désert*, la *Fuite en Égypte*, du flamand Jean Sons, offrent un agréable et frais paysage; deux prophètes gigantesques sont de Jérôme Mazzola, et quelques groupes de petits anges ont toute sa grace et sa facilité; le *Christ à la colonne*, une petite statue de bronze de *Jésus ressuscité*, sont de bons ouvrages de Spada et d'André Spinelli, parmesan.

Une chapelle souterraine a été construite en 1823, afin d'y recevoir les tombeaux des ducs de Parme, placés précédemment aux Capucins. Sur le grand tombeau de pierre d'Alexandre Farnèse, est son casque et son épée avec ce simple mot, *Alexander*. Le corps de ce rival, de ce vainqueur d'Henri IV et de Maurice de Nassau, déposé d'abord dans la cathédrale d'Arras, puis, d'après sa volonté, aux Capucins, enfin à la *Steccata*, ne semble ni moins errant ni moins agité après sa mort que durant sa vie. Les sépulcres de la *Steccata*, qui rassemblent des races diverses et étrangères, n'ont point l'antique majesté des sépultures de princes nationaux et d'une même dynastie. On sent que la souveraineté est moins à Parme un droit héréditaire qu'une indemnité, qu'une compensation politique et variable, qu'une espèce de rente viagère d'hommes et de sujets. La tombe d'Alexandre Farnèse émeut, parce qu'elle est celle d'un héros; les autres tombes, qui n'ont, si l'on peut le dire, ni ancêtres ni postérité, laissent à peu près indifférent.

Sur la petite place latérale à la *Staccata*, sont deux colonnes miliaires qui, malgré leurs inscriptions, furent élevées, dit-on, par les Parmesans à Constantin et à Julien. Ces deux grossières colonnes de marbre blanc et rouge, et le sarcophage, et le demi-cippe placés sur les marches du dôme [1], sont les seuls restes d'une ville autrefois si florissante : voilà les seuls débris des temples, des palais, des forum, des basiliques qui durent couvrir cette terre et décorer cette brillante colonie romaine. On voit par l'exemple de Parme et par bien d'autres exemples, combien plus la ville moderne devenait considérable, plus la cité antique était détruite et disparaissait : Rome même n'a dû le salut de son immortel forum qu'à l'extension de la Rome nouvelle dans le vaste espace du Champ-de-Mars.

L'église S.-Louis est devenue chapelle ducale en 1817 : un tableau qui représente le grand *Saint donnant à S. Barthélemi de Bragance, dominicain, un morceau de la vraie croix* et une épine de la couronne du Christ, en présence de la reine Marguerite et de toute sa cour, est un bon ouvrage de Peroni.

Près de cette église est la célèbre chambre du Corrège, à l'ancien couvent de S.-Paul. Les peintures de cette chambre avaient été commandées au Corrège par l'abbesse Jeanne, fille de Marco di Piacenza, noble parmesan, lorsque le monastère n'était point encore soumis à la clôture. Sur la cheminée une fresque re-

---

[1] Ces deux derniers monumens paraissent fort antérieurs à Constantin : on voit, par l'inscription du dernier, que Parme, après avoir eu le titre de *Colonia Giulia*, prit celui de *Colonia Augusta*. Le sarcophage est d'un Lucius Petronius Sabinus, que l'on croit avec quelque fondement avoir été Parmesan.

présente Diane dans les nuages sur un char d'or tiré par deux biches blanches. La voûte, d'azur, est couverte de génies gracieux folâtrant au milieu des ovales percés à travers un vaste treillage ; au-dessous, des figures peintes en camaïeu, offrent de face et tout-à-fait nus, les Graces, la Fortune, Minerve, Adonis, Endymion : les trois croissans, armes de Jeanne, la crosse, marque de sa dignité, placés à la clé de la voûte et entourés d'une couronne d'or, surmontent cette décoration voluptueuse et païenne, mêlée d'inscriptions grecques et latines, et qui semble plutôt appartenir à quelque maison d'Herculanum ou de Pompeï qu'au plafond du cabinet d'une abbesse.

La voûte d'une pièce voisine dans laquelle on lit la date de 1514, antérieure de cinq années aux peintures de la première, et la devise superbe *Gloria cuique sua est*, est ornée d'arabesques attribuées par les uns à Araldi, par d'autres au Temperello, artistes habiles de cette époque, ainsi que de petits tableaux représentant des sujets sacrés, et d'écussons portant les armoiries de la même abbesse Jeanne, plus convenablement placés cette fois qu'au milieu des amours et des divinités de la fable peints par le Corrège.

Au fond du jardin, sont également attribuées soit à Araldi, soit au Temperello, tant ces deux peintres, de l'école des Bellini, ont de ressemblance, deux fresques remarquables ; la première représente *Ste. Catherine d'Alexandrie* argumentant à l'âge de dix-huit ans, en présence et par ordre de l'empereur Maximin entouré d'une cour nombreuse, contre cinquante philosophes qu'elle convertit ; le sujet de la seconde, malheureusement fort endommagée, est la *Visite de cette même sainte à S. Jérôme* dans sa grotte.

L'église de la Trinité vieille (*vecchia*), dont la dénomination singulière prouve seulement l'antiquité, offrait, près de la sacristie, une belle fresque de Pordenone, méconnaissable aujourd'hui par une des malencontreuses restaurations de Parme[1]. La *Vierge adorant son fils*, *S. Jean-Baptiste*, *S. François*, est un bon tableau attribué au Malosso. Là est le tombeau de Frugoni, poète célèbre du dernier siècle, dont le génie fut dissipé au milieu des fêtes de la cour et des succès de société, qui fit des sonnets, des opéras et des épithalames, chanta tour à tour le duc François Farnèse et l'infant D. Philippe, qui sans doute obtint trop de renommée pendant sa vie, mais paraît aujourd'hui trop méprisé par les Italiens. Quoique les vers composés par Frugoni en l'honneur de la maison Farnèse l'aient un moment rendu suspect à l'infant, et fait disgracier, il finit par obtenir à la cour de ce dernier une faveur égale à celle dont il avait joui dans la première cour, et elle lui fut non moins lucrative. Les variations des poètes rappellent, sous d'autres mœurs, cet Homère leur antique et infortuné modèle, et ils semblent aussi demander, par leurs chants, l'hospitalité au pouvoir. Il y aurait peu de raison et de justice à les repousser et à les condamner, malgré leur apparente inconséquence, et l'on dirait que la facile antiquité a prévu ce genre de faiblesses, lorsqu'elle exceptait des peines établies contre ceux qui violaient leurs sermens, les orateurs, les amans et les poètes.[2]

L'extérieur de la Trinité des pélerins, dite des *Rossi*, ne répond guère à l'intérieur; une *Vierge*, *Ste. Catherine*, *S. François*, *S. Charles Borromée*, de Jules César Amidano, rappelle la facilité du Corrège. Le Badalocchio a représenté sur la même toile la *Vierge avec son*

---

[1] *V.* ci-dessus, chap. IX.
[2] *Mœurs des Grecs*, par Ménard, p. 28.

*fils, Ste. Anne, S. Joseph, S. Joachim* et *S. Philippe de Néri.* Ce genre d'anachronismes, trop souvent reproché aux peintres d'Italie, doit l'être bien plutôt aux couvens, confréries ou corporations qui avaient commandé les tableaux : l'administration n'a peut-être pas eu depuis moins d'exigences, mais il est douteux que celles-là aient été aussi poétiques que les saints, les saintes et les bienheureux imposés aux artistes italiens.

## CHAPITRE XI.

*Palais ducal.* — *Toilette de S. M.* — *Berceau du roi de Rome.* — *Théâtre Farnèse.* — Fêtes de Parme. — Palais du *Jardin.* — Bataille de Parme. — Expulsion des Français de l'Italie. — Autres palais. — Palais *del Comune.*

Le palais ducal n'est qu'une espèce de grande maison de la plus vulgaire apparence; l'intérieur, frais, moderne, sans caractère, n'a que des appartemens. La toilette et le berceau offerts par la ville de Paris à S. M. Marie-Louise et à son fils y sont restés[1]. L'exhibition publique de cette vieille corbeille jaunie, passée, de ce débris futile, de cette ruine frivole d'un empire qui a laissé tant de glorieux et d'impérissables souvenirs, n'excite ni intérêt ni pitié. La richesse des matières de nacre, de vermeil et de lapislazzuli contraste encore avec le triste palais qui recèle aujourd'hui ce don magnifique, et l'on sent qu'il ne lui était pas destiné. Cet étalage, qui n'est sans doute qu'une spé-

[1] Ces divers objets étaient à vendre en 1816. Les dessins et les devis avaient été faits à Milan, et furent distribués avec l'évaluation; mais il ne se trouva point d'acquéreur.

culation de concierge, blesse à la fois les convenances, le bon goût et la vraie dignité. Malgré la remarque timide de quelques gens peu avisés, il est à peu près indifférent sous le rapport politique, et ce berceau, jadis si puissant, grace aux institutions garanties à la France, n'y remuerait aujourd'hui personne.

Le théâtre Farnèse est maintenant une espèce de ruine ; sa pompeuse inscription : *Theatrum orbis miraculum* a disparu. Il faut convenir toutefois que le nombre des spectateurs qu'il pouvait contenir a été singulièrement exagéré ; il avait été porté à 14,000 dans la description des fêtes du mariage du prince Édouard, fils de Ranuccio II, avec Isabelle d'Este, erreur répétée par Tiraboschi. Ce nombre fut réduit à 10,000 dans la relation des noces du duc Édouard; Pierre De Lama, auteur d'une description récente du théâtre Farnèse, l'a encore diminué, et il ne peut être environ que de 4,500. La fondation de cette immense salle de spectacle peint assez bien les vieilles mœurs de l'Italie ; elle fut construite par Ranuccio I$^{er}$, afin de recevoir dignement le grand-duc Cosme II de Médicis, qui devait accomplir son vœu de visiter le tombeau de S$^t$ Charles Borromée, et ce fut un évêque, l'évêque de San-Donnino, Pozzi, qui dessina les allégories [1]. Le théâtre Farnèse vit les superbes et fameux spectacles célébrés à Parme pendant plus d'un siècle, et dont il a paru plusieurs énormes relations [2]. Il semble, en vérité, que l'histoire des fêtes de ce duché toujours dépendant, cédé ou conquis, soit plus importante que sa propre histoire, et

[1] On ignore le nom de l'architecte du théâtre Farnèse; on sait seulement que le Bernin y mit la dernière main.
[2] *V.* Buttigli, Notari, Tiraboschi, Frugoni, Napoli Signorelli et autres : quelques unes de ces fêtes avaient aussi été données à l'amphithéâtre voisin de la bibliothèque, maintenant en assez mauvais état, mais auquel il a été fait dernièrement quelques réparations.

que celles-là aient compté un plus grand nombre d'historiens.

L'ancien palais ducal (*palazzo di Giardino*) mérite d'être visité pour la pièce qui offre encore les fresques délicieuses d'Augustin Carrache à la voûte, et de Cignani sur les murs, seuls débris de tant d'autres chefs-d'œuvre barbarement détruits. Un des compartimens de la voûte, le cinquième, resté imparfait, offre une idée touchante; la mort ayant empêché Augustin de le terminer, le duc ne voulut point qu'aucune autre main y travaillât, et, au lieu de figures, il y fit inscrire l'éloge de l'artiste [1]. Le concierge du château était un bonhomme assez singulier; inamovible depuis quarante ans, il avait vu stoïquement passer les diverses souverainetés de Parme; toujours partisan du dernier venu, il s'exprimait sur l'avenir de cet État et sur le retour de la famille des anciens ducs avec une extrême circonspection [2]; son père, auquel il avait succédé, était arrivé d'Espagne à la suite de l'infant D. Philippe, en 1749 : cette famille semblait véritablement faire partie du mobilier du château, et elle aurait pu être portée sur l'inventaire.

Le jardin est à la française, grand, triste, solitaire. Au pied de la terrasse est la plaine où le maréchal de Coigny battit les Autrichiens, en 1733. Goldoni a peint naturellement la frayeur des Parmesans au moment du

---

[1] Les quatre compartimens, peints par Augustin Carrache, représentent, 1°. les trois sortes d'amours, l'*Amour céleste*, l'*Amour terrestre* et l'*Amour vénal*; 2°. *Énée venant de Troie en Italie* et *Vénus*; 3°. *Mars et Vénus, l'Amour et deux Nymphes*; 4°. *Thétis et Pelée.*

[2] Le duché de Parme, à la mort de Marie-Louise, doit revenir au prince actuel de Lucques; dans le cas où il n'aurait point de fils, Parme serait réuni aux possessions de la maison d'Autriche, et Plaisance aux États du roi de Sardaigne.

combat¹; il avait vu de fort près la bataille, autant que la fumée du canon permet de contempler ces chanceux spectacles, qui ne sont même pas toujours très bien compris par leurs héroïques acteurs. Étrange fatalité! les Français, avec toutes leurs victoires, sont chassés dix fois de l'Italie; les Autrichiens, si souvent défaits, y rentrent et y restent.

Le palais de l'ancien podestat de Parme, marquis Philippe della Rosa Prati, offre deux chefs-d'œuvre de l'art: une balustrade en marbre de François Da-Grado, autrefois à la cathédrale, malheureusement mutilée aux extrémités lors de son déplacement, et surtout le tableau de Jérôme Mazzola, la *Vierge, l'enfant Jésus, Ste. Catherine* et de petits anges, qui ornait le grand autel de l'église supprimée des P. Carmélites, ouvrage charmant, heureuse inspiration du Corrège.

Le palais San-Vitale, magnifique et commode, offre quelques beaux ouvrages du Parmesan, des livres, des tableaux, des objets d'art, qui annoncent les goûts libéraux et héréditaires de la noble famille qui l'habite.

Le petit palais Cusani, attribué à Vignole, n'a pas moins souffert des injures du temps que de trop fréquentes et récentes restaurations.

Dans une des pièces du palais *del Comune*, une *Vierge* colossale couronnée est un débris précieux d'une ancienne fresque placée sur la façade du palais du gouverneur, exécutée en 1566 par Jacques Bertoja, bon peintre parmesan. C'est à tort que ce palais a été attribué à Vignole, mort cinquante ans avant sa reconstruction, due aux architectes Magnani et Rainaldi : resté inachevé, son large vestibule, soutenu de hautes arcades, sert de halle au blé, destination importante au milieu d'un pays aussi fertile que l'État de Parme.

¹ Mémoires, t. Iᵉʳ, ch. xxxii.

## CHAPITRE XII.

Théâtre. — Éditions de Bodoni. — Université. — Colléges des nobles ; — *Lalatta*. — Hospice de la Maternité. — Gouvernement de Marie-Louise.

Le nouveau théâtre de Parme, ouvert le 16 de mai 1829, sans être d'une architecture très noble ni très pure, paraît solidement construit et d'une distribution commode. La salle doit contenir environ quinze cents personnes ; au premier étage, un vaste salon et plusieurs autres pièces sont destinés à servir de redoute.

L'imprimerie de Bodoni est maintenant continuée par sa veuve ; on y voit encore les nombreuses matrices qui servirent à la fonderie de ses caractères. Si les éditions de Bodoni, vantées, encouragées par Napoléon et sa famille, de préférence aux éditions de nos Didot, qui leur étaient bien supérieures pour l'élégance et le goût [1], n'ont point conservé leur premier prix, et si

---

[1] On lit, dans la Vie de Bodoni, par De Lama, cette anecdote curieuse et caractéristique. Lorsque M. Pierre Didot offrit son édition des OEuvres d'Alfieri à Napoléon, celui-ci, qui n'aimait point le poète italien, s'écria brusquement : « Que me parlez-vous d'Alfieri « et de vos éditions ? Voyez *le Barde* de Bodoni et comme on im- « prime en Italic ! » *Le Barde de la forêt noire* est un poëme en six chants de Monti consacré à Napoléon, et qui célèbre plusieurs des principaux événemens de sa vie, tels que la prise d'Ulm, l'expédition d'Égypte, le *dix-neuf* brumaire, etc. *Vita del cavaliere Giambattista Bodoni*; Parma, stamp. duc., 1816, in-4°, p. 177, 8. Telle fut la faveur dont jouissait Bodoni sous le gouvernement impérial, qu'une *Notice historique et critique sur son imprimerie* ayant paru au mois de mars 1813, et Bodoni s'étant plaint à M. de Pommereul, directeur-général de la librairie, celui-ci donna ordre aux préfets du Taro et de Gênes d'en confisquer tous les exemplaires.

chaque jour elles baissent davantage, c'est que, malgré tout leur luxe, ces éditions sont incorrectes, et qu'elles n'offrent ni intérêt ni mérite littéraire; l'Homère, le Virgile, l'Horace sont portés sur le catalogue même publié à Parme, en 1823, à un rabais de 10 pour 100, et des remises plus considérables sont accordées aux acquéreurs des diverses éditions, selon la quotité de leur achat [1]. On doit cependant reconnaître dans la fabrication de Bodoni une véritable habileté; ses caractères, quoique lourds, ont de la précision et de la netteté; son vélin, tiré d'Augsbourg, est d'une blancheur rare ; mais cette brillante main-d'œuvre sera toujours bien loin des grands et utiles travaux des Alde et des Estienne, éditeurs, commentateurs érudits des livres sortis de leurs presses : la première est une espèce d'art et de talent matériel; elle peut être due à de nombreux capitaux, ou bien à la faveur et aux encouragemens des princes ; les seconds, indépendans, solitaires, tiennent à la force, à la culture et à l'application de l'esprit.

L'université de Parme, qui occupe un grand et majestueux édifice orné de quelques bonnes fresques, de Sébastien Ricci, a environ cinq cents élèves. Quelques professeurs illustres ont appartenu à cette université; tels sont Jean Bernard de' Rossi, professeur émérite de langues orientales, MM. Tommasini et Rasori, tous deux Parmesans, et comptés parmi les premiers médecins vivans de l'Italie. [2]

---

[1] Les remises sont, pour les achats de 1,000 à 2,000 fr. de 15 pour cent; de 2,000 à 4,000, de 20; de 4,000 et au-dessus, de 30. Il n'a paru de l'Homère, comme on sait, que l'*Iliade* : portée de 5 à 600 fr. dans le *Manuel du Libraire*, elle n'est plus dans le catalogue de Parme que de 350 fr., non compris le rabais de 10 pour cent et les remises ci-dessus.

[2] M. Tommasini est revenu depuis de Bologne à Parme. Son

Le Collége des Nobles, devenu lycée sous l'administration française, a été rendu, en 1816, aux religieux de l'ordre de S. Benoît; le nombre des élèves est de trente-un; sous les Farnèse, il avait eu jusqu'à trois cents élèves : des hommes célèbres, et dont s'honore l'Italie, avaient fait leurs études à ce collége; tels furent: Scipion Maffei, César Beccaria, Pierre et Charles Verri, Jean-Baptiste Giovio. La chapelle offre de bonnes peintures, de Lanfranc, de Leonello Spada, de François Stringa et du Bibiena : dans la grande salle, de très belles fresques attribuées à Jean de Troies, dans la manière du Guide, son maître, n'ont pu être entièrement détruites malgré une maladroite restauration.

Le collége *Lalatta,* dû au chanoine dont il porte le nom, est une de ces nobles fondations communes en Italie, et qui remonte à l'année 1563; mais, par un étrange retard, il fallut près de deux siècles pour l'exécution de la volonté du donateur, et le collége ne fut ouvert qu'en 1753, sous l'infant don Philippe. Il compte à peu près cinquante élèves appartenant à la classe moyenne de la société. La galerie qui conduit au théâtre est ornée de fresques grandioses attribuées à Lactance Gambara. Au bout de cette galerie, une pièce est peinte à fresque à la voûte, et ornée d'arabesques élégantes, par Jacques Bertoja.

L'ancien et vaste couvent des Servites et des Dominicains, devenu caserne sous la domination française, était, en 1826, filature et maison de travail pour l'extinction de la mendicité; ses diverses destinations représentaient assez bien les changemèns survenus de-

---

discours de rentrée, prononcé le 7 décembre 1829, est touchant et simple; il traite principalement de l'amour de la patrie et de l'importance des faits et de l'observation en médecine. *V.* ce discours, imprimé à Parme avec les caractères de Bodoni, 1830.

puis un demi-siècle dans l'ordre social. Le bâtiment est aujourd'hui occupé par les pompiers, qui, au milieu de l'incendie européen, continuent assez bien ce parallèle.

L'hospice de la Maternité est une des fondations secourables de S. M. Marie-Louise, à laquelle Parme doit aussi un dépôt de mendicité, une école d'arts et métiers, un hospice des incurables et une maison de fous. « L'art « de Lucine », dit un historien de quelques particularités de sa vie, parlant de l'hospice de la Maternité, « y est « enseigné dans le but de secourir les faiblesses humai- « nes, et de former des sages-femmes.[1] » Le nombre des élèves de ces dernières est de huit, dont deux entretenues aux frais de la duchesse de Parme : la commisération de S. M. pour les filles ou femmes trop sensibles recueillies dans cet hospice, est touchante, et prouve, dans son rang élevé, et après une si haute puissance, une tendresse de cœur, une sorte de sympathie pour les douleurs et les joies de la maternité. Le gouvernement de cette princesse est extrêmement doux; sa personne est aimée, et tout le monde était charmé des manières affables du général Neipperg, mort en 1829, surnommé le Bayard des troupes allemandes par M$^{me}$ de Staël, qui l'avait connu ambassadeur d'Autriche en Suède, et l'on rendait justice à son désintéressement, ainsi qu'à la noblesse de son caractère. La remarque de cette caricature de Potta, du Tassoni, n'était pas alors très exacte :

*Il Potta che sapea che i Parmigiani*
*Eran nemici alla Tedescheria.* [2]

Cette administration modérée paraît toutefois man-

---

[1] *Mémoires anecdotiques sur l'intérieur du Palais et quelques événemens de l'Empire*, par M. de Bausset, t. IV, 84.

[2] « Le Potta, qui savait que les Parmesans étaient ennemis de « l'Allemanderie. » *Secchia rapita*, cant. IV, st. 15. *V.* ci-dessus, ch. II, sur le caractère du Potta.

quer d'ordre et d'économie : les impôts sont pesans ; le déficit est déjà, dit-on, de vingt millions ; et je n'ai point oublié que, traversant le grand S.-Bernard à la fin de 1828, j'appris des religieux que, parmi les pauvres et les mendians obligés d'abandonner leur pays, et auxquels ils donnaient l'hospitalité, un grand nombre venait de l'État de Parme. [1]

## CHAPITRE XIII.

Maison de Pétrarque. — Pétrarque bâtissant. — Aveugle enthousiaste. — *Africa*.

Les maisons de Pétrarque sont communes en Italie ; on les montre encore avec curiosité à Arezzo, Pavie, Linterno, Arquà [2]. Une tradition, qui paraît fondée, indique comme le lieu de sa maison et de son jardin à Parme, l'emplacement de la maison Bergonzi, près l'église S.-Étienne. « J'ai une maison de campagne au milieu de la « ville, écrit-il à Barbato de Sulmone, et une ville au « milieu des champs. Quand je suis ennuyé d'être seul, « je n'ai qu'à sortir, je trouve d'abord de la société ; quand « je suis las du monde, je rentre dans ma maison, et j'y « retrouve la solitude. Je jouis ici d'un repos que les « philosophes à Athènes, les poètes sur le Parnasse, les « anachorètes au milieu des sables de l'Égypte, et dans « le silence de leur ermitage, n'ont pas connu. O for-

[1] *V*. liv. II, chap. VII.
[2] *V*. liv. IV, chap. I et VI ; liv. VI, chap. VIII, et liv. XV. L'annotateur anglais de Childe-Harold cite sa maison de Venise, dont les Vénitiens et les hommes les plus instruits de la vie de Pétrarque n'ont jamais ouï parler.

« tune, je t'en supplie! laisse en paix un homme qui
« se cache! Passe loin de son modeste seuil, et va ef-
« frayer de ta présence la porte superbe des rois¹. » Il
n'avait d'abord pris cette petite maison qu'à loyer; mais
il se décida bientôt à l'acheter et même à la faire re-
bâtir, tant la situation lui avait plu. Son épître à Guillaume Pastrengo de Vérone peint naturellement la disposition où il se trouvait alors, et le montre à la fois
chrétien, philosophe et même homme qui bâtit. Cette
simplicité a quelque chose de touchant chez le poète
qui venait d'être couronné à Rome, chez l'ami, le conseiller, le favori des quatre frères de Corrège, nouveaux
souverains de Parme après y avoir renversé la tyrannie
de Mastin de la Scala². « Êtes-vous curieux de savoir
« ce que je fais? je suis homme, je travaille; à quoi je
« pense? au repos; ce que j'espère le moins? le repos;
« où je vais? çà et là; où je tends? à la mort; dans quel
« sentiment? sans la craindre, et impatient de sortir

¹ *Rus mihi tranquillum mediâ contingit in urbe,*
*Rure vel urbs medio; sic prompta frequentia soli,*
*Promptus et in latebras reditus, dum tœdia turbæ*
*Offendunt, hos alternos urbs una regressus,*
*Hos dedit una domus. . . . . . . . . . . . . .*
*. . . . . . . . . . . . . . . . . . . . . . . . . .*
*Hic mihi tanta quies quantum nec valle sonora*
*Parnassi, nec Cecropiæ per mœnia villæ*
*Invenit studiosa cohors, eremoque silenti*
*Vix Ægyptiacæ cives, nisi fallor, arenæ*
*Angelici sensere patres. Fortuna latenti*
*Parce, precor, parvoque volens a limite transi,*
*Et regum metuenda fores invade superbas.*
                            Carm., lib. III, ep. 18.

² Ces Corrèges ne conservèrent point eux-mêmes long-temps la
souveraineté de Parme. C'est à l'un d'eux, Azzo, tour à tour exilé,
captif, errant, et toujours menacé, que Pétrarque, avec cette fidélité
en amitié qui est un des traits de son caractère, adressa le traité *De*
*remediis utriusque fortunæ,* froide et faible consolation à tant
d'infortunes. *V.* liv. IV, chap. 1er.

« d'une triste prison : En quelle compagnie ? dans celle
« des hommes ; quel est le terme de ma route ? le tom-
« beau ; et après ? le ciel, ou, s'il m'est interdit, l'enfer ;
« et veuillent les puissances célestes détourner de moi
« ce malheur ; où suis-je à présent ? à Parme ; quelles
« y sont mes habitudes ? j'y passe ma vie à l'église ou
« dans mon petit jardin, à moins que je n'aille errer
« dans les bois. Quoique la fortune m'offre tous ses dons,
« je n'ai pas changé ma manière de vivre. Je travaille
« avec ardeur à mon *Africa,* sans attendre d'autre fruit
« de mon ouvrage qu'une vaine gloire. La vraie gloire,
« je le sais, est le prix de la vertu. Je bâtis une petite
« maison, telle qu'il convient à la médiocrité de mon
« état. On y verra peu de marbre ; je voudrais être plus
« près de vos belles carrières, ou que du moins l'Adige
« vînt baigner nos murs. Les vers d'Horace ralentissent
« mon ardeur pour le bâtiment, et me présentent ma
« tombe et ma dernière demeure : je réserve des pierres
« pour mon monument. Si j'aperçois une petite fente
« dans des murs nouveaux, je gronde les maçons : ils me
« répondent que tout l'art des hommes ne saurait rendre
« la terre plus ferme, qu'il n'est pas étonnant que des
« fondemens nouveaux s'affaissent un peu ; que les mains
« humaines ne peuvent rien bâtir de durable ; enfin, que
« ma maison durera encore plus que moi et mes neveux.
« Pénétré de la vérité de ce qu'ils me disent, je rougis
« et je me dis à moi-même : Insensé ! considère les fon-
« demens de ton corps qui menace ruine ! mets-toi en
« sûreté pendant qu'il est temps ! ce corps tombera avant
« ta maison ; tu videras bientôt l'une et l'autre demeure.
« Ces réflexions me feraient renoncer à mon bâtiment,
« si je n'étais retenu par la honte. Que diraient les passans
« en voyant ces murailles en l'air ? Ils se moqueraient de
« moi. Je presse la fin de l'ouvrage, mais je ne sais ce que

« je veux, et je ne suis jamais d'accord avec moi-même.
« Quelquefois je me contente d'une petite maison sem-
« blable au jardin de Curius ou d'Épicure, ou au champ
« du vieillard de Virgile. Quelquefois la fantaisie me
« prend d'élever mon bâtiment jusqu'aux nues, de sur-
« passer Rome et Babylone dans mes constructions :
« mon esprit se perd dans ces vastes idées. Un moment
« après devenu plus modeste, je hais tout ce qui sent le
« luxe et l'orgueil. Mon ame flotte dans ces incertitudes
« et ces variations perpétuelles; elle ne sait quel parti
« prendre. Ma seule consolation est de voir le vulgaire
« voguer sans gouvernail sur une mer agitée, et faire
« naufrage. Tout bien pesé, je me ris de moi-même et de
« tout ce qui est avec moi dans ce monde périssable. »[1]

[1] *Si quid agam quæris; quod gens humana, laboro :*
*Quid mediter? requiem; quæ spes? mihi nulla quietis;*
*Quà vager? hac illac: quò pergam? tramite recto*
*Ad mortem festinus eo; qua mente? profecto*
*Intrepida promptaque gravi de carcere solvi;*
*Qui comites? mortale genus; quæ meta? sepulcrum;*
*Proxima quæ? cœlum, vel si prohibemur, abyssus;*
*Hunc tamen, hunc superi casum prohibete, precamur!*
*Nunc ubi sim? Parmæ : quæ sit mea tota diœta?*
*Hortulus, aut templum nisi me nemus extrahat urbe;*
*Quis victus? solitus, licet indulgentior ambas*
*Det fortuna manus, gremioque invitet aperto.*
*Quæ frons? clara minus; quæ prima in pectore cura?*
*Africa; quod studium? vehemens; quis fructus? inanis*
*Gloria, nam solidam virtus vel sola meretur.*
*Cura secunda, domus, mihi par, quam marmore raro*
*Sæpe tuos operi questus procul abfore montes,*
*Aut Athesim rectis non hìc descendere ripis,*
*Exorno, coleremque magis, sed carmine Flacci*
*Terreor, ac busti admoneor, cogorque supernæ*
*Interdum meminisse domus, et parcere saxis,*
*Inque usus servare alios; tunc impetus ille,*
*Et cœpti lentescit amor; tunc tecta perosus,*
*In sylvis habitare velim. Tenuissima fortè,*
*Effugiensque oculos, emersit rimula muro;*
*Hanc animadvertens operum culpare magistros*

Pétrarque avait fait trois séjours à Parme en 1341, 1344 et 1348; quoiqu'ils n'eussent été que passagers, ils durent lui laisser d'affreux souvenirs, car ils furent marqués par la perte des objets qui lui étaient le plus chers; telles furent la mort de l'évêque de Lombez, du P. Denis, son maître, son directeur, son ami [1], du podestat de

*Aggredior, multisque rudem sermonibus artem :*
*Respondent, non arte hominum consistere terram,*
*Quam tantum curvaret onus, modo jacta parumper*
*Fundamenta novis subsistere molibus, atqui*
*Nil penitùs firmum, nil immortale per œvum*
*Mortales fecisse manus, ea mœnia vitœ*
*In longum satis esse meœ, vitœque nepotum.*
*Dirigui, mox ipse mihi, ni rusticus autor*
*Temnitur, hi verum memorant; quin cassa caduci*
*Fundamenta tui circumspice corporis amens,*
*Eripe te in tutum nunc dum licet, omnia nec sint*
*Te semper potiora tibi, domus ista manebit,*
*Corruet hoc corpus, sedem vacuabis utramque.*
  *Talibus increpitus silui, pudor obstitit unus,*
*Desereret ne cœpta metus : nam machina pendens*
*Prœtereuntis erat digito monstranda popelli.*
*Ergo opus insistens celero; tamen omnia discors*
*Mens variat, nunc tecta placent angusta catenis*
*Quantus et ingenti Curio fuit hortulus olim,*
*Quantus Epicuro, coeunt exempla, senexque*
*Virgilianus adest, quem se sub turribus altis*
*Æbaliœ vidisse refert; nunc œmula cœlo*
*Mœnia Romulidum, tacturaque culmina nimbos*
*Urbe Semiramiœ meditor; modus omnis agelli*
*Sordet, et immensis vaga mens anfractibus errat,*
*Arvaque fluminibus distinguit, montibus amnes,*
*Ruraque circumdant pelago; redit inde modesti*
*Miratrix, luxusque odio flammata superbi,*
*Jugiter ista mihi de me certamina surgunt.*
*Hac me multivolum pectus sub nube volutat,*
*Hos inter fluctus mens est; sed vulgus ineptum*
*Absque gubernaclo majoribus errat in undis.*
*Id sibi solamen proprias amat ipsa procellas*
*Naufragium populare videns, tandem omnia librans*
*Rideo meque simul mortali quicquid in orbe est.*
                              Carm., lib. II, ep. 18.

[1] Le P. Denis, poète et savant, paraît n'avoir point été étranger

Parme Paganino, et surtout de Laure. C'est là que lui parvint la lettre de son autre ami Socrate (Louis de Stefano), qui lui annonçait cette dernière mort arrivée le 6 avril, anniversaire de la première rencontre qu'il avait faite de Laure, et le matin même du jour qu'elle lui était apparue en songe; c'est là que fut tracée la note touchante et passionnée, inspirée par d'aussi miraculeuses circonstances et qui se lit encore sur le Virgile de l'Ambrosienne.[1]

Si les peines de l'ame étaient adoucies par les jouissances de l'amour-propre et par la renommée que donnent les talens littéraires, Pétrarque aurait peut-être été moins malheureux, en se rappelant la visite qu'il reçut à Parme de ce maître de grammaire, vieux et aveugle, qui, pour le contempler, avait été à pied de Pontremoli, où il demeurait, jusqu'à Naples, appuyé sur l'épaule de son fils unique; ne l'ayant point trouvé, il était retourné chez lui; de là il avait traversé les neiges de l'Apennin, afin de gagner Parme : après s'être annoncé par quelques vers qui n'étaient pas trop mauvais (*haud ineptis aliquot versiculis*)[2], il se fit conduire à la maison de Pétrarque; et là, cette espèce d'Homère pédagogue et difforme, car son visage paraissait de bronze, se livra, en sa présence, aux plus vifs transports; il se faisait soulever par son fils et un

aux visions de l'astrologie judiciaire; il s'y livrait avec le roi Robert de Naples, auquel il était attaché, ainsi qu'on peut le voir par les vers adressés à ce dernier, dans lesquels Pétrarque déplore sa perte :

*Solamen vitæ quoniam, Rex optime, perdis*
*Non mediocre tuæ, quis tecum consulet astra*
*Fatorum secreta movens, aut ante notabit*
*Successus belli dubios, mundique tumultus,*
*Fortunasque Ducum varias?* . . . . . . . ( Carm. lib. 1, ep. 13. )

[1] *V.* liv. III, chap. IX.
[2] V. *Senil*, lib. xv, 7.

de ses écoliers qu'il avait emmené de Pontremoli, afin, raconte Pétrarque avec assez de complaisance, d'embrasser la tête qui avait pensé de si belles choses (*quæ illa cogitassem*), et de baiser la main qui les avait écrites (*quæ illa scripsissem*). Pendant les trois jours qu'il passa à Parme, l'enthousiasme de ce vieillard fut inépuisable et divertit beaucoup les habitans. Un jour qu'il s'excusait auprès de Pétrarque de lui être importun, « Vous devez, lui disait-il, me laisser jouir du « bonheur que j'ai acheté par un voyage si pénible, « car je ne puis me rassasier de vous voir » : à ce mot de *voir*, tout le monde ayant éclaté de rire, « Je vous « prends à témoin, ajouta-t-il en se retournant avec « vivacité vers Pétrarque : n'est-il pas vrai que tout « aveugle que je suis, je vous vois, et vous vois mieux « que tous ces rieurs avec leurs deux yeux. »

Pétrarque avait composé à Parme la plus grande partie de son *Africa*, poëme long, ennuyeux, languissant, qui enchantait toutefois le roi Robert, auquel, sur sa prière, il est dédié, et que Pétrarque y loue véritablement un peu trop, malgré ses bonnes qualités, et le privilége classique de la flatterie accordé depuis longtemps aux auteurs d'épopées.[1]

## CHAPITRE XIV.

*Campo-Santo.* — Pont du *Taro*. — *Colorno*. — *Selva piana*.

Le *Campo-Santo*, composé de nombreuses arcades (*Logge*) non encore terminées, est une belle et utile

[1] *V.* le début du 1ᵉʳ livre de l'*Africa : Tu quoque Trinacrii*, etc.

création; il a une petite église d'un dessin noble et simple. Quoique son établissement ne remonte qu'à l'année 1817, il compte déjà quelques morts distingués, tels sont : le poète parmesan, Ange Mazza, mort cette même année 1817, et le médecin Pierre Rubini, en 1819. Un terrain séparé est destiné aux morts des religions dissidentes.

Le pont sur le Taro, à cinq milles de Parme, terminé en 1821, est construit en pierres de taille et en briques sur pilotis; malgré ses vingt arches et sa magnifique apparence, il ne paraît point un monument trop bien entendu : ce pont est plutôt menacé par le sable et le gravier que par l'eau; il aura besoin d'être souvent déchaussé, à cause des atterrissemens qui déjà ont encombré plusieurs arches. Le péage auquel sont exposés le simple piéton et le paysan est d'ailleurs indigne d'un grand monument public. Quatre statues colossales, placées aux extrémités, représentent les quatre torrens de l'État de Parme. Cette idée de statues, érigées à des torrens, peut sembler bizarre; mais pourquoi n'en auraient-ils point? On en a tant élevé aux conquérans, autres torrens, et qui certes causent de bien plus affreux ravages!

Le vaste château de Colorno a perdu ses colosses et sa belle esquisse du Parmesan[1]; il paraît un peu délaissé, la duchesse de Parme préférant le *Casino de' Boschi* à Sala, qui a une plus belle vue; les jardins de Colorno, maintenant à l'anglaise, sont toutefois très agréables, et de belles serres y avaient été récemment pratiquées par un jardinier allemand.

*Selva Piana*, à quinze milles de Parme, la solitude chérie de Pétrarque, où il s'était réfugié après son cou-

---

[1] *V.* ci-dessus, chap. VII.

ronnement à Rome, n'offre plus aucune de ses traces. La maison autrefois appelée *Casa alle pendici*, à cause de sa situation à mi-côte de la colline, a presque disparu de nos jours; elle existait encore il y a soixante ans; aujourd'hui il ne reste que les bois et la vue qui s'étend jusqu'aux Alpes, et domine toute la Gaule cisalpine. Un pareil séjour devait inspirer un poète, et Pétrarque l'a dignement chanté : « Cette vaste forêt,
« sur une colline verdoyante, a le nom de *Plana*, quoi-
« que escarpée : la terre y voit naître à la fois des hêtres
« dont les rameaux élevés garantissent des feux du soleil,
« et de jeunes et tendres fleurs de couleurs variées; une
« eau limpide et le vent frais des montagnes voisines y
« tempèrent les ardeurs du Cancer et du Lion. Les hau-
« teurs des montagnes qui touchent le ciel, dominent
« la forêt............ Mille oiseaux, mille animaux divers
« habitent son ombrage sacré; un ruisseau s'y précipite,
« et dans son cours incertain rafraîchit le jeune gazon.
« Au milieu est un bosquet fleuri qui n'est fait de la main
« d'aucun ouvrier, mais que la nature, amie des poètes,
« créa pour les inspirer : là, le chant des oiseaux mêlé
« au murmure de l'onde invite à un agréable sommeil;
« l'herbe y prépare un doux coucher; les branches vous
« couvrent de leur ombre et la montagne vous met à
« l'abri des vents du midi. Le grossier gardien de pour-
« ceaux n'a jamais souillé de ses pas un pareil asile : le
« paysan le montre de son hoyau et de son doigt, et le
« surveillant de la forêt le révère en tremblant du haut
« de la montagne. On y respire un parfum merveilleux;
« son aspect offre l'image des Champs-Élysées, et ce
« séjour est la paisible retraite des Muses errantes. C'est
« là que seul je vais furtivement et que j'échappe au
« monde et à la société. »[1]

[1] . . . . . . . . . . . . . . . *Stat colle virenti*

Un monument consacré à Pétrarque doit être élevé, par décret de la duchesse de Parme, sur l'emplacement de sa maison à *Selva Piana*; ce monument, au milieu des chaumières du village actuel, rappellera de loin la gloire et la félicité du poète.

## CHAPITRE XV.

Imitation française. — GUASTALLA. — De la fatigue littéraire. — *Serraglio* de Mantoue. — Aspect virgilien. — Contresens des traducteurs de cabinet. — Fertilité du *Serraglio*.

Il existe dans quelques parties de l'Italie, principalement au nord, une sorte de superstition presque pro-

> *Sylva ingens, Planæque tenet, licet ardua, nomen;*
> *Hic solem procul aërias avertere fagos,*
> *Ac teneras variare solum concorditer herbas*
> *Mensibus æstivis videas; hic brachia Cancri*
> *Temperat unda recens, atque ora jubamque Leonis*
> *Dulces vicinis feriunt ex montibus auræ.*
> *Impendunt juga celsa super, cœlumque lacessunt.*
> . . . . . . . . . . . . . . . . . . . . . . . . . . .
> *Mille nemus volucrum species, ac mille ferarum*
> *Circumeunt, habitant sacrum, gelidusque per umbram*
> *Fons ruit, irriguo pubescunt gramina flexu.*
> *Florens in medio chorus est, quem cespite nullo*
> *Erexit manus artificis, sed amica poetis*
> *Ipsa suis natura locum meditata creavit.*
> *Hic avium cantus fontis cum murmure blandos*
> *Conciliant somnos, gratum parat herba cubile,*
> *Fronde tegunt rami, mons flamina submovet austri;*
> *Horridus hunc metuit pedibus violare subulcus,*
> *Rusticus hunc rastris digitoque hunc signat, et alto*
> *Sylvarum trepidus veneratur ab aggere custos.*
> *Intus odor mirus, statioque simillima Campis*
> *Elysiis, profugisque domus placidissima Musis.*
> *Deferor huc solus furtim, sociosque fefelli.*
> Carm., lib. II, ep. 16.

vinciale pour la France et Paris, à laquelle n'échappent même point des personnes dont l'éducation, l'esprit, les manières sont comparables à ce qu'il y a de mieux parmi nous. Cette superstition, outre ses faux jugemens et l'admiration irréfléchie qu'elle a des hommes et des choses, produit encore une sorte d'imitation maladroite qui se retrouve jusque chez le peuple : lui aussi se pique de parler français, et je n'ai point oublié qu'à mon départ de Parme pour Mantoue, le maître du *Grand Hôtel Impérial* de la poste, me recommandant à son confrère mantouan, disait dans sa lettre qu'en lui adressant un tel voyageur, *il croyait le* CADEAULISER : et cette belle circulaire était sur grand papier et imprimée peut-être en caractères de Bodoni !

Je n'ai vu de Guastalla que son dôme fort peu remarquable et sa bibliothèque. Cette dernière, d'environ 6,000 volumes de bons livres, lui fut léguée en 1801 par Don Marc-Antoine Maldotti, Guastallésan, dont elle porte le nom ; mais elle n'a été ouverte qu'en 1817 ; elle est un nouvel exemple de cet esprit municipal auquel les villes d'Italie doivent un si grand nombre d'utiles fondations.

Le savant P. Affò[1] a composé une histoire de Guastalla. Il a consacré 4 volumes in-4°.[2] à cette ville peu ancienne et à son petit duché. L'avertissement du dernier volume peint d'une manière touchante la modestie de ce religieux ; il le termine par la citation d'un passage ingénieux d'Erasme sur le proverbe *herculei labores,* que les écrivains laborieux seront quelquefois tentés de rappeler à leurs lecteurs : « Telle est cette « sorte de travaux que le fruit et l'utilité en sont res-

---

[1] *V.* ci-dessus, chap. IX.
[2] Guastalla, 1785-87.

« sentis par tous, que personne n'en ressent le poids
« excepté celui qui le supporte. Le lecteur ne s'aper-
« çoit point en effet tandis qu'il parcourt à son aise nos
« ouvrages qu'un seul mot nous a pris quelquefois
« plusieurs jours. Il ne comprend pas, ou il oublie bien
« vite les peines qu'a coûtées cet agrément dont il jouit
« et par quelles fatigues la fatigue lui a été épargnée. » [1]

L'aspect du Pô, que l'on a cotoyé d'abord à Brescello, et que l'on passe ensuite à Borgo-Forte, est superbe. Je ne sais si la pureté du ciel succédant à un temps affreux ajoutait à la vivacité de mes sensations; mais je crus avoir alors comme une apparition de la nature peinte par Virgile, et relire ses vers dans cet unique et brillant exemplaire. Les bois qui bordent le fleuve en face de Brescello, son immensité, la rapidité de son cours, rappellent encore la description de ses débordemens et l'impression que Virgile en avait reçue :

*Proluit insano contorquens vortice silvas*
*Fluviorum rex Eridanus, camposque per omnes*
*Cum stabulis armenta tulit.* [2]

Dans la campagne fertile, dite le *Serraglio* de Mantoue, les prés, les bouquets des petits arbres que la vigne entoure dès le pied, le grand nombre de saules, les petites haies verdoyantes, les rivières que l'on tra-

---

[1] *Adde jam quod hujusmodi laborum ea ratio est, ut fructus et utilitas ad omnes perveniat, molestiam nemo sentiat, nisi unus ille qui sustinet. Neque enim illud animadvertit lector, qui totos libros inoffensus decurrit, nobis aliquoties ad unam voculam dies aliquot resistendum fuisse. Nec intelligit (aut si intelligit certe non meminit) quantis difficultatibus nobis constiterit illa, qua legens fruitur, facilitas, quantisque molestiis ea molestia sit adempta cæteris.*

[2] *Georg.* 1, 481.

Le superbe Eridan, le souverain des eaux,
Traîne et roule à grand bruit forêts, bergers, troupeaux.

verse et qui se jettent dans le Pô, vous montrent, vous expliquent, vous traduisent encore le :

> *Mecum inter salices lenta sub vite jaceret*, [1]

les *Mollia prata* [2], où Gallus aurait voulu être consumé par le temps avec Lycoris,

> ....... *Tecum consumerer ævo*,

les *Arbusta*, les *Flumina nota* de Tityre [3] et le buisson qui invite au sommeil,

> ........................... *Sepes*
> *Hyblæis apibus florem depasta salicti,*
> *Sæpe levi somnum suadebit inire susurro.* [4]

L'eau courante des marais, mêlée de végétation, rappelle, aux cygnes près, le trait si pathétique,

> *Et qualem infelix amisit Mantua campum*
> *Pascentem niveos herboso flumine cycnos.* [5]

Dans cette étude de Virgile, faite sur les lieux par une belle matinée d'automne, je pus presque constater l'exactitude agronomique des vers qui suivent les précédens et qu'il est véritablement impossible de ne pas citer :

> *Non liquidi gregibus fontes, non gramina desunt;*
> *Et, quantum longis carpent armenta diebus,*
> *Exigua tantum gelidus ros nocte reponet.* [6]

---

[1] Ecl. x, 40.
[2] *Id.* x, 42.
[3] *Id.* 1, 40, 52.
[4] *Id.* 54.
[5] *Georg.* II, 199.

> Va dans ces prés ravis à ma chère Mantoue
> Où le cigne argenté sur les ondes se joue.

[6] *Id.*

> Là tout rit aux pasteurs, la beauté du VALLON,
> La fraîcheur des ruisseaux, l'épaisseur du gazon ;
> Et tout ce qu'un long jour consomme de pâture,
> La plus courte des nuits le rend avec usure.

Le marbre rouge dont ce berger indigent offrait une statue provisoire à Priape, est encore commun dans le pays :

> ............ *Lœvi de marmore tota*
> *Puniceo stabis.* [1]

Les bêtes même ont conservé leur physionomie antique et virgilienne : les moutons, selon la remarque d'un observateur exercé de champs et d'animaux [2], ont le nez arqué, les oreilles pendantes ; ils sont hauts sur jambes, et tels qu'on les représente dans quelques bas-reliefs antiques. Il me sembla que les bœufs aussi avaient la mine de ceux des *Géorgiques* :

> ................ *bucula, cœlum*
> *Suspiciens, patulis captavit naribus auras.* [3]

Mais cette nature de Mantoue, douce, simple, féconde comme le génie du poëte, n'a point l'éclat méridional et presque oriental qu'on pourrait lui supposer d'après certains traducteurs ; et, lorsqu'on voit les *quatre professeurs* du collége Mazarin, ou le vénérable recteur Binet rendre le *malo me Galatea petit*, par *Galatée me jette une orange*, il est bien facile de s'apercevoir que jamais ces messieurs n'ont passé par là. Nous avons déjà remarqué les inexactitudes des traducteurs français de Pline et de Catulle au sujet des lacs de Côme et de Garda [4] ; l'aspect des lieux paraît aussi avoir manqué quelquefois à l'illustre traducteur des *Géorgiques* : dans une des citations précédentes, il

---

[1] Ecl. vii, 32.
[2] M. Simond. *Voyage en Italie*, I, 38.
[3] Georg. 1, 375 :
> Le taureau hume l'air par ses larges naseaux.
[4] Liv. iv, chap. viii.

a, pour la rime, ajouté un *vallon* qui n'est ni dans le texte ni dans la plaine de Mantoue. A la note 27º du 1er livre sur le vers 106 :

*Deinde satis fluvium inducit rivosque sequentes ?*

il prétend que cette sorte d'irrigation, cessée en France, ne se pratique en Italie que pour les jardins, tandis que le Piémont et les champs de la Lombardie sont habilement inondés de la même manière. A la note 29º du même livre, il croit que Virgile avait principalement en vue la Campanie, lorsqu'il composa les *Géorgiques*; elles semblent, comme les *Bucoliques*, empreintes bien plutôt de la nature de Mantoue, dont le poète avait reçu les premières impressions ; plus d'une fois il donne les méthodes de culture des peuples qui habitent près du Pô; les tableaux de Naples et de la Campanie se retrouveraient dans l'Énéide. L'interprétation du P. Larue sur le *liquefactaque volvere saxa* par *exesa imminuta igne,* est un autre contresens des traducteurs de cabinet, que la vue des monceaux de lave de la *Torre del Greco* lui eût épargné plus tard, et l'on comprend très bien qu'après l'éruption de 1737, il ait été si rudement relevé par l'Académie de Naples, trop bon juge alors de la vérité du *liquefacta*.

Telle est la fécondité du *Serraglio* de Mantoue, et la variété des cultures qu'il permet, que la propriété du terrain est un fort bon placement d'argent, et qu'à moins d'inondations et d'une année où l'on ait trop à se plaindre du

...... *Fluviorum rex Eridanus ,* .....

le champ de Virgile, avec ses muriers plantés en quinconce, peut rapporter par an jusqu'à 7 à 8 pour cent.

## CHAPITRE XVI.

Mantoue. — Palais ducal. — Gonzague.

Virgile et Jules Romain semblent, par le génie, des souverains sublimes de Mantoue; le premier règne aux champs, le second à la ville : si les tableaux, si les beautés du poète se retrouvent, se développent encore aux environs de cette belle cité, l'artiste en a fait le plan, il l'a bâtie, peinte, décorée. « Cette « ville n'est pas la mienne, disait le duc Frédéric Gon- « zaga, mais celle de Jules Romain. » Il est donc nécessaire de visiter Mantoue, afin d'avoir une juste idée de la puissance de son talent, et l'on ne sait véritablement ce qu'il vaut qu'après l'avoir vu là. Mantoue, malheureusement, ne se trouve point sur l'itinéraire direct et invariable des curieux qui courent l'Italie, et elle échappe ainsi à la plupart d'entre eux.

L'ancien palais ducal, dit aujourd'hui *Corte imperiale*, vieux monument, reconstruit en partie par Jules Romain, est vaste, irrégulier, caractéristique. Il respire encore dans sa tristesse et son abandon la magnificence de ce marquis de Mantoue, François Gonzaga, prédécesseur de Frédéric, dont la représentation, au dire du comte Castiglione, était plutôt celle d'un roi d'Italie que du seigneur d'une simple ville[1]. Les Gonzague, au lieu d'usurper la souveraineté de leur patrie aux dépens de sa liberté, y renversèrent l'insolente tyrannie de la famille des Bonaccolsi, à laquelle ils étaient alliés; capi-

---

[1] *Il Cortegiano*, lib. iv.

taines, généraux, marquis et ducs de Mantoue, ils firent singulièrement fleurir les lettres et les arts, malgré la petitesse de leur État et les guerres fréquentes auxquelles ils furent mêlés. Philelphe et Victorin de Feltre, l'ami prudent de Poggio [1], professèrent à Mantoue; Mantegna y fonda son école de peinture; Léon-Baptiste Alberti, son école d'architecture, et ces grands artistes eurent pour successeurs Jules Romain et son camarade le Primatice.

Dans la pièce autrefois *della Scalcheria* (du maître d'hôtel), une *Vénus* caressant l'Amour en présence de Vulcain, révèle encore, malgré l'injure des ans, l'habileté du pinceau de Jules Romain. Les portraits de la salle des anciens ducs, stupidement barbouillés de chaux par les démagogues de 1797, ont été nettoyés avec soin en 1808, et ils ont presque aujourd'hui leur premier éclat. Trois pièces sont couvertes de tapisseries exécutées, comme celles du Vatican, sur les dessins et les cartons admirables de Raphaël [2]. Le plafond de la galerie, peint par les élèves de Jules, offre plusieurs tours de force qui ne nuisent point à sa beauté; tels sont les chevaux blancs du char d'Apollon, qui paraissent toujours de face de quelque côté qu'on les regarde; une *Vénus* caressée par l'Amour, un dieu *Pan* et la nymphe *Syrinx*, qui produisent la même illusion. A l'extrémité, un vaste médaillon représente comme un Parnasse mantouan : au pied du Mont sacré sont Vir-

---

[1] *V.* dans la *Vie de Poggio*, de Shepherd, ch. VII, les reproches adressés par Poggio à Victorin de Feltre, alors précepteur des princes de Mantoue, pour n'avoir point osé remettre au duc François Gonzaga la lettre qu'il lui avait écrite en faveur de son fils aîné, blessé et fait prisonnier par les troupes de François Sforze, général des Florentins, après s'être enfui de la maison paternelle et avoir pris du service sous Nicolas Piccinino, général du duc de Milan.

[2] *V.* liv. XIV.

gile, Castiglione, Merlin Coccaie, Baptiste le Mantouan, Louis Gonzaga, appelé le *Rodomont*, et d'autres poètes. Mantoue, qui a produit plusieurs écrivains et artistes modernes dignes de célébrité, n'avait d'homme illustre dans l'antiquité que Virgile; mais il faut convenir que celui-là suffisait à sa gloire. Parmi les quatre figures mises aux quatre coins du même plafond est une *Innocence* d'une rare perfection de grace et de dessin. L'appartement le plus élevé, dit *del Paradiso*, est d'une bonne architecture. Parmi les ornemens de deux cabinets, on lit encore le nom d'*Isabelle d'Este* (*Isabella Estensis*), fille d'Hercule de Ferrare et femme de François IV, marquis de Mantoue, princesse intrépide chantée par l'Arioste, ainsi que son époux, poète et guerrier, qui l'avait habité après son veuvage.[1]

Le célèbre *Appartamento di Troja*, jadis couvert des peintures de Mantegna et de Jules Romain, représentant des sujets de l'histoire d'Ilion, est maintenant un grenier; le mur est fendu dans quelques parties, mais à travers les ravages du temps et de la guerre, on sent encore quelle a dû être la beauté de pareils ouvrages, et l'inspiration rivale de Jules et de Virgile à Mantoue même et sur les mêmes sujets offre un extrême intérêt. Je ne puis oublier un superbe *Laocoon*, une *Hélène* charmante enlevée par Pâris. Il serait bien temps que la gravure vînt au secours de ces fresques si admirables et qui finissent.[2]

---

[1] *Orland.* cant. xxxvii, st. 11.

[2] Il a paru, en 1827-29, à Mantoue, un recueil intitulé *Monumenti di Pittura e Scultura trascelti in Mantova o nel suo territorio*. On doit regretter que l'*Appartamento di Troja* n'ait point fait partie de ce recueil, qui ne contient que vingt-quatre *Monumens*.

## CHAPITRE XVII.

Académie des Beaux-Arts. — Musée. — Bibliothèque. — Bettinelli. — Typographie virgilienne.

L'Académie des beaux-arts de Mantoue a quelques tableaux précieux; tels sont : le *Paradis* et le *S. Michel* du Vianino, élève des Campi[1]; *Ste. Claire*, dessin du Carrache; *S. François*, de Borgani, artiste mantouan, de la fin du XVIIe siècle, qui mérite d'être plus connu; les *Apôtres*, de Feti, peintre de la cour du cardinal Ferdinand, depuis duc de Mantoue; la *Chute du Christ sous la Croix*, tableau très pathétique, du frère Jérôme Monsignori, habile imitateur de Léonard de Vinci[2]; le *Christ portant la Croix*, de François Mosca, dont le nom est indiqué par une mouche mise par lui sur la main d'un des personnages qui est son portrait. Ce chef-d'œuvre, horriblement dégradé, rappelle la manière du Dominiquin, et pourrait faire croire que Mosca avait été son élève.

Le musée des statues, placé dans une longue galerie, sert de vestibule à la bibliothèque. Ce musée peu connu est cependant le quatrième musée de l'Italie et ne le cède qu'à Florence, Rome et Naples. Plusieurs ouvrages

---

[1] *V.* ci-après, chap. xxv.
[2] La meilleure copie du *Cénacle*, selon Lanzi (*Stor. pittor. del. Ital.*, IV, 10), qui ailleurs ne rend pas complétement justice à ce peintre, est celle du frère Monsignori, faite pour la grande bibliothèque des Bénédictins de Polirone à Mantoue; lors de la suppression du couvent, elle fut vendue un louis à un Français, et transportée à Paris. Monsignori avait substitué un vestibule avec des colonnes à la chambre dans laquelle Léonard a placé son action.

grecs et romains sont remarquables ; tels sont : un buste d'Euripide ; un autre de Virgile, débris de cette statue antique élevée au poète par les habitans de Mantoue, peut-être pendant sa vie, et qu'un Malatesta, indigne de ses descendans [1], renversa vers la fin du xive siècle ; deux bustes de Lucius Verus, et quelques autres de Tibère, de Caligula, d'Adrien et de Marc-Aurèle ; le bas-relief de la *Descente d'Orphée aux Enfers* dont le Cerbère regarde Eurydice tremblante d'un air si menaçant ; un fragment d'une statue de Diane ; une statue d'Apollon ; le célèbre bas-relief de *Médée;* le bas-relief précieux de la *Supplication*, d'une haute antiquité, d'une belle exécution et que l'on croit représenter un sacrifice à Jupiter faisant de la pluie :

*Et sitiens pluvio supplicat herba Jovi.* [2]

Un *Amour dormant* avec deux serpens sur le sein est attribué avec quelque fondement à Michel-Ange. Quelques vases cinéraires étrusques sont à ce musée ; ils proviennent des fouilles mêmes de Mantoue, qui, selon les historiens et Virgile [3], aurait été une colonie étrusque antérieure de quatre cents ans à la fondation de Rome.

La bibliothèque a 80,000 volumes et 1,000 manuscrits. Parmi ces derniers sont : un *Pindare*, l'Hécube, l'Oreste et les Phéniciennes d'*Euripide*, peu anciens ; un très beau *Panégyrique de Trajan* : un manuscrit de Virgile peu ancien, fut pris, d'après l'inscription actuelle, au mois de vendémiaire an vii ; il était véritablement odieux d'arracher un Virgile à Mantoue : là, il devait être sacré. Un exemplaire de l'édition exécutée

---

[1] *V*. liv. xi.
[2] Tibulle.
[3] *Æn.*, x, 198.

aux frais de la duchesse de Devonshire [1], fut offert par elle à cette bibliothèque, ainsi qu'un exemplaire de l'édition de Bodoni donné par le général Miollis en 1798, nobles présens faits à la patrie du poète par les descendans civilisés et victorieux de peuples qu'il appelait barbares.

La bibliothèque de Mantoue possède de nombreux manuscrits du P. Bettinelli, parmi lesquels sont plusieurs lettres de Voltaire et les réponses de Bettinelli ; les lettres de Voltaire ne se trouvent point dans l'édition de Kehl ou ont été refaites pour l'impression : une de ces lettres, du 24 mars 1760, en réponse aux remarques de Bettinelli sur quelques erreurs de l'*Essai sur les Mœurs* relatives à l'Italie et à la littérature italienne, est singulièrement curieuse : « Vous ajoutez encore à « mon estime pour l'Italie, lui dit-il ; je vois plus que « jamais qu'elle est en tout notre maîtresse ; mais puisque « nous sommes à présent des enfans drus et forts, qui « sommes sevrés depuis long-temps, et qui marchent « tout seuls, il n'y a pas d'apparence que j'aille voir « notre nourrice, à moins que je ne sois cardinal » [2]. La correspondance de Voltaire avec Bettinelli s'était prolongée quelques années après son passage par Ferney comme négociateur du roi Stanislas, et même, dit-on, du P. Menoux [3] ; elle paraît avoir été rompue à la suite

---

[1] Rome, De Romanis, 1819.

[2] Cette lettre a été publiée pour la première fois dans l'ouvrage instructif de M. Camille Ugoni : *Della Letteratura italiana nella seconda metà del secolo* XVIII. (Brescia, 1821, t. II, p. 9 et suiv. Quelques traits en sont rapportés dans le morceau des *Mélanges de Littérature* de M. Suard, intitulé *Voltaire et Bettinelli*, t. I<sup>er</sup>, 25.

[3] Indépendamment de la proposition faite par Voltaire à Stanislas d'employer 500,000 fr. à l'acquisition d'une terre en Lorraine, pour aller mourir, lui avait-il dit, dans le voisinage de son Marc-Aurèle, un historien récent rapporte qu'il avait écrit en même temps au P. Menoux dans des termes qui semblaient annoncer l'intention

d'une lettre remplie de traits licencieux, écrite par le poëte [1]. Bettinelli, malgré ses connaissances et son mérite personnel, semble un de ces littérateurs du dernier siècle qui durent plutôt leur renommée à de nombreux rapports littéraires, et à leur correspondance avec quelques hommes illustres qu'à la supériorité de leurs propres ouvrages : c'est de lui, je crois, qu'un Italien a dit spirituellement qu'il avait acquis la plus grande partie de sa gloire à la poste aux lettres. Deux poëmes de Bettinelli in *ottava rima* sont restés inédits. L'un, composé à Vérone en 1797, et conservé manuscrit à la bibliothèque de Mantoue, a pour titre : *l'Europa punita o il secolo* XVIII, en douze chants ; l'autre, *Buonaparte in Italia*, en quatre chants. Il est heureux pour sa réputation d'indépendance et de fixité que ces poëmes n'aient point paru, car le héros du second n'est pas trop bien traité dans le premier. Comme son hôte de Ferney, Bettinelli avait méconnu la *Divina commedia* : ce poëme de proscrit, si admirable de foi et d'exaltation, ne pouvait guère être senti dans un siècle de repos, d'indifférence et de moquerie. Mais je doute que les faux jugemens des *Lettere virgiliane* soient de la force de celui d'un écrivain français de la même époque, qui avait ainsi défini le Dante, « assez bon poète, mais fort mauvais « sujet. »

La principale imprimerie de Mantoue s'appelle *la Tipografia Virgiliana*; malgré un si beau titre, il n'y avait pas encore de Virgile imprimé à Mantoue en 1827 : on y a bien publié la traduction d'Annibal Caro, mais par suite de cette fatalité bibliographique, le texte latin

---

de changer de principes. Bettinelli était en effet porteur de lettres du comte de Tressan et du P. Menoux pour Voltaire. *Storia della Letteratura italiana nel secolo* XVIII, par M. Ant. Lombardi, t. III, 265.

[1] *Id.* p. 267.

ne s'y trouve point. On doit, dit-on, y faire paraître enfin un Virgile avec commentaires, mais c'est seulement le Virgile de Virgile que j'aurais aimé là. Cette spéculation serait, je crois, assez bonne ; car il n'est point de voyageur *colto, intelligente,* comme disent les livrets, qui, au lieu de mettre dans ses poches de la terre ou des cailloux douteux de Pietole [1], ne préférât emporter un Virgile, édition de Mantoue.

## CHAPITRE XVIII.

Cathédrale. — Le Mantouan. — *Santa-Barbara.* — *S.-André.* — Mantegna. — Pomponace. — *Précieux sang.* — *S.-Maurice.* — Français en Italie. — *S.-Sébastien.* — *S.-Gervais.* — *S.-Barnaba.* — Tombeau de Jules Romain. — *Ste.-Apollonie.* — *Sant' Egidio.* — Bernardo Tasso.

La cathédrale de Mantoue peut être mise au rang des plus beaux temples de l'Italie. Refaite intérieurement par Jules Romain, la belle proportion des colonnes de ses nefs et le style pur et noble de tous les détails, rappellent le goût de l'antiquité. Un ingénieur du génie autrichien, directeur des fortifications de la place, fut chargé par l'évêque, dans le siècle dernier (1761), de l'exécution de la façade, lourde masse, qui n'indique que trop un architecte de tranchées et de bastions. Les statues des *Prophètes* et des *Sibylles* de la nef principale sont du Primatice ; la voûte, la coupole, sont peintes par Hippolyte Andreasi et Théodore Ghigi, élève de Jules ; dans le chœur, on remarque un *S. Jean* évangéliste, de Jérôme Mazzola, la *Mort de S. Joseph,* de

---

[1] L'ancienne Andès, dit-on. *V.* ci-après, chap. xxiv.

Cignaroli, et une *Vierge immacolata*, de Balestra. A la première chapelle à droite est un *S. Éloi*, si beau, qu'il a été cru du Guerchin, et qui est certainement de Possidenti, un de ses meilleurs élèves. Dans les autres chapelles sont un *Ange gardien* de Canuti, une *Ste. Marguerite* de Dominique Brusasorci, et un *S. Martin* de Farinati. Dans l'oratoire de l'*Incoronata*, est une admirable *Madone* de Mantegna et de belles fresques à la voûte, d'Andreasi et de Ghigi, tous deux de l'école de Jules. Sur les autels de la sacristie, on distingue une *Ste. Thècle*, de Jérôme Mazzola, le *S. Jean évangéliste*, de Fermo Guizoni, et une *Madeleine pénitente* de Baptiste Dognolo del Moro, élève de Jules. Le tombeau de marbre d'Alexandre Andreasi, illustre mantouan, orateur et poète du XVI$^e$ siècle, sans avoir l'élégance des monumens de cette époque, est d'une noble simplicité. Le buste, quoique de pierre, exprime très bien la supériorité d'esprit d'Andreasi.

Baptiste Spagnoli, le Mantouan, est enterré à la cathédrale. Ce versificateur latin, dont le bagage poétique est bien plus gros que celui de Virgile, n'aura jamais la même gloire, quoiqu'il ait été dans son siècle prodigieusement admiré. On voit encore à Mantoue l'espèce d'arc de triomphe élevé par le bizarre médecin et poète Baptiste Fiera, entre sa maison et le couvent de S.-François; il y a placé au milieu le buste de François Gonzaga, grand capitaine, qui combattit les Français à la journée de Val di Taro, et de chaque côté les bustes de Virgile et du Mantouan; au-dessous est ce beau vers, mais si exagéré, puisqu'il semble mettre le Mantouan au même rang que Virgile:

*Argumentum utrique ingens, si secla coïssent.*

C'est par erreur que Ginguené a prétendu que le

Mantouan, devenu général de son ordre, et voyant qu'il ne pouvait y porter la réforme, chose plus difficile, à son avis, que de faire des vers bons ou mauvais, avait abdiqué au bout de trois ans [1] : nommé au généralat des Carmes en 1513, le Mantouan mourut précisément cette même année 1516; son biographe, le Père Florido Ambrosi, prouve fort bien qu'il n'avait point abandonné ses fonctions, et que Léon X lui donna immédiatement un successeur [2]. Quant à la légitimité ou à l'illégitimité de sa naissance, question vivement controversée, elle est aujourd'hui à peu près indifférente : ce religieux eut le malheur et le tort plus grave d'invectiver contre les femmes et de composer des vers licencieux.

L'élégante église de *Sta. Barbara*, et son superbe clocher furent construits par J.-B. Bertani, architecte et peintre habile, élève de Jules, qui semble, à la supériorité des talens près, avoir été, pour le duc Vincent Gonzaga, ce que son maître avait été pour le duc Frédéric. Attenante au palais, cette église servait autrefois à célébrer les obsèques des princes de la maison de Gonzague. Les tableaux les plus remarquables sont : un *S. Sylvestre baptisant Constantin*, un *S. Adrien flagellé*, dessins de Bertani, peints par Laurent Costa; *Jésus-Christ donnant les clefs à S. Pierre*, de son frère Louis ; une *Ste. Marguerite*, de J.-B. Giacarollo, élève de Jules; le *Martyre de Sta. Barbara*, excellent ouvrage de Dominique Brusasorci; une gracieuse *Madeleine lavant les pieds du Sauveur*, d'Andreasino ; le *Baptême de Jésus-Christ*, beau tableau de César Aretusi, peintre modenais, heureux imitateur du Corrège. Les

---

[1] *Hist. litt. d'Ital.*, t. III, 456.
[2] *Vita Bapt. Mantuani.* Augustæ Taurinor, 1784, p. 96.

guerres d'Italie ont dépouillé *Sta. Barbara* de vases, de statues non moins précieux que ses peintures; il ne lui reste plus qu'une jolie fiole d'or et un bassin d'argent, attribués sans fondement à Benvenuto Cellini. Les ciselures grecques du bassin représentent les noces joyeuses d'Amphitrite ou quelque fête marine, au milieu desquelles se trouve bizarrement encadrée une petite figure de *Ste. Barbe*.

L'église S.-André, un des premiers et des plus purs ouvrages de la renaissance, est du grand architecte Léon-Baptiste Alberti, emmené de Florence à Mantoue par Louis Gonzaga, prince ami des lettres et des arts, Auguste mantouan, qui n'a point eu de Virgile. A côté, le vieux clocher gothique contraste par sa légère architecture avec ce modèle classique. On doit vivement regretter que l'église S.-André n'ait point été terminée du vivant de l'artiste, et que la grosse coupole, construite dans le dernier siècle, et chargée d'ornemens, l'ait éloignée de sa première et majestueuse simplicité. Le temps a presque détruit les belles fresques de Mantegna et de ses meilleurs élèves, dont la façade et le vestibule de S.-André étaient couverts. Le feuillage et les oiseaux qui bordent et décorent la grande porte sont un travail exquis dû au ciseau d'Antoine et Paul Mola, célèbres sculpteurs mantouans, auxquels on doit aussi la chaire, qui est du meilleur goût.

Les tombeaux sont les plus nobles monumens de ce temple. Le mausolée du marquis Jérôme Andreasi et de sa femme Hippolyte Gonzaga, est attribué à Jules Romain; il en paraît digne par le caractère grandiose de l'ensemble et le bon goût des ornemens, quoique l'architecture soit incorrecte, et la statue d'Andreasi médiocre. Mantegna est enterré dans la chapelle qui porte son nom, quoiqu'il l'ait consacrée à S. Jean-Baptiste [1]. Le buste de bronze de ce créateur de la peinture italienne, et même de cet inventeur de la gravure, est un ouvrage merveilleux, plein de vie, du mantouan Sperandio, un des habiles sculpteurs et fondeurs du XVI° siècle. Les deux *saintes Familles*, attribuées à Mantegna ou à ses fils, artistes dignes de leur père, et qui reposent près de lui, sont admirables : une tête de *Ste. Élisabeth* est de la plus touchante expression ; c'est véritablement la *pregnante annosa* de l'hymne sacré de Manzoni [2]. Un tombeau remarquable et bizarre est celui de Pierre Strozzi, dont le nom, ainsi que celui de l'artiste ou des artistes qui l'ont imaginé, est tout-à-fait inconnu : on ne sait de l'histoire de ce Strozzi que l'article de son testament, par lequel il lègue 400 écus d'or pour son vain mausolée. Le style des cariatides est une imitation affectée de l'antique ; mais les ornemens sont du goût le plus pur, et pourraient bien être d'une autre main. C'est à tort que ce monument a été cru de Michel-Ange ou de son école ; il semble plutôt un caprice dans le genre de Jules Romain. Le mausolée de l'évêque George Andreasi, savant et négociateur, est le chef-d'œuvre de Prosper Clementi [3] : l'expression de douleur des deux figures latérales qui pleurent est admirablement touchante.

Une chapelle d'illustres Mantouans, moins splendide sous le rapport de l'art, est intéressante par les hommes dont elle rassemble les tombeaux, et par ses élégantes inscriptions : là reposent le savant botaniste Marcello Donato, le poète Cantelmi, le fameux faiseur

---

[1] Mantegna mourut en 1505 ; c'est à tort que Vasari et l'auteur de la *Vie et du Pontificat de Léon X* l'ont fait mourir en 1517, époque de l'érection du tombeau par ses fils.

[2] *Il nome di Maria*.

[3] *V.* ci-dessus, chap. VIII.

de centons Lelio Capilupi, ami de Joachim Du Bellay, et le célèbre philosophe et professeur Pierre Pomponace. Les restes de ce dernier avaient été jadis déposés dans la sépulture même des Gonzagues, à l'église S.-François, changée en arsenal, ainsi que son couvent, et dans laquelle ces restes et la statue de Pomponace sont encore indiqués par plusieurs historiens récens. Pomponace, comme Cardan, pourrait bien avoir été, à tort, accusé ou loué d'athéisme dans le XVIe et le XVIIIe siècle [1] : les opinions de son traité *De Immortalitate animæ* ne sont guère différentes des opinions spéculatives des autres lettrés de cette époque, et sa rétractation plutôt théologique que philosophique, sa mort chrétienne, prouvent la sincérité de sa foi [2]. C'était d'ailleurs montrer bien du zèle pour ces tristes doctrines que de s'emparer du livre de Pomponace, puisque ce livre, examiné à Rome, fut absous par l'inquisition, et échappa à l'*index*.

Les peintres habiles de Mantoue semblent avoir à l'envi décoré S.-André de leurs beaux ouvrages, tels sont : l'*Annonciation*, d'Andreasi ; la *Nativité* et l'*Adoration des Mages*, vastes fresques de Laurent Costa, à peu près perdues ; un *Crucifiement*, énergique de dessin et de coloris, de Guisoni ; à la chapelle S.-Longin, les belles fresques dessinées par Jules Romain, et exécutées par Rinaldo, son meilleur élève, et regardé par Vasari comme le premier peintre de Mantoue ; d'autres fresques de ce même Rinaldo représentant le *Martyre de S. Sébastien* ; quatre anges du

---

[1] *V.* liv. v, ch. XIII.
[2] Tel est l'argument de Pomponace dans son *Defensorium* : « Le « Christ est ressuscité, et nous ressusciterons avec lui : si nous de-« vons ressusciter, l'ame est immortelle ; donc l'ame est immor-« telle. »

même artiste à la voûte d'une petite chapelle, malheureusement mal éclairés ; un excellent tableau de *Ste. Anne* et d'autres saints, de Dominique Brusasorci ; deux grandes fresques, la *Nativité de la Vierge* et l'*Assomption*, du dessin de Jules Romain, peintes par ses élèves.

La chapelle de S.-Longin annonce de bien magnifiques reliques ; ce seraient celles de S. Grégoire de Nazianze (*Gregorii Nazianzeni ossa hic servat lapis*) : l'inscription du tombeau du saint (*Longini ejus qui latus Christi percussit ossa*) n'est pas moins étrange. La relique la plus vénérée de cette église et de Mantoue est le célèbre *Sang* de Jésus-Christ mis dans une double fiole de forme cylindrique, dont le travail, très estimé, a été cru de Benvenuto Cellini ; ce qui doit paraître douteux, puisque cet artiste, plein de vanité, qui cite et rappelle ses plus petits ouvrages, n'eût point oublié celui-là ; il ne parle dans sa vie que du seul reliquaire et de la fièvre quarte gagnée par lui lorsqu'il en était occupé : maudissant à la fois Mantoue et son duc, qui voulut se fâcher, et que l'impétueux artiste quitta brusquement. Il est plus probable que le travail des fioles est de Messer Nicolas, alors orfèvre de la cour. L'autel principal de la chapelle du très précieux *Sang* a été refait ces dernières années ; les deux belles statues de la *Foi* et de l'*Espérance* furent exécutées à Rome par les élèves et sous la direction de Canova.

L'église S.-Maurice a de la magnificence, quoique sa façade ne soit pas de fort bon goût, et ses peintures sont belles. Une *Annonciation*, de Louis Carrache, est remarquable : l'ange a toutefois un certain air malin, et presque peu décent, qui étonne chez ce grand maître. Le *Martyre de Ste. Marguerite*, de Louis ou d'Annibal, est superbe : la figure de la sainte est douce, forte, résignée; le bourreau, prêt à la décapiter, est supérieur de dessin; les têtes des spectateurs expriment une douleur touchante et variée. Un des bons élèves d'Annibal Carrache, André Donduci, a représenté deux autres supplices de la même sainte. *Ste. Félicité* et ses sept fils aux pieds de la Vierge et de l'enfant Jésus, est encore un excellent tableau de Laurent Garbieri, élève de Louis.

Lorsque l'église S-Maurice était devenue S.-Napoléon, un général français distingué, M. le général Grenier, a noblement fondé, en 1807, une chapelle militaire où sont rassemblés des inscriptions et les tombeaux de guerriers tués dans les guerres d'Italie et pendant le siége de Mantoue. On y voit encore l'inscription mise sur le cénotaphe de Jean de Médicis, chef intrépide, blessé à mort à trente-neuf ans, dans lequel Machiavel entrevoyait un libérateur de l'Italie [1]; le dernier trait est remarquable et confirme cette espérance : *Ad Mincium tormento ictus Italiæ fato potius quam suo cecidit.* Cette chapelle est comme le mausolée de braves de nations diverses. Là sont réunis le capitaine de Charles-Quint, l'officier de Louis XIV, le soldat de Napoléon ; les morts français sont les plus nombreux, et l'on y sent que c'est à trop juste titre que l'Italie a été appelée le tombeau de notre nation. Formons des vœux pour l'Italie, aidons à propos à sa délivrance, mais rappelons-nous les vers prophétiques de son poète :

> .......... *Chi poi succederà, comprenda*
> *Che, come ha d'acquistar vittoria e onore,*

---

[1] *V.* sa lettre à Guichardin du 15 mars 1525. Le corps de Jean de Médicis, après avoir été cent cinquante-neuf ans dans la sacristie de l'église des Dominicains de Mantoue, fut transporté à Florence, en 1685.

*Qualor d'Italia la difesa prenda*
*Incontra ogn' altro barbaro furore ;*
*Così, s' avvien ch' a danneggiarla scenda,*
*Per porle il giogo e farsene signore,*
*Comprenda, dico, e rendasi ben certo*
*Ch' oltre a quei monti avrà il sepolcro aperto.* [1]

La petite église S.-Sébastien est un des monumens d'excellente architecture laissés à Mantoue par Léon-Baptiste Alberti, et commandés par Louis Gonzaga [2]. Les bas-reliefs de la *Loggia*, représentant des génies qui soutiennent les armes des Gonzagues, prouvent que ce grand architecte, doué de génies si divers [3], était encore habile sculpteur. La *Vierge*, *S. Sébastien*, et d'autres saints, fresque de Mantegna, peinte sur la façade, est fort endommagée. Les irrégularités de cette façade ne peuvent être attribuées à Alberti; elles appartiennent à ceux qui, après lui, furent chargés de la terminer. Le *Martyre de S. Sébastien*, à l'autel du milieu, est un des meilleurs ouvrages de Laurent Costa.

L'église S.-Gervais a deux beaux tableaux : un *S. Antoine de Padoue*, de Canti, peintre du XVII° siècle, d'une rapide exécution, et surtout une *Déposition de Croix*, d'Hippolyte Costa, composition admirable par l'expression, le dessin, l'harmonie et la vigueur du coloris.

S.-Barnaba offre un assez grand nombre de tableaux estimés, tels sont, au-dessus de la porte, une grande *Multiplication des Pains*, du même Costa; le *Songe*

---

[1] « Que les rois de France sachent bien qu'autant ils acquerront « d'honneur et de gloire en défendant l'Italie de la fureur des bar- « bares, autant, s'ils veulent s'en rendre maîtres et l'opprimer, ils « doivent être sûrs de trouver leur tombeau par-delà les monts. » *Orland.*, cant. XXXIII, st. 12.

[2] *V.* ci-dessus, même chapitre.

[3] *V.* liv. XI.

*de S. Romuald*, de Bazzani ; *S. Philippe,* d'Orioli ; les *Noces de Cana*, d'Alexandre Maganza ; un *S. Sébastien*, de Pagni, un des bons élèves de Jules : à la sacristie, la *Vierge et l'enfant Jésus,* fresque de Jérôme Monsignori, est un ouvrage très gracieux ; et une belle statue de la *Vierge addolorata* fut exécutée sur le dessin de Jules par Jean-Baptiste le Mantouan, son élève.

Jules Romain, mort dans la force de son talent, fut enterré à l'ancienne église S.-Barnaba [1] ; la pierre de marbre qui indiquait le lieu de sa sépulture fut détruite par une barbare négligence lors de la construction de l'église nouvelle ; la tradition a conservé l'épitaphe suivante, mise sur la pierre :

*Romanus moriens secum tres Julius artes
Abstulit ; haud mirum , quatuor, unus erat.*

L'église Ste.-Apollonie offre trois tableaux remarquables : *S. Bernardin, S. Pierre et S. Paul,* de l'école du Titien ; la *Vierge et S. Étienne,* de Louis Costa ; et, à la sacristie, la *Vierge, l'enfant Jésus, Ste. Marthe et Madeleine,* attribué à Bernardin Luini, mais regardé par de meilleurs juges comme de l'école de Dosso Dossi ou du Garofolo [2], ouvrage distingué par la beauté des formes, la pureté du dessin, l'habileté de la composition, l'harmonie du coloris, et l'agrément du paysage.

Une simple inscription sur le pavé à l'église Sant' Egidio, indique la place où repose le père de l'auteur de

---

[1] Il avait cinquante-quatre ans, comme l'avait dit Vasari, et comme l'a très bien démontré M. Quatremère de Quincy (*Hist. de la Vie et des Ouvrages des plus célèbres Architectes*, I, 220), malgré l'opinion de l'auteur d'une Notice sur Jules Romain, qui fait partie d'une petite Description du palais du Te, imprimée à Mantoue en 1783, et d'après laquelle il n'aurait eu que quarante-sept ans.

[2] *Monumenti di Pittura e Scultura, trascelti in Mantova.* Mantoue, 1827-29, p. 24.

la *Jérusalem*, Bernardo Tasso, bon poète lui-même, et dont la renommée a comme disparu dans la gloire de son fils. La nudité de cette sépulture rappelle la pierre de S.-Onuphre; et l'infortune héréditaire de ces poètes, dont nous avons parlé, semble même les poursuivre jusque dans la tombe[1]. Malgré l'autorité de quelques historiens qui prétendent que le Tasse fit transporter à Ferrare les restes de son père, je ne les ai point trouvés dans cette ville, et ils sont inconnus aux hommes les plus instruits que j'y ai consultés. J'inclinerais à croire qu'ils sont restés à Mantoue, ainsi que le constate l'inscription, d'un style détestable, mise en 1696 par un curé de Sant' Egidio. Singulier rapprochement entre les deux grands poètes de l'Italie ancienne et moderne : le berceau du Tasse est en face du tombeau de Virgile, et la tombe de son père est voisine du lieu où Virgile a pris naissance !

## CHAPITRE XIX.

Château. — Portes. — Ponts. — Citadelle. — Tour *della Gabbia*; — *dello Zuccaro*. — Liberté du moyen âge. — Palais *d'Arco*; — *du Diable*; — *Colloredo*.

Le château, les portes, les ponts de Mantoue, sont d'un aspect imposant. Un habile élève de Jules Romain

---

[1] *V.* liv. v, chap. iv. Un mausolée de marbre avait été élevé à Bernardo Tasso par Guillaume Gonzaga, duc de Mantoue; mais il fut détruit peu de temps après, le concile de Trente ayant ordonné la démolition de tous les monumens funèbres qui s'élèveraient au-dessus de terre, à l'exception des tombeaux des saints. Le Tasse a déploré la destruction de la sépulture de son père dans le beau sonnet adressé au cardinal Albano :

*Alban, l' ossa paterne anco non serra*
*Tomba di peregrini, e bianchi marmi*, etc.

a fait le vestibule et les portiques du château ; et dans une salle des archives quelques débris des fresques de Mantegna offrent encore les portraits des Gonzagues, au plafond les douze Césars et de petits génies légers, joyeux, élégans.

Du pont de la porte S.-George, très bien défendu au-dehors par un petit et savant ouvrage des Français, la vue du lac et des environs est agréable ; elle s'étend jusqu'aux hauteurs verdoyantes de Cipata, patrie de Merlin Coccaie, et au fort de Pietole, aussi construit par les Français sur l'emplacement de l'ancien Andès, où, dit-on, est né Virgile ; elle offre ainsi à l'horizon un étrange contraste poétique.

Le pont *dei Mulini*, à la fois digue et chaussée, refait pour la dernière fois en 1752, était l'ouvrage d'un grand architecte hydraulique de Mantoue, Albert Pitentino, le premier qui inventa, au XII$^e$ siècle, les vannes ; il fut construit par suite de l'abandon patriotique que firent les neuf recteurs et les trois procurateurs de la commune de Mantoue, de la plus grande partie des terrains qu'ils possédaient, afin de créer, avec les eaux du Mincio, le lac supérieur. Une inscription de la même époque, qui rapporte ce fait, est curieuse : les habitans de Mantoue y sont appelés le peuple de Virgile (*populus virgilianus*), et le Paradis, dont il est à la fin question, ramène à l'esprit et aux mœurs du temps. Virgile avait été déclaré seigneur de Mantoue par les vœux des habitans, en 1227, sous le podestat de Laurent Martinengo ; son portrait fut mis dans les armes, sur les drapeaux et la monnaie de la commune, et une statue grossière qui se voit encore, lui avait été élevée [1].

---

[1] La statue de Virgile est près de la place du Broletto, sous un portique gothique attenant à l'ancien palais de la commune. Virgile est représenté assis et les mains sur un livre ouvert placé sur une

La porte du pont *dei Mulini*, d'ordre dorique, majestueuse, est de Jules Romain ; elle conduit à la citadelle, autre espèce de ville, mais qui n'a pas le caractère grandiose, les beautés pittoresques et presque poétiques des fortifications assises parmi des rochers ou sur un sol inégal ; elle présente seulement un plat et vaste assemblage de tranchées, de bastions, de fossés, et n'offre à l'œil qu'une froide réunion de lignes géométriques : défendue opiniâtrément en 1797 par Wurmser, héroïquement assiégée et prise par Bonaparte, la citadelle de Mantoue est comme la dernière et la plus décisive conquête des vainqueurs successifs de l'Italie.

La tour *della Gabbia* (ou de la cage) a revu sa terrible cage de fer, instrument d'un de ces cruels supplices du moyen âge qui ne peut plus être contesté[1]. Elle fut élevée en 1302 par Guido Bonaccolsi, un des anciens tyrans de Mantoue. Un joli escalier, construit en 1811 par M. le marquis Guerrieri, conduit sans fatigue à une belle salle à manger pratiquée sur la plateforme et fraîchement décorée ; on jouit ainsi du contraste qui existe entre la douceur des mœurs actuelles et celles du temps de la cage. La vue de la tour de la *Gabbia* est la plus belle de Mantoue ; au moyen des télescopes et des longues-vues qu'y a mis l'attentif propriétaire, elle s'étend jusqu'aux collines du Bressan et du Véronais. Le palais de M. le marquis Guerrieri offrait un merveilleux chef-d'œuvre de Jules Romain, indiqué par Vasari ; le sujet est pris d'une médaille antique, et re-

---

espèce de pupitre, ayant pour inscription *Virgilius Mantuanus poetarum clarissimus* : sur la base du monument sont écrits, en caractères gothiques, l'épitaphe du poète : *Mantua me genuit*, etc. ; et au-dessous, d'autres vers contemporains moins élégans qui rappellent l'érection de ce portique.

[1] *V.* liv. IV, ch. VII. Cette cage avait disparu en 1796 ; elle a été remise à sa place en 1814.

présente Alexandre de grandeur naturelle tenant à la main une figure de la Victoire.

La tour *dello Zuccaro*, voisine de la tour *della Gabbia*, est encore plus ancienne ; une inscription mise sur le mur de la façade rappelle comment, par suite de la lutte des *Arioli* et des *Ruffi*, c'est-à-dire des nobles et du peuple, et après un combat très sanglant, Mantoue fut presque entièrement brûlée en 1141. Dans le voisinage de la place S.-André, une vieille tour attenant à une ancienne maison de la famille Assandri, aujourd'hui occupée par un apothicaire, fut rasée à la hauteur du toit de celle-ci par le peuple, ainsi que les autres tours des grands, qui, au moyen de ces forteresses, voulaient exercer leur tyrannie féodale, malgré l'autorité des magistrats que les habitans avaient nommés : tant cette liberté des républiques italiennes du moyen âge était barbare, violente, destructrice, et devait ressembler à l'anarchie.

L'élégance de la façade, du vestibule et de la cour du beau palais des comtes d'Arco, ouvrage d'Antoine Colonna, prouve une heureuse et non servile imitation de Palladio.

Le palais du *Diable* a dû son étrange nom à la rapidité avec laquelle Pâris Ceresara le fit élever, et à l'opinion vulgaire qui voulait voir dans ce savant un magicien ; il est maintenant garni de boutiques, et la superbe frise sur laquelle Pordenone avait peint de gracieux génies, est effacée par le temps. Le même grand artiste avait représenté sur une petite maison voisine Ulysse dans l'île de Calypso, et Mazzola, une figure de l'Architecture, ouvrages à peu près méconnaissables aujourd'hui, mais qui confirment la remarque déjà faite sur cette ancienne peinture de rues en Italie.[1]

---

[1] *V.* liv. v, ch. xxv, et ailleurs.

Quoique de Jules Romain, l'extérieur du palais Colloredo a plus de bizarrerie que de beauté réelle, mais il est de meilleur goût en dedans, et l'on y remarque de nombreux tableaux de ce grand artiste et de son école.

La galerie de M. Gaetan Susanni, juif opulent et ami des arts, ainsi que son fils, mérite d'être visitée; elle offre quelques tableaux de Mantegna et du Guide : un *S. Jean-Baptiste* conduit par un ange écoutant l'enfant Jésus sur les genoux de la Vierge qui le bénit est un beau Francia : l'attention, la tendre piété du petit saint Jean-Baptiste, la douce et céleste gravité de l'enfant Jésus, sont admirables. Un portrait de la comtesse Mathilde, par le Parmesan, est gracieux, élégant et joli.

Un autre amateur distingué, M. Alexandre Nievo, possède une *Annonciation*, chef-d'œuvre du Garofolo, autrefois au couvent des religieuses de S.-Christophe, dont le temps n'a point altéré l'éclat du coloris : la Vierge est touchante de ferveur et de modestie; l'attitude, l'ajustement des habits de l'ange, sont très nobles. Quelques détails ont de la bizarrerie; c'est ainsi que sous le prie-dieu de la Vierge un œillet en pot, qui se dit en italien *garofano*, indique le nom et la patrie de l'auteur[1]; l'architecture, les ornemens du portique, sont dans le goût du Bramante, et la fraîcheur du paysage ne s'accorde guère avec la nature et les sites de la Judée.

La maison Biondi offre un camée peint par Jules Romain : au milieu est un rocher sur lequel est une femme endormie qui pourrait paraître une Ariane si le calme de la mer d'un côté du rocher et son agitation de l'autre, ainsi que les deux vaisseaux sur lesquels sont des ma-

[1] Garofolo (Benvenuto Tisio da) a souvent pris l'œillet comme emblème : c'est ainsi que dans ses deux portraits, d'âges différens, peints par lui et placés au Musée royal, il tient cette fleur à la main.

telots endormis ou effrayés, ne rendaient l'allégorie assez confuse. Jules Romain était fort partisan de l'allégorie, et l'on retrouve dans celle-ci le caractère et la force de ses grandes peintures.

Une *Vierge*, du vieux Palma, remarquable par l'effet du clair-obscur et l'expression des physionomies, est un des beaux ouvrages que possède M. le comte Antoine Beffa.

## CHAPITRE XX.

Maisons d'Antimaco ; — de Jules Romain ; — de Mantegna ; — de Bertani ; — de Castiglione. — Théâtre.

Au milieu d'une ville de garnison telle qu'est aujourd'hui Mantoue, et après les fréquens désastres qu'elle a soufferts, on éprouve quelque surprise d'y retrouver encore autant de traces et de souvenirs de la littérature et des arts, et les maisons de Pindare y semblent assez nombreuses. Sur la petite maison du célèbre professeur de langue grecque Marc-Antoine Antimaco, mort à soixante-dix-neuf ans, en 1552, se lit encore l'inscription pédantesque qu'il avait sans doute mise à l'usage de ses écoliers : *Antimachum ne longius quæras*.

La plus remarquable de ces maisons illustres est celle de Jules Romain, demeure élégante bâtie par lui, et dans laquelle il mourut comblé de biens et d'honneurs par le duc Frédéric Gonzaga et son frère le cardinal. Malgré son génie, Jules Romain ne rougissait point d'être propriétaire; il savait fort bien se faire payer, et l'on voit par un grand nombre de lettres de sa main, conservées dans les archives de Mantoue, la liberté avec laquelle il déclare nettement au duc Frédéric, que si l'argent n'arrive point, il ne pourra continuer ses travaux. La façade de cette maison a été réparée en 1800; mais le goût primitif de sa décoration n'a point été altéré, et l'on y voit encore, au-dessus de la porte, la petite statue de Mercure qu'il rapporta de Rome, ouvrage grec pour le torse et les cuisses, restauré par lui et le Primatice : les riches mascarons, les festons et les guirlandes qui ornent les têtes de bélier de la frise sont de ce dernier. Quand on se rappelle les talens et les habitudes calculatrices de Jules Romain, la statue du dieu de l'éloquence et de l'argent semble assez bien placée au-devant de sa maison.

Ainsi que le constate une inscription au coin du palais Lanzoni, la maison de Mantegna était vis-à-vis l'église S.-Sébastien, dont il avait peint si merveilleusement la façade. [1]

La maison du célèbre architecte et peintre du xvie siècle, Bertani [2], offre un ornement fort convenable à la demeure d'un architecte : ce sont deux demi-colonnes mises de chaque côté de la porte. Sur l'une sont tracées les règles et la mesure de la colonne ionique; l'autre, cannelée, garnie d'une guirlande de chêne, offre l'exécution exacte et gracieuse de ces mêmes règles.

La maison du comte Balthasar Castiglione, l'auteur du *Cortegiano*, fut démolie il y a quelques années, lors de la construction du théâtre *della Società*, destination qui semble assez naturelle à l'ancienne demeure d'un tel écrivain, narrateur élégant de jeux, de fêtes et de spectacles. Je vis représenter et applaudir dans la patrie de Virgile un assez mauvais mélodrame, dont l'auteur était un duc. La *Compagnie* de Mantoue disait,

---

[1] *V.* ci-dessus, ch. xviii.
[2] *V.* ci-dessus, même chapitre.

dans son annonce, qu'elle comptait sur l'indulgence du public et sur le goût éclairé de la garnison autrichienne. Le souffleur, ainsi qu'à Parme et dans d'autres villes d'Italie, lisait la pièce à haute voix et suivait les acteurs. Avant d'être fait à un usage aussi ridicule, on ne sait véritablement quel est ce troisième personnage, cette espèce d'écho partant de la terre et sortant du sein d'un énorme soufflet; car on a cru devoir en donner exactement la forme au trou du souffleur. En face des spectateurs, au-dessus de la toile, était, comme ailleurs encore, une horloge fort bien montée, afin que les classiques scrupuleux pussent s'assurer aisément si la pièce était dans les règles et ne manquait point à cette unité de cadran dont M$^{me}$ de Staël a parlé.

## CHAPITRE XXI.

Place de Virgile. — Douane. — Marché. — Boucheries. — Ghetto.

La place *Virgiliana*, autrefois espèce de marécage, est devenue, grace à la dépense faite par la commune de Mantoue, et à l'enthousiasme du général Miollis pour le prince des poètes, une agréable promenade plantée d'arbres et garnie de nombreux bancs de marbre, donnés par divers habitans. Le buste et la colonne consacrés à Virgile, au milieu de la place *Virgiliana*, avaient d'abord été transférés par les Autrichiens à l'extrémité, dans l'hippodrome, afin de ne point gêner les parades de la garnison:

..... *Stirpem Teucri nullo discrimine sacrum Sustulerant, puro ut possent concurrere campo.* [1]

[1] *Æn.*, XII, 770.

Un cirque, destiné à des spectacles de jour, et qui servait à des représentations équestres lorsque je visitai Mantoue, avait depuis été construit au même endroit; la colonne était par terre dans une allée, et le buste à la mairie. L'ancien monument, au milieu de la place, aurait pu être conservé ou rétabli, et il n'avait point arrêté les évolutions des troupes françaises, qui certes étaient bien aussi agiles que les manœuvres allemandes. Il est triste de voir, à Mantoue, ce monument de Virgile errant et fugitif devant des sergens et des chevaux.

Telles sont encore les traces de l'ancienne magnificence des Gonzagues et du génie infatigable de Jules Romain, que certains édifices, ailleurs très vulgaires, offrent à Mantoue des beautés de l'art. Le Marché au poisson fut construit par lui, ainsi que les Boucheries, dont l'habile disposition et le voisinage d'une branche du Mincio, font en outre de parfaits abattoirs; à la Douane, autrefois couvent des Carmes, une porte est du dessin de Bertani, une autre a d'élégantes sculptures des frères Mola.

Le *Ghetto*, orné de riches et jolies boutiques, ne ressemble guère à l'infect *Ghetto* de Rome. Quoique la population israélite de Mantoue ne dépasse point deux mille habitans, ils ont fondé une maison de refuge et de travail pour environ cinquante personnes : établissement fort bien conçu et sagement administré, dans lequel des pauvres, des vieillards et des infirmes sont secourus, et les enfans, aussi logés, vêtus et nourris (à l'exception de douze externes), reçoivent une instruction élémentaire excellente, telle qu'on sait la donner dans les États autrichiens, et apprennent ensuite un métier. Cette maison de travail, qui remonte au commencement de 1825, fut la même année, au mois de mai, honorée de la visite de l'empereur, et il fut écrit officiellement de Vienne à la Société Israélite de Mantoue, pour la féliciter sur le zèle qu'elle mettait à faire le bien [1]. Les services rendus à la maison d'Autriche par la maison R********* ont peut-être contribué à cette espèce de faveur; mais il faut convenir qu'une telle tolérance est infiniment plus sage que les rigueurs et les vexations dont les Juifs sont ailleurs victimes.

## CHAPITRE XXII.

*Environs.* — Palais du *Te*.

Malgré l'erreur à peu près générale, le nom du palais du *Te* ne peut lui venir de la forme de son plan, qui serait, dit-on, celle de la lettre *T*, puisque le plan même de l'édifice dément une pareille étymologie [2]. Le palais du Te est le plus mémorable ouvrage de Jules Romain comme architecte. La régularité, la sagesse de son architecture, contraste d'une manière frappante avec l'imagination, le feu et presque le délire de quelques unes des peintures de l'intérieur.

Il fut à la fois construit et peint par le même grand artiste ou par ses premiers élèves, et cette ancienne écurie des Gonzagues est devenue un monument merveilleux, unique.

---

[1] *V.* liv. III, ch. XII.
[2] « Il paraît, dit M. Quatremère de Quincy, et c'est l'opinion « d'historiens dignes de confiance, que le mot *Te* fut une abréviation, « ou, si l'on veut, une mutilation de *tajetto* ou *tejetto*, qui signifiait, « dans le langage du pays, coupure ou passage donné à l'écoulement « des eaux, et que cette dénomination locale, appliquée au terrain « sur lequel le palais fut construit dans la suite, lui aura, par le « fait de l'usage vulgaire, communiqué son nom. » *Hist. de la Vie et des Ouvrages des plus célèbres Architectes*, T. I, 212.

La superbe *Loggia* (vestibule), qui s'ouvre sur le jardin, offre à sa voûte cinq fresques en divers compartimens, dessinés par Jules Romain, et exécutés par ses élèves, qui représentent l'histoire de David; les bas-reliefs sont du Primatice. Dans la salle voisine, ce camarade de Jules Romain et Jean-Baptiste le Mantouan, ont fait aussi, d'après ses dessins, la longue suite de figures tournoyantes, imitation des colonnes Antonine et Trajane, qui offre le triomphe de l'empereur Sigismond, lorsqu'il créa marquis François Gonzaga. Les costumes sont antiques, mais le sujet est indiqué par l'écuyer placé derrière l'empereur, et qui porte sur son bouclier l'aigle autrichienne,

> ....... Aigle étrange, aux ailerons dressés,
> Qui, brillant sur la moire,
> Vers les deux bouts du monde à la fois menacés
> Tourne une tête noire. [1]

Scipion rendant sa captive, Alexandre ouvrant la cassette précieuse où il avait placé les livres d'Homère, César, au milieu de ses licteurs, faisant brûler des lettres trouvées dans les bagages de Pompée, sont encore du Primatice.

La salle la plus célèbre, la plus extraordinaire, est celle des *Géans*: une fois entré dans cette pièce, on n'y voit point d'issue; vous n'êtes environné que de rochers qui tombent sur les géans blessés, écrasés, fuyant ou se défendant en vain; le sol même est formé de débris, et le plafond est l'Olympe de Jupiter lançant la foudre,

> *Clari Giganteo triumpho.* [2]

Cette terrible salle des *Géans*, comme les chambres si

---

[1] Victor Hugo, **Orientales**, Canaris.
[2] Hor., *od.* 1, lib. III.

poétiques de *Psyché*, de *Phaëton*, et les élégantes arabesques du casin charmant de la *Grotte* (ainsi appelé parce qu'il y en avait une pour l'usage du bain), montre chez Jules Romain la double inspiration de Michel-Ange et de Raphaël; il n'en est point de plus habile et de plus éclatante, et une telle imitation n'est pas moins admirable que la création. Malheureusement ces peintures ont été retouchées, et elles ne présentent plus que la composition et le dessin de leur immortel auteur.

## CHAPITRE XXIII.

*Ste.-Marie delle Grazie.* — Castiglione.

A cinq milles de Mantoue, sur le lac, est l'église gothique de Ste.-Marie *delle Grazie*, magnifique *ex voto* consacré par François Gonzaga et les Mantouans, en 1399, lors de la cessation de la peste qui venait de ravager leur ville et presque toute l'Italie. Ce temple, qui a de bonnes peintures de Laurent Costa, de Lactance Gambara, de Borgani et du frère Monsignori, offre un singulier aspect; il est entièrement couvert d'une multitude de tableaux votifs, qui rappellent les secours obtenus par l'intercession de la Madone *delle Grazie*; et l'on y voit suspendues de grandes figures de cire habillées, comme à Westminster ou chez Curtius, mais chacune d'elles a de plus son tercet rimé, tant la poésie surabonde en Italie. Les figures représentent quelques uns des illustres pèlerins qui sont venus visiter l'église, parmi lesquels il y a jusqu'à des ambassadeurs du Japon, ou des guerriers et des malheureux sauvés du danger par la Madone. Parmi les personnages célèbres sont les figures de Charles-Quint et de son fils, du grand pape Pie II, du connétable de Bourbon ; cette dernière a pour inscription :

> *Il forte braccio e la cervice altera,*
> *Che a niun volle piegar, Borbone invitto*
> *Quivi umilia a colei che in cielo impera.*

A l'exception de trois Mantouans, tous les guerriers couverts de fer, la lance en arrêt, dont les figures votives sont à Ste.-Marie, faisaient partie de la terrible armée du connétable. Un soldat espagnol a pour inscription les vers suivans :

> *L' alma volea fuggir per doppia uscita,*
> *Che due colpi spietati in me già fero;*
> *Ma tu accorresti a trattenermi in vita.*

Ces vers ont quelque rapport avec ceux de son compatriote Lucain, que ce soldat espagnol pourrait bien avoir lus, et ils ne sont pas de meilleur goût que les vers de la *Pharsale* :

> ............... *Dum pugnat ab alta*
> *Puppe Catus, Graiumque audax aplustre retentat,*
> *Terga simul pariter missis et pectora telis*
> *Transigitur : medio concurrit pectore ferrum,*
> *Et stetit incertus flueret quo vulnere sanguis.* [1]

Il y a aussi quelques pendus dont la corde s'est rompue fort à propos : la peau d'un crocodile, qu'on dit tué par un Mantouan, dans un fossé du territoire de Curtatone à peu de distance, est un autre bizarre *ex voto* suspendu à la voûte. La manière de travailler la cire dans ces grosses proportions fut imaginée, en 1521, par un Franciscain d'Acqua Negra qui, examinant les petites et chétives figures offertes chaque jour, les défaisait,

---

[1] *Pharsal.*, lib. III, 585.

et, en gardant l'empreinte, les recomposait en grand, après y avoir mêlé l'on ne sait quelle préparation qui leur donnait de la solidité, tandis que, au moyen d'une autre composition, il les fixait très solidement sur leur base. L'entretien des figures actuelles ne laisse pas que d'être assez dispendieux, et elles ont besoin d'être restaurées environ tous les dix ans.

L'image miraculeuse de la Madone, quoique aussi attribuée à S. Luc, ne ressemble point aux autres prétendues figures de cet apôtre [1]; peinte sur bois, sa tête et ses épaules sont enveloppées de ce long voile, espèce de mantelet brodé, encore d'usage en Italie. La vénération qu'inspire la Madone *delle Grazie* est extraordinaire, et le nombre des pèlerins s'est quelquefois élevé au mois d'août, à la fête de l'Assomption, jusqu'à 80 et 100,000.

L'église *delle Grazie* renferme les sépultures de plusieurs princes de la maison de Gonzague et d'illustres Mantouans. Tel est le mausolée élevé par Barbara Agnelli à son époux Bernardin Corradi, mort à trente-cinq ans, le 23 juillet 1489, digne fils du célèbre Louis Corradi, lieutenant-général des ducs de Savoie, auquel les empereurs Frédéric III et Maximilien I$^{er}$ avaient permis de prendre le titre de Corradi d'Autriche, grand seigneur et politique du xv$^e$ siècle, qui avait cependant traduit du grec en latin les Commentaires du médecin Philothée sur les Aphorismes d'Hippocrate.

Un monument plein d'intérêt est le mausolée du comte Balthasar Castiglione, l'auteur du *Cortegiano*, l'ami, le conseiller de Michel-Ange et de Raphaël, et qui fut aussi lié avec les plus illustres savans de la renaissance; le dessin, dans le goût antique, est de Jules Romain,

---

[1] *V.* liv. v, ch. x.

l'épitaphe, de Bembo. Le tombeau de marbre est surmonté de la statue de Jésus-Christ en stuc, donnée, dans les *Monumenti illustri d'Italia*, pour la statue profane du Temps. Quoique mort à Tolède, Castiglione avait voulu reposer à Notre-Dame *delle Grazie*, près de la jeune épouse qui avait si tendrement regretté son absence [1], dont la perte lui avait été si amère, et à laquelle il avait consacré cette inscription touchante, qui se lit encore à la droite du tombeau où ils sont réunis :

*Non ego nunc vivo, conjux dulcissima : vitam*
*Corpore namque tuo fata meam abstulerunt;*
*Sed vivam, tumulo cum tecum condar in isto,*
*Jungenturque tuis ossibus ossa mea.*

*Hyppolytæ Taurellæ, quæ in ambiguo reliquit, utrum pulchrior an castior fuerit. Primos juventæ annos vix. Baldassar Castilion insatiabiliter mœrens posuit anno Dom. MDXX* [2]. Afin d'honorer davantage la mé-

---

[1] *V.* l'élégante épître de Castiglione, qui a pour titre *Hippolyta, Balthasari Castilioni conjugi.* Cette épître a fait supposer que la comtesse Castiglione cultivait la poésie latine. Il est probable, remarque M. Roscoe (*Vie et Pontificat de Léon X*, ch. xx), qu'elle renferme les sentimens exprimés dans les lettres de la comtesse à son époux. Il lui avait laissé son portrait peint par Raphaël :

*Sola tuos vultus referens, Raphaelis imago*
*Picta manu, curas allevat usque meas.*
*Huic ego delicias facio, arrideoque, jocorque,*
*Alloquor, et tanquam reddere verba queat,*
*Assensu, nutuque mihi sæpè illa videtur,*
*Dicere velle aliquid, et tua verba loqui.*
*Agnoscit, balboque patrem puer ore salutat :*
*Hoc solor longos, decipioque dies.*

V. *Carmina quinque Illustr. Poetar.*, ed. Ven. 1548, p. 171, et Appendice de la traduction italienne de la *Vie et du Pontificat de Léon X*, vol. IX, n° cxcvi. Le beau portrait du comte Castiglione, par Raphaël, est maintenant au Musée royal.

[2] Cette inscription ne se trouve point dans la *Vie de Castiglione*, par Serassi. Ainsi que les auteurs de l'*Hist. litt. d'Italie* et de la *Vie et du Pontificat de Léon X*, qui ont cependant parlé fort en détail de Castiglione, il n'a donné que l'inscription de Bembo.

moire de Castiglione, son fils avait été jusqu'à Rome chercher les plus habiles artistes, et il obtint plus tard, dans sa vieillesse, un sonnet du Tasse en l'honneur de son père[1]. L'inscription du tombeau de Castiglione indique qu'il lui fut érigé par sa mère, Louise Gonzaga, qui eut le regret de lui survivre (*contra votum superstes filio bene merito*). Le digne fils du comte Balthasar, Camille, désira aussi être enterré dans cette noble chapelle des Castiglione; il repose aussi près de sa femme; le tombeau lui a été élevé par ses fils, et l'inscription qui rapporte ses titres et ses divers emplois, remarque qu'il a pratiqué le livre de son père.

Le célèbre ouvrage de Castiglione, au lieu d'être borné maintenant à l'usage des cours, s'étend, depuis les progrès de la civilisation, à l'espèce humaine tout entière. Les conseils qu'il donne sur le ton, les manières, la nécessité de parler modestement de soi, s'appliquent à tous les gens bien élevés. La beauté, la bonne réputation de sa dame du palais, sont d'autres avantages auxquels peuvent aspirer toutes les femmes du monde; le *Cortegiano* est devenu un livre agréable de morale et de littérature qui doit plaire aux esprits cultivés de toutes les conditions; il peint fidèlement les opinions et les mœurs du temps, les pratiques de la politique, les habitudes militaires, les préjugés nationaux[2],

---

[1] *Lagrime, voce, e vita a' bianchi marmi*, etc. *V.* la lettre du Tasse à Antoine Beffa Negrini, la cxlviii[e] des Lettres inédites.

[2] Le passage suivant montre combien, avant François Ier, annoncé par Castiglione comme le père des lettres, la France paraissait grossière et barbare à l'Italie: *Benchè i Francesi solamente conoscano la nobilità delle arme, e tutto il resto nulla estimino, di modo che, non solamente non apprezzano le lettere, ma le abboriscono, e tutti i litterati tengon per vilissimi uomini, e pare lor dir gran villania a chi si sia, quando lo chiamano* clero. *Allora il magnifico Giuliano, voi dite il vero, rispose, che questo orrore già gran tempo regna tra' Francesi: ma se la buona sorte vuole che monsignor d'Angolem*

les désordres du clergé [1], le galimatias subtil et galant de la conversation des petites cours d'Italie [2]; il renferme d'ingénieuses pensées [3]; on y trouve d'excellentes remarques sur le goût et le style : tel est le conseil donné aux Toscans de renouveler leur

(come si spera) succeda alla corona, estimo, che sì come la gloria dell' arme fiorisce e risplende in Francia, così vi debba ancor con supremo ornamento fiorir quella delle lettere. Lib. I. La présomption interdite au courtisan par le seigneur Frédéric donne lieu à ces curieuses observations sur la liberté et la familiarité des seigneurs de la cour de France avec le Roi même : *Se considerate la corte di Francia, la qual oggidì è una delle più nobili di cristianità, troverete che tutti quelli che in essa hanno grazia universale, tengon del prosuntuoso ; e non solamente l' uno con l' altro, ma col Re medesimo. Questo non dite già, rispose messer Federico : anzi in Francia sono modestissimi, e cortesi gentiluomini ; vero è che usano una certa libertà, e domestichezza senza ceremonia, la qual ad essi è propria, e naturale ; e però non si dee chiamar prosunzione, perchè in quella sua così fatta maniera, benchè ridano, e piglino piacere dei prosuntuosi, pur apprezzano molto quelli che loro pajono aver in se valore, e modestia.* Lib. II.

[1] C'est une scène assez gaie et assez caractéristique que celle de ce religieux de Padoue et de son évêque, racontée par Castiglione : les cinq religieuses d'un couvent qu'il dirigeait se trouvèrent un jour enceintes; comme il était savant et bonhomme, ses nombreux amis cherchaient à l'excuser *per la comodità del loco, per la fragilità umana*; le prélat, irrité, ne voulait rien entendre : « Que répon-
« drai-je à Dieu, s'écria-t-il, lorsqu'au jour du jugement il me dira :
« *Redde rationem villicationis tuæ ?* » Marc-Antoine (le religieux) aussitôt, sans se démonter, répliqua : « Monseigneur, vous répondrez
« ce que dit aussi l'Évangile : *Domine, quinque talenta tradidisti*
« *mihi : ecce alia quinque superlucratus sum.* » L'évêque, désarmé, ne put s'empêcher de rire, et adoucit la punition du coupable. Lib. II.

[2] Les inintelligibles dissertations du seigneur Magnifico sur la forme, la matière, etc., qui causaient une si vive impatience à la signora Emilia, pourraient bien avoir quelque rapport avec la recherche de quelques unes des dissertations actuelles. Lib. III.

[3] Le vice par ignorance paraît assez bien défini dans ce passage :
*Però la virtù si può quasi dir una prudenza, ed un saper eleggere il bene ; e 'l vizio una imprudenza, ed ignoranza, che induce a giudicar falsamente ; perchè non eleggono mai gli uomini il male con opinion che sia male, ma s'ingannano per una certa similitudine di bene.* Lib. IV.

langue qu'ils laissaient périr par délicatesse, de reprendre les vieilles expressions de Pétrarque et de Boccace, conservées chez le peuple et les gens de la campagne [1], conseil suivi avec tant d'ardeur par Alfieri après plus de deux siècles ; enfin, comme le Dante et Manzoni, Castiglione est d'avis que les écrivains italiens doivent admettre les mots des divers dialectes, pourvu qu'ils soient harmonieux, expressifs, et il rejette la prétention des Toscans d'imposer leur idiome au reste de l'Italie.

Parmi les inscriptions extérieures de Notre-Dame *delle Grazie*, il en est une fort remarquable de Mario Equicola, historien de Mantoue, qui rappelle la belle défense de Pavie par Frédéric Gonzaga, alors âgé seulement de vingt-deux ans [2]; elle est à côté de boulets français offerts en *ex voto*, et mis dans le mur de l'église; ces boulets sont petits, et n'ont point encore le calibre des foudres d'Austerlitz, de Wagram et d'Alger.

[1] Lib. 1.

[2] *Celta ferox, Venetus prudens, Elvetius atrox,*
*Milite Ticinum cinxerat innumero :*
*Aere cavo ignivomis pila ferrea concita bombis,*
*Fulminis in morem, mœnia diruerat.*
*Defensor Federicus adest Gonzaga secundus ;*
*Hic fossa, hic vallum, solus hic agger erat.*
*Ergo servati tanto duci Io ! ingeminamus,*
*Et Mariæ hostiles ponimus hos globulos.*
*Marii Æquicolæ in obsidione Papiæ IIII*
*Idus aprilis MDXXII votum.*

## CHAPITRE XXIV.

*Pietola.*

A deux milles de Mantoue est *Pietola*, qu'une tradition assez incertaine regarde comme l'ancien Andès, la patrie de Virgile :

*Mantua musarum domus, atque ad sidera cantu
Evecta Andino, et Smyrnæis æmula plectris.* [1]

Cette tradition a toutefois prévalu ; le Dante a chanté Pietola :

*E quell' ombra gentil per cui si noma
Pietola più che villa Mantovana,* [2]

et il fut visité par Pétrarque. Une autre circonstance semble ajouter à l'illustration littéraire de ce petit village ; c'est à Pietola, dans l'ancien palais des ducs de Mantoue, encore appelé la *Virgiliana*, que le cardinal de Médicis, depuis Léon X, trouva un secret asile quand il s'échappa des mains des Français, qui l'avaient pris à la bataille de Ravenne. Lors de la campagne d'Italie, le nom de Virgile ne fut pas moins secourable aux paysans de Pietola, que celui de Catulle ne l'avait été aux habitans de Sermione [3] ; ils furent in-

---

[1] Silius Italicus, *Punic.*, l. VIII, 593. Le patriotisme jaloux de Maffei avait voulu faire naître Virgile au pied des collines du Véronais entre le Volta et Cauriana ; un autre savant estimé, M. Viso (*Notizie storiche Mant.*), a prétendu qu'aucun des vers de Virgile ne pouvait se rapporter ni à Pietola ni à Cauriana.

[2] *Purgat.*, cant. XVIII, 83. « Cette ombre gracieuse qui rend Pietola « plus célèbre qu'aucun autre lieu du Mantouan. »

[3] *V.* liv. v, ch. XII.

demnisés de leurs pertes, et exemptés de la contribution de guerre. Une fête fut célébrée par le général Miollis ; mais il n'y a plus aujourd'hui de traces du pompeux obélisque qu'il avait érigé et de son bizarre temple d'Apollon, avec ses figures de saints et de saintes transformés, par économie, en divinités mythologiques.[1]

Le bâtiment de la *Virgiliana* est très délabré, et le jardin n'est qu'une espèce de potager assez négligé, auquel les soins du vieillard du Galèse seraient fort nécessaires. Je ne sais, au reste, si la représentation exacte du jardin que Virgile fait cultiver à ce vieillard ne serait pas le genre de monument le plus convenable à Pietola ; au lieu de ce ridicule *berceau de Virgile*, treillage de cabaret, au-dessus duquel se trouvaient encore, par un singulier hasard, les armes des Gonzagues, j'aurais préféré l'ombrage du platane *ministrantem....potantibus umbras*[2]. La nature du sol ne paraît point s'opposer à cette imitation, et les tours de la citadelle de Tarente (*Æbaliæ turribus arcis*), oubliées par l'abbé Delille, seraient bien remplacées, et même surpassées par le fort redoutable de Pietole et les fortifications de Mantoue.

[1] S. Christophe était devenu Caron ; Madeleine, Vénus ; Ste. Ursule, Minerve, etc.

[2] *Georg.* IV, 146.

.......................... Les platanes sombres
Qui déjà recevaient les buveurs sous leurs ombres.

La propriété qu'a le platane, selon les botanistes, de purifier l'air, le rendrait encore fort utile dans cette plaine insalubre.

## CHAPITRE XXV.

CRÉMONE. — Tour. — Cathédrale. — Églises. — Campi. — Vida. — Palais public. — Surprise de Crémone. — *S.-Sigismond.* — *Pizzighettone.*

La route de Mantoue à Crémone, sur les bords du Mincio, conserve aussi l'aspect virgilien du *Serraglio*.[1]

*Mantua væ miseræ nimium vicina Cremonæ*,

et les mêmes champs ont dû être partagés entre les soldats d'Octave.

La tour de Crémone, qui se découvre au loin, est une des plus hardies et des plus renommées parmi les tours gothiques de l'Italie. La Cathédrale, gothique, a sur sa façade des sculptures très curieuses représentant les signes du zodiaque, les travaux des champs. Au-dessus de la grande porte sont les figures des prophètes, ouvrage de Jacques Porrata, et de 1274 selon l'inscription. L'intérieur offre d'excellentes peintures des maîtres crémonais : la *Présentation au temple*, naturelle, de Bembo, artiste de la moitié du xv$^e$ siècle; le *Christ sur sa croix*, au milieu de quelques saints, du Malosso, dans le meilleur goût vénitien; le *Christ devant le grand-prêtre Anne*, vrai, touchant, grandiose, de Christophe Moretti ; dans le chœur, un superbe *Christ,* colossal, assis sur un trône au milieu de quatre saints, et donnant sa bénédiction; un agréable et noble *Sposalizio* ; une *Nativité de la Vierge,* de Boccaccio Boccacino, le Raphaël de Crémone ; le premier de ces chefs-d'œuvre avait tellement transporté

---

[1] *V.* ci-dessus, chap. xv.

le Garofolo, qu'il voulut aussitôt s'attacher à l'auteur, et étudia sous lui pendant deux années avant de se rendre à Rome : quant aux deux cavaliers très beaux, mais introduits un peu singulièrement dans le second, ils représentent, dit-on, des ducs de Milan, et paraissent avoir été imposés à l'artiste; une *Fuite en Égypte*, poétique, mais qui n'est pas sans quelque exagération et quelque recherche, quoique d'Altobello Melone et de la bonne époque; une grande et admirable *Assomption*, une *Nativité* qui rappelle, pour le charme et l'effet, la célèbre *Nuit* du Corrège, du Sojaro; la *Vierge*, *S. Antoine abbé*, *S. Jean-Baptiste* contemplant l'enfant Jésus à terre, d'une douce et céleste expression et d'un merveilleux coloris, de Thomas Aleni : un *Crucifiement*, vaste fresque du Pordenone, est extraordinaire; les personnages sont vêtus à l'espagnole; sur le devant est un chevalier avec son épée nue, qui doit surpasser toutes celles dont Froissart et M$^{me}$ de Sévigné aimaient tant les *grands coups*. L'autel S.-Nicolas est un travail estimé de deux artistes crémonais, Thomas Amici et Mabila F. de Mazo, de l'année 1494, ainsi que le constate l'inscription. L'autel de marbre blanc des SS. Pierre et Marcellin, ouvrage méconnu d'un grand sculpteur de Crémone du XIII$^e$ siècle, Bramante Sacchi, est remarquable par la beauté et l'expression des figures, l'habileté de la perspective et l'élégance des ornemens, qui semblent dignes du XV$^e$ siècle.

S.-Nazaire, où sont enterrés les frères Campi, artistes excellens de Crémone, offre quelques uns de leurs chefs-d'œuvre; tels sont deux *Vierges*, une dans les nuages, au grand autel, et l'autre avec son fils, S. Jérôme et S. Joseph, de Jules, l'aîné, et qui est comme le Louis Carrache de ces Carraches crémonais.

Un tableau remarquable de leur père, Galeazzo Campi, le *Rosaire de la Madone*, est à l'église S.-Dominique : une *Nativité*, regardée comme un abrégé des perfections de la peinture, passe pour le meilleur ouvrage de Bernardin Campi, qui ne paraît pas de la famille des peintres de ce nom ; une *Décollation de S. Jean*, remarquable par la variété des figures, est de son brillant élève le Malosso, devenu à son tour le chef de la première école de Crémone, et de l'une des plus célèbres de la Lombardie ; la *Mort de la Vierge* est de César Procaccini.

La coupole de S.-Abondio est le plus grand et l'un des plus beaux et des plus habiles ouvrages du Malosso ; mais elle avait été dessinée par Jules Campi.

Les stucs de Barberini, représentant la *Passion de Jésus-Christ*, à l'église S.-Augustin, sont estimés pour le naturel des figures ; une *Vierge* du Perugin, un *S. Augustin* d'Ange Massarotti, sont excellens.

S.-Pierre *al Pò* est une des premières églises de Crémone ; on la dit de Palladio ; les *Vertus théologales* sont du Malosso.

S.-Laurent offre un de ces Mucius Scœvola, dont la représentation dans une église nous a déjà frappé [1] : l'action du fier Romain paraît ici avoir au moins quelque analogie avec le martyre du saint, dont le rapprochement a été fait par le Dante :

> *Se fosse stato il lor volere intero,*
> *Come tenne Lorenzo in su la grada,*
> *E fece Muzio alla sua man severo.* [2]

Un beau et élégant mausolée de Jean-Antoine Amedeo,

---

[1] *V.* liv. vii, chap. iii.
[2] *Parad.* cant. iv, 82. « Il eût fallu à ces ombres l'intrépide volonté qui tint Laurent sur son gril, et rendit Mucius si cruel envers sa main. »

sculpteur de Pavie, renferme, dit-on, les reliques de S. Marius et de Ste. Marthe, déposées là par l'abbé Antoine Mellio, jurisconsulte, qui s'est fait enterrer dessous.

*Jésus-Christ donnant l'anneau à Ste. Catherine*, à la paroisse S.-Victor, est un des bons ouvrages d'Antoine Campi.

Ste.-Pélagie fut peinte presque entièrement par Jules Campi, d'après l'invitation de Jérôme Vida, évêque d'Albe sur le Tanaro, et prieur du monastère. Près du grand autel sont deux inscriptions de cet illustre poète crémonais, mis par l'Arioste au nombre des grands hommes qui ont honoré l'Italie :

>............ *Il Vida Cremonese,*
> *D' alta facondia inessiccabil vena* [1],

Vida, qui fut copié par le Tasse [2], que Pope a comparé à Virgile, et rapproché de Raphaël :

> *A Raphael painted, and a Vida sung :*
> *Immortal Vida : on whose honour'd brow*
> *The poet's bays and critic's ivy grow :*
> *Cremona now shall ever boast thy name,*
> *As next in place to Mantua, next in fame !* [3]

dont la *Christiade* peut-être fut imitée par Milton, et la poétique est annexée, non sans honneur, à celles d'Aristote, d'Horace et de Despréaux [4]. Vida a composé

---

[1] *Orland.* cant. XLVI, st. 13. « Vida, source intarissable de haute « éloquence. »

[2] La peinture de l'assemblée des démons au commencement du IV⁰ chant de la *Jérusalem*, et la harangue que le Tasse a mise dans la bouche de Pluton, sont une traduction littérale de la *Christiade* de Vida. *V.* la préface mise en tête de la traduction française de la *Christiade* par un ecclésiastique instruit et modeste, M. l'abbé Delatour, curé de S.-Thomas-D'Aquin. Paris, 1826, page xxx.

[3] *Essay on criticism*, part. III.

[4] Si nous avons été surpris de ne point trouver de Virgile im-

une hymne en l'honneur de *Ste. Pélagie*, patronne de cette paroisse; elle n'est pas un de ses bons ouvrages¹. La prison de Paris, avec ses écrivains, ses poètes, ses débiteurs opulens, etc., serait un sujet plus heureux, et qui probablement l'aurait mieux inspiré.

Le Palais public, sur la grande place, offre une bizarre inscription pour indiquer aussi un palais de justice². Un des bons tableaux du Malosso est à la grande salle ; il représente la *Vierge*, son fils, S. Omobuono, le protecteur de Crémone, ainsi que l'ange tutélaire de cette ville.

Crémone a quelques galeries ; la principale est celle du comte Ala di Ponzone, qui possède plusieurs dessins de Michel-Ange.

Le nouveau marché, les portes S.-Luc et Ste.-Marguerite, sont de bonnes constructions dues à M. Voghera, architecte actuel de Crémone.

La maison où le maréchal de Villeroy fut surpris par le prince Eugène existe encore à Crémone. Alors commençaient les revers de la vieillesse de Louis XIV : on murmurait jusque dans le château³, et l'armée et la France entière chansonnaient le favori du grand Roi. ⁴

---

primé à Mantoue, Crémone ne pourra être accusée de la même négligence envers son poète. La Poétique de Vida n'était pas encore imprimée, que cette ville réclama le manuscrit, jalouse d'en donner à ses frais la première édition. *V.* la préface de la traduction de la *Christiade*, p. XLI.

¹ *Hymn.* XXXIV.
² *Hic locus odit, amat, punit, conservat, honorat,*
   *Nequitiem, pacem, crimina, jura, probos.*
Chaque régime est au-dessous de son verbe.
³ *Mémoires complets de Saint-Simon*, ch. XXII.
⁴ Saint-Simon, qui a tracé un portrait satirique de Villeroy, le justifie par d'assez bonnes raisons de la surprise de Crémone: « Ce « n'était pas à lui, dit-il, qui arrivait à Crémone la veille de la sur- « prise, à savoir cet aqueduc et cette porte murée, ni s'il y avait « déjà des soldats impériaux introduits et cachés . . . . . Il ne pou-

L'église S.-Sigismond, à un mille de Crémone, mérite d'être visitée. Cette ancienne abbaye est une fondation de François Sforze, dont le mariage politique avec Blanche Visconti, fille du duc de Milan, Philippe Marie, y avait été célébré. Les fresques de Jules Campi, qui couvrent les portes et la voûte de la nef, sont pleines de verve. L'*Ascension de Jésus-Christ*, du Sojaro, si admirable de tout point, semble encore, par la couleur, digne de son maître, le Corrège, qu'il sut imiter et non copier. Les ornemens et les arabesques placés entre les colonnes sont d'une exquise élégance. Le *Jonas* rejeté par la baleine, de Domenico de Bologne, est célèbre pour la perspective. La coupole, espèce d'olympe de bienheureux de l'ancien et du nouveau Testament, une des premières de l'Italie pour la variété, le nombre, l'effet, l'harmonie des figures, fut peinte en sept mois par Bernardin Campi. Cette rapide exécution parut tellement suspecte aux marguilliers de l'église, peu connaisseurs, qu'avant de payer l'artiste, ils exigèrent de lui un certificat du Sojaro et de Jules Campi, qui répondît du mérite de l'ouvrage. Au grand autel, la *Vierge* dans les nuages tenant son fils entouré d'un chœur d'anges, tandis qu'en bas sont S. Jérôme et S. Chrysante, qui lui présentent le duc et la duchesse de Milan à genoux, est un chef-d'œuvre *titianesque* de Jules Campi. La figure de Sforze est caractéristique; celle de Blanche, timide : derrière S. Jérôme est accroché contre un mur son chapeau de car-

« vait mieux que d'aller au premier bruit à la grande place, ni ré-
« pondre de sa capture au détour d'une rue en s'y portant. » Villeroy
ne dormait pas non plus avec sécurité dans ce moment, comme l'a
dit Voltaire (*Siècle de Louis XIV*, ch. xix), et comme on l'a depuis
répété: « à cette même pointe du jour, rapporte Saint-Simon, il
« écrivait déjà tout habillé dans sa chambre. » (*Les mêmes*, même
chapitre.)

dinal. La multitude de grandes et excellentes peintures de S.-Sigismond est véritablement éblouissante.

*Pizzighettone*, forteresse sur le Serio qui s'y jette dans l'Adda, fut la première prison de François 1^er^, après sa défaite de Pavie : son aspect redoutable convient encore assez à un tel souvenir.

## CHAPITRE XXVI.

Plaisance. — Statues. — Ranuccio. — Palais public ; — *della Cittadella.* — Bibliothèque.

Plaisance est grande et déserte. Depuis l'affreux pillage de cette ville par François Sforze, en 1448, remarque avec raison M. de Sismondi, elle n'a pu se relever [1]. Alors, non seulement les maisons furent dévastées, mais d'horribles supplices contraignirent les habitans à livrer aux soldats leurs trésors cachés ; les femmes et les filles subirent les derniers outrages, et dix mille citoyens, réduits en esclavage, furent vendus à l'encan. Ce terrible vainqueur, que nous venons de voir fonder une splendide abbaye près de Crémone, égala, non loin des mêmes lieux, les fureurs d'Octave : combien de Mélibées, combien de Mœris obscurs furent alors privés de leur héritage : le soldat étranger put aussi répéter à ces infortunés, comme les vétérans de Rome :

... *Hæc mea sunt, veteres migrate coloni.*

La réputation littéraire paraît toutefois avoir été

[1] *Hist. des Rép. italiennes*, ch. LXXII.

utile à ces deux époques, et l'auteur des *Annales de Plaisance*, Antoine de Ripalta, qui avait été réduit en captivité après avoir perdu son bien, comme Virgile, et de plus ses livres et ses manuscrits, fut mis en liberté par son maître, général des galères de Sforze.

Malgré la désolation dont Plaisance est encore empreinte, elle n'est pas sans quelque splendeur : les deux grandes statues équestres de front, au-devant du palais public, représentant Alexandre et son fils Ranuccio Farnèse, attestent cette prodigalité de monumens qui n'appartient qu'à l'Italie. Ces statues, que la tradition et le patriotisme municipal des Plaisantins, qui les ont payées [1], vantent encore, ne paraissent pas d'un goût très pur ; les têtes des chevaux pourraient être plus nobles : quoiqu'ils ne galoppent point, leurs queues, leurs crinières, les vêtemens des cavaliers sont beaucoup trop agités par le vent. L'artiste est François Mocchi, florentin, élève de son père Horace, et non point élève de Jean Bologne, comme l'a dit Lalande et les voyageurs qui l'ont copié, en faisant, ainsi que lui, Bolonais le grand sculpteur flamand [2]. Un des deux personnages, Ranuccio, a été diversement jugé par l'histoire : Muratori [3] et les

[1] La dépense fut de 44,107 écus romains 8 paules.
[2] Telle a été long-temps l'admiration qu'excitaient les chevaux de Plaisance, fondus d'ailleurs avec habileté, que dans un ouvrage composé en 1769, par plusieurs poètes de la ville, pour les noces du duc Ferdinand I*er* avec l'archiduchesse Marie-Amélie, Élisabeth Farnèse, reine d'Espagne, paraissait au chant v*e*, et faisait l'éloge suivant des chevaux :

> *I due destrier son questi : a me gli addita,*
> *La torva idea degli avi miei sul dorso :*
> *Ve' come impazienti alla partita*
> *Movan del pari il piè, sdegnato il morso,*
> *Fuoco gittan le nari, e la partita*
> *Chioma sul collo ondeggia lor nel corso :*
> *Bisoa natura li rimira, e gode*
> *Sull' arte sol, perchè il nitrir non ode.*

[3] *Ann. d'Italia.* T. XI, f°. 39.

écrivains qui l'ont suivi le peignent comme un prince sombre, farouche, avare, cruel, et qui serait assez peu digne du *principi optimo* de l'inscription. Il paraît, d'après l'autorité des meilleurs historiens de Plaisance [1], dont les ouvrages avaient été composés long-temps après l'extinction de la maison Farnèse, que Ranuccio fut traité trop sévèrement par l'illustre auteur; il savait la guerre, entendait le gouvernement, aimait les lettres, et fut cher aux Parmesans. Quant à la fameuse conjuration de 1611, qu'on l'accusa d'avoir imaginée, Muratori même ne l'a pas niée; elle est maintenant admise par tous les historiens de Parme, et Ranuccio pouvait bien soupçonner la fidélité de sa noblesse lorsqu'il se rappelait le sort de son bisaïeul assassiné par elle, et jeté par la fenêtre. [2]

Le Palais public, de la fin du XIIIe siècle, est gothique, majestueux, pittoresque. On estime beaucoup les ornemens en *mattone* (espèce de brique), qui bordent les fenêtres, travail dont le secret paraît aujourd'hui perdu.

Le palais Farnèse, dit *della Cittadella*, inachevé, abandonné, dégradé, témoigne encore du génie de

---

[1] Poggiali. *Mem. stor. di Piacenza*, T. X, 532; Affò, *Zecca e Mon. Parmig.* 206.

[2] Un fait remarquable est rapporté par M. A. Pezzana (*Lettera al conte Filippo Linati, circa le cose dette dal sig. Millin intorno la città di Parma*, ed. seconda, p. 10). Le duc Ferdinand, après plus d'un siècle et demi, éprouvant quelque scrupule de posséder les biens dont les familles des conspirateurs avaient été dépouillées, chargea un jurisconsulte savant, Jean-Baptiste Comaschi, que sa conscience timorée avait aussi rendu célèbre, d'examiner les pièces du procès, et ce juge posthume ne douta point de la réalité du complot. Une conviction semblable, ajoute M. Pezzana, a été partagée par tous ceux qui ont eu sous les yeux les mêmes pièces, encore déposées dans les archives d'État, et particulièrement par un magistrat distingué, M. François Melegari, président actuel d'un des tribunaux de Parme.

Vignole, et la partie terminée suffit à faire juger quelle eût été la magnificence de l'ensemble.

Le bibliothécaire de Plaisance était malade lorsque je me présentai pour voir la bibliothèque, et le sous-bibliothécaire n'avait point la clef. Je n'ai donc pu y pénétrer. J'ai appris seulement qu'elle comptait trente mille volumes, qu'elle possédait un palimpseste, du IX$^e$ siècle, et que l'article le plus précieux était le *Psalterium* de l'impératrice Engelberge, femme de Louis II, écrit de sa propre main l'an 847 ou 57, et qui avait été emporté à Paris.

## CHAPITRE XXVII.

Cathédrale. — Églises. — Environs. — *Santa-Maria di Campagna*. — Route.

La cathédrale, rebâtie au commencement du XII$^e$ siècle, est une belle et harmonieuse construction gothique, que les ornemens modernes du chœur et du sanctuaire ont malheureusement altérée. Ses peintures ont de la célébrité : les *Prophètes*, les *Sibylles* de la coupole, les quatre fresques de la voûte, sont des chefs-d'œuvre du Guerchin ; la *Circoncision*, l'*Adoration des Mages*, *S. Joseph dormant*, de Marc-Antoine Franceschini et de Louis Quaini, Bolonais, élèves du Guerchin, sont très beaux ; les quatre figures de la *Charité*, de la *Vérité*, de la *Pudeur* et de l'*Humilité*, par le premier, quoique faites dans un âge avancé, ont de l'élégance et de la grace. Dans le sanctuaire, le compartiment du maître-autel est un des bons ouvrages de Camille Procaccini, mais il pâlit devant les trois autres couverts des énergiques peintures de Louis Carrache. Dans le chœur, l'*Assomption* est encore de Procaccini; l'archivolte, peinte par Louis Carrache, est une admirable imitation des coupoles du dôme et de l'église S.-Jean de Parme, du Corrège, et les anges, de forme colossale, en sont mieux conservés. Ses deux grands tableaux, la *Translation du corps de la Vierge*, les *Apôtres ouvrant son cercueil*, pris par la France pour contribution de guerre en 1797, n'ont point été rendus en 1815 à la cathédrale; ils sont passés à la galerie de Parme [1]: un habile artiste de Plaisance, M. le chevalier Gaspard Landi, un des premiers peintres actuels de l'Italie, les a patriotiquement remplacés par deux tableaux représentant les mêmes sujets. Les diverses chapelles offrent un *S. Martin*, de Louis Carrache; des fresques, du Fiamminghino, dont l'obscurité ne permet guère de découvrir les beautés; une belle *Résurrection*, le *S. François*, du Fiammingo; le *Sauveur*, une petite *Madone*, ouvrage charmant de Jean-Baptiste Tagliasacchi, peintre de la fin du XVII$^e$ siècle, dont la destinée ne paraît point avoir égalé le mérite.

La tour de la cathédrale conserve encore, fixée dans le mur, une de ces cages de fer dont il a été parlé [2]. Les savans plaisantins ont beaucoup disserté, et ne paraissent pas s'être trop entendus au sujet de leur cage; mais elle est une preuve de plus et incontestable de la réalité de ce genre de supplice.

S.-François le Grand est d'une architecture gothique, noble et hardie; les tableaux remarquables sont, la *Multiplication des pains*, de Benoît Marini, élève de Bernardin Campi; une des *Conceptions* du Malosso,

---

[1] *V.* ci-dessus, chap. VII.
[2] *V.* liv. IV, chap. VII, et ci-dessus, chap. XIX.

qui prouve la variété de son talent dans des compositions semblables; un *S. François de Paule guérissant un petit enfant*, d'auteur inconnu, et une belle copie du *Martyre de S. Laurent*, par le Titien, placé à l'Escurial.

L'église S.-Antoine, jadis cathédrale, refaite, conserve un beau débris de sa vieille architecture, c'est le vestibule gothique du nord, appelé le *Paradis*. A la voûte du sanctuaire, le *Père éternel au milieu des anges*; un *Vieillard de l'Apocalypse tenant à la main une épée de feu*, sont pleins de verve, de hardiesse et d'imagination. Le Guerchin admirait ces peintures : l'artiste, Camille Gavasetti, de Modène, mort très jeune, s'était heureusement inspiré de Michel-Ange et de Raphaël. Le tableau du maître-autel, les autres tableaux du sanctuaire, représentant divers traits de la vie de S. Antoine de Plaisance, sont du Fiammingo. Dans la chapelle de la Vierge *addolorata*, la *Nativité*, de Jules César Procaccini, est une gracieuse composition. Près de la grande porte, une ancienne peinture sur bois, offrant la *Vie et le Martyre de S. Antoine*, qui semble dans la manière grecque du xi$^e$ siècle, peut être regardée comme un curieux monument de l'enfance de l'art.

S.-Augustin, temple superbe que l'on a été par erreur jusqu'à croire de Vignole, est depuis trente ans hôpital ou magasin militaire, mais il a été réparé et entretenu par le patriotisme de quelques uns des principaux habitans de Plaisance, fiers, avec raison, d'un tel édifice.

Le cloître de S.-Jean du Canal conserve encore quelques vieux et expressifs débris de peinture, de la fin du xii$^e$ siècle, regardés comme un monument précieux pour l'histoire de l'art. Dans l'église, un *S. Hyacinthe* est du Malosso; au chœur, une petite *Circoncision* ovale, ouvrage de Gervaso Gatti, neveu du Sojaro, est remarquable. La chapelle du Rosaire est presque un autre temple : là sont deux grands tableaux estimés de deux des meilleurs peintres actuels de l'Italie, le *Rédempteur adressant aux femmes de Jérusalem le Nolite flere super me*, par M. Landi, et une *Présentation de Jésus-Christ au temple*, par M. Camuccini, qui offre le dessin savant de cet habile artiste, et a contribué dans le temps à sa réputation naissante. A la chapelle Ste.-Catherine est le mausolée du comte Horace Scotti, surmonté de son buste et de petits génies, bon monument de l'Algardi, qui a mieux réussi dans les bustes et les enfans que dans son énorme *Attila* de S.-Pierre.

S.-Sixte est une riche et élégante église, à double coupole, la plus belle de Plaisance. Les petits enfans des fresques de la nef, d'auteurs ignorés, sont gracieux. Dans le sanctuaire sont des monumens à l'impératrice Engelberge, et à Marguerite d'Autriche, fille naturelle de Charles-Quint, mariée au duc Octave Farnèse, et mère d'Alexandre, elle-même femme héroïque. Les bustes de ces princesses, travail très estimé, sont au-dessus de leurs monumens. Le mausolée de Marguerite n'est pas loin ; il est énorme, décoré de gigantesques statues, et assez conforme au caractère historique de la princesse, dont il avait été dit qu'elle avait de la barbe comme un homme. Le grand autel, où sont renfermés les os du saint, est d'une rare magnificence. Dans le chœur, le *Massacre des innocens* passe pour un des beaux ouvrages de Camille Procaccini; le *Martyre de Ste. Barbe* est du jeune Palma. La *Vierge*, de Taddée Zuccaro, à la chapelle de la Piété, est d'une merveilleuse expression de douleur. Les peintures de la chapelle de la Vierge, d'auteurs inconnus, sont remarquables : une *Vierge et l'enfant Jésus entre ses bras*, a dans les chairs une vivacité de coloris qui rappelle aux amateurs la Vénus du Titien.

A S.-Savin, grande église autrefois gothique, mais refaite, est une *Vierge habillant l'enfant Jésus*, avec Ste. Élisabeth, S. Jean et des Anges : on croit ce tableau de Hyacinthe Bertoja, élève du Parmesan, et il est digne de ce peintre gracieux. On remarque à la chapelle du S.-Sacrement trois tableaux représentant des graces obtenues par l'intercession de la Vierge, ouvrage de Joseph, ou peut-être de Pamphile Nuvolone; ils sont à la fois pleins de douceur, de vivacité et d'harmonie. L'église inférieure, construite dans le x$^e$ siècle, est intéressante : parmi ses colonnes carrées, ornées d'élégans chapiteaux, il en est une d'albâtre très belle. Sur le pavé, une mosaïque de pierres blanches et noires offre les signes du zodiaque avec des inscriptions latines et en caractères romains, mais que les archéologues et quelques mosaïstes savans attribuent aux artistes grecs venus à Venise dans le vii$^e$ siècle.

Je trouvai dans une église peu remarquable, S.-Michel, un grand tableau bien peint, de la duchesse Antonia Bourbon, fille du duc Ferdinand, encore aujourd'hui religieuse à Parme, dans un couvent d'Ursulines; il représentait S. Ferdinand, son aïeul, et avait été offert par elle à l'église en 1797. La cathédrale de Plaisance possède aussi une *Vierge à la colonne*, autre tableau de cette auguste main. La culture des arts par une femme d'un si beau sang, au milieu des malheurs de sa famille et de ses propres infortunes, a quelque chose de touchant; on aime cette union de la sainte, de la princesse et de l'artiste; et parmi la multitude d'impressions causées en Italie par tant de tableaux, celle-là est peut-être unique. La duchesse Bourbon de Parme, sur la proposition de la Consulta française de

Rome, fut secourue par Napoléon, fait honorable pour lui et pour la Consulta, et qu'un écrivain généreux a loué avec justice.[1]

*Sta.-Maria di Campagna*, église de Franciscains, près de Plaisance, a une admirable coupole peinte par Pordenone, ainsi que plusieurs autres de ses fresques, bien conservées; elles furent habilement terminées par le Sojaro, qui sut imiter si bien le style de son prédécesseur, qu'on les pourrait croire de la même main. Parmi ces nombreux chefs-d'œuvre est la fresque de *S. Augustin*, où l'enfant qui soutient le livre du docteur est si gracieux; le *S. Georges*, trouvé par Lanzi digne de Jules Romain; l'*Adoration des Mages*, la *Naissance de Marie*. La chapelle Ste.-Catherine paraît le triomphe de Pordenone, et montre son double talent de peindre à fresque et à l'huile; le *Mariage de la sainte* est un délicieux ouvrage que Canova, dit-on, ne pouvait se lasser de contempler quand il passait par Plaisance. Quelques autres tableaux sont dus encore à d'habiles artistes, tels sont les *Vierges d'Israël allant à la rencontre de David vainqueur de Goliath*, par Louis Crespi; l'*Apparition d'un Ange*, de Camille Gavasetti; un *S. François*, de Camille Procaccini; une *Salutation de la Vierge*, en deux parties, de Camille Boccaccino, très estimée.

Les Franciscains de *Sta.-Maria di Campagna* avaient une bonne bibliothèque, récemment donnée à leur couvent par S. M. Marie-Louise; ils en faisaient fort bien les honneurs, et plusieurs y travaillaient; mais ce ne fut pas sans quelque surprise qu'à la suite de la collection des Pères et d'autres ouvrages de théologie, je remarquai l'Encyclopédie, qui me parut un singulier présent fait à des capucins.

---

[1] M. Botta, *Stor. d'Ital.*, lib. xxiv.

## LIVRE VIII, CHAP. XXVII.

A Pigazzano, sur un coteau peu éloigné de Plaisance, est une maison villageoise pour laquelle M. Giordani a composé cette inscription qui prouve, comme la plupart de ses autres inscriptions, que la langue italienne n'est peut-être pas moins propre que la latine au style lapidaire :

*Buone genti*
*Che abiterete questa casa*
*La fece per voi nel 1824*
*Francesco del conte Nicolao Soprani*
*Impiegandovi la liberalit à usatagli*
*In testamento*
*Dalla contessa Alba zia paterna*
*Poich' e' volle con fatto durabile mostrare*
*Che gli agricoltori gli parvero uomini.* [1]

J'ai suivi la route de Plaisance à Pavie, route gaie, charmante, qui rappelle les revers des deux premiers peuples guerriers de l'histoire, les Romains et les Français, défaits près de la Trebbia, par deux habiles capitaines de nations barbares et lointaines, Annibal et Suwarow. [2]

---

[1] « Bonnes gens qui habiterez cette maison, François, fils du « comte Nicolas Soprani, la fit bâtir pour vous en 1824 ; il y con- « sacra les bienfaits qu'il avait reçus par testament de sa tante pater- « nelle, la comtesse Alba, et voulut montrer par un fait durable « que les agriculteurs lui paraissaient hommes. »

[2] Un pont utile a été construit en 1821 sur la Trebbia : l'inscription du savant P. Ramiro Tonani, bénédictin de Parme, qui rappelle ces divers combats, offre une alliance de noms assez bizarre :

*Trebia*
*Annibale Lichtensteinio*
*Suwarofio et Melas victorib.*
*Magna*
*Ex D. augustæ a. MDCCCXXI*
*Utilitati populorum*
*Ponte imposito*
*Felix.*

FIN DU TOME SECOND.

# TABLE DES MATIÈRES

CONTENUES

## DANS LE SECOND VOLUME.

### LIVRE SEPTIÈME.

#### PADOUE. — FERRARE. — BOLOGNE.

Chap. I<sup>er</sup>. Bords de la Brenta. — Padoue. — Son accroissement................................................. *page* 1
Chap. II. Université. — Vertèbre de Galilée. — Bibliothèque. — Bibliothèque du chapitre. — Jardin botanique. — Académie des Sciences, Lettres et Arts. — Femmes de l'Académie.................................... 2
Chap. III. Cathédrale. — Charles Guy Patin. — Sperone-Speroni. — Manuscrits. — Baptistère. — *Santo.* — Cesarotti. — Trésor. — Cloître. — *Scuola.* — *L'Annunziata.* — Giotto. — *Eremitani.* — *Servi.* — *S.-François.* — Squarcione. — *S.-Benoît.* — *Carmes.* — Stellini..... 9
Chap. IV. Ste.-Justine. — Ancienne bibliothèque. — *S.-Jean di Verdara.* — Buonamico. — Professeurs du xvi<sup>e</sup> siècle. — Morgagni. — Séminaire. — Forcellini....... 29
Chap. V. Statue de Gattamelata. — *Condottieri*......... 38
Chap. VI. Palais *del Capitanio.* — Imprimerie Bettoni. — Palais du Podestat. — Salon. — *Lapis vituperii.* — Prisonniers pour dettes. — Belzoni. — Italiens voyageurs. — *Prato della valle.* — Portes...................... 39
Chap. VII. Palais. — Maison *Pappa-Fava.* — Chute d'anges. — M. Demin. — Maisons *Capodilista; — Giustiniani.* — Falconetto. — Maisons *Lazzara; — Venezze.* — Colosse d'Ammanato. — Statues. — Café Pedrochi... 45
Chap. VIII. *Cataio.* — *Arquà.* — Pétrarque. — Inscriptions. — Laure. — Tombeau..................... 49
Chap. IX. Rovigo. — Rhodiginus. — *Ponte di Lagoscuro.* — Légations. — Douane. — Critique de la douane..... 54
Chap. X. Ferrare. — Château. — Palais *del Magistrato.* — *Intrepidi.* — Renée de France. — Réforme en Italie. 56

Chap. XI. Cathédrale. — Madone. — Pélerin. — Lilio Giraldi. — Séminaire. — Palimpsestes de la peinture. — *S.-François.* — Pigna. — Maison d'Este. — *S.-Benoît.* — *S.-Dominique.* — Celio Calcagnini. — *Sta.-Maria del Vado.* — Miracle. — École ferraraise. — *Capucines.* — *Gesù.* — La duchesse Barbara. — *Pericolanti.* — Hercule Bentivoglio. — Satire italienne......... *page* 60

Chap. XII. Bibliothèque. — Arioste. — Manuscrit de la *Jérusalem.* — Tête épique des habitans de Ferrare. — Vers du Tasse. — Guarini. — Imprimerie de Ferrare. — Tombeau de l'Arioste. — Poètes ambassadeurs......... 72

Chap. XIII. Maisons de l'Arioste ; — *degli Ariosti.* — Spectacles de la cour de Ferrare. — Nicolas Ariosto. — Scène comique. — Savoir, exactitude de l'Arioste. — Partage de maison. — Maison de Guarini.................. 85

Chap. XIV. Prison du Tasse....................... 93

Chap. XV. Palais. — Place de *l'Arioste.* — *Campo-Santo.* — *Belriguardo*................................ 103

Chap. XVI. Société italienne...................... 106

Chap. XVII. Cento. — Le Guerchin. — *Pieve*......... 107

Chap. XVIII. Bologne. — Première impression. — Distinction de Bologne............................ 111

Chap. XIX. Université. — Professeurs. — Femmes-docteurs. — Antiques. — Bibliothèque. — M. Mezzofanti. — Jardin *agrario.* — Jardin botanique............. 112

Chap. XX. Galerie. — Carraches. — Guide. — Dominiquin. — Sujets neufs ou renouvelés dans les arts. — *Ste.-Cécile.* — Femmes de la Galerie........................ 121

Chap. XXI. Églises. — *S.-Pétrone.* — Portes. — Tribolo. — Properzia de' Rossi. — Plans. — Cathédrale. — Benoît XIV. — Artistes-ouvriers.................... 128

Chap. XXII. Autres églises. — *S.-Jacques.* — *S.-Martin.* — Beroalde. — *S.-Salvatore.* — Monument au Guerchin. — *Corpus Domini.* — *S.-Paul*...................... 133

Chap. XXIII. *S.-Dominique.* — Tombeau du Saint. — Nicolas de Pise. — Gain des artistes. — Tombeaux de Taddeo Pepoli et du roi Enzius, du Guide et d'Élisabeth Sirani. — Mausolée *Tartagni.* — Le comte Marsigli. — Cloître. — Inquisition de Bologne. — Bibliothèque Magnani. — Clôture des bibliothèques d'Italie........ 143

# TABLE DES MATIÈRES.

Chap. XXIV. *Ste.-Lucie.* — Manuscrit-relique. — Moines, religieuses-artistes. — *Servi.* — *S.-Jean in Monte.* — *S.-Étienne.* — Peintures grecques. — *S.-Barthélemi di porta Ravegnana.* — *Ste.-Marie della Vita.* — Le bienheureux Buonaparte. — Portrait de Louis XIV sur un autel. — *Oratoire.* — Bas-reliefs d'Alphonse Lombardo.................................. page 148

Chap. XXV. Palais. — Palais de l'ancienne commune. — Palais du Podestat. — Fontaine. — Palais *del Pubblico.* — Forces militaires pontificales. — Portique *de' Banchi.* 153

Chap. XXVI. Palais *Fava;* — *Bentivoglio.* — Du peuple et des statues. — Palais *Marescalchi;* — *Zambeccari;* — *Bacciocchi;* — *Hercolani.* — Honoraires du Guerchin. — Palais *Malvezzi-Bonfioli;* — *Sampieri;* — des *Stracciaiuoli*.................................. 156

Chap. XXVII. Maisons Rossini; — Martinetti.......... 164

Chap. XXVIII. Opéra. — Théâtre *Contavalli.* — Tabarin. 166

Chap. XXIX. Douane. — Colléges *d'Espagne;* — *des Flamands.* — Bâtards. — *Scuole.* — Collége *Venturoli...* 169

Chap. XXX. Tour des *Asinelli.* — Vue. — Songe. — La *Garisenda*.................................. 171

Chap. XXXI. Environs. — *S.-Michel in Bosco.* — *Madonna di S. Luca.* — *Campo-Santo.* — Suicides....... 174

## LIVRE HUITIÈME.

### MODÈNE. — PARME. — MANTOUE.

Chap. I<sup>er</sup>. Reno. — Modène. — Palais ducal. — Galerie. — Bibliothèque.................................. 179

Chap. II. Cathédrale. — Clocher. — *Secchia rapita.* — *S.-Augustin.* — Muratori.......................... 186

Chap. III. Théâtre. — Tragédies d'Alfieri............. 189

Chap. IV. Le duc de Modène........................ 191

Chap. V. Reggio. — Tradition fausse de la maison de l'Arioste. — Église de la *Madone della Ghiara.* — Figure de Brennus.................................. 193

Chap. VI. Parme. — Bibliothèque. — Infans ducs de Parme. — Musée lapidaire. — *Velleja*............. 195

Chap. VII. Galerie. — Corrège. — Colosses farnèse..... 201

II.                                              20

# TABLE DES MATIÈRES.

Chap. VIII. Cathédrale. — Gothique italien. — Coupole. — Baptistère. — Emblèmes païens mêlés aux symboles chrétiens.................................. page 207

Chap. IX. *S.-Jean.* — Coupole. — Églises. — *S.-François.* — *S.-Sépulcre.* — Paciaudi. — Curés italiens. — L'*Annunziata.* — Le P. Affò. — Bibliothécaires de Parme. — *Les Capucins.* — Asdente de' denti. — Récollet administrateur et philanthrope...................... 212

Chap. X. *Steccata.* — Le Parmesan. — Alexandre Farnèse. — Souveraineté de Parme. — Destruction des villes anciennes. — Chambre du Corrège. — Frugoni. — Variations des poètes. — Anachronismes commandés....... 220

Chap. XI. *Palais ducal.* — Toilette de *S. M.* — Berceau du roi de Rome. — *Théâtre Farnèse.* — Fêtes de Parme. — Palais du *Jardin.* — Bataille de Parme. — Expulsion des Français de l'Italie. — Autres palais. — Palais *del Comune*.................................. 226

Chap. XII. Théâtre. — Éditions de Bodoni. — Université. — Collèges des nobles; — *Lalatta.* — Hospice de la Maternité. — Gouvernement de Marie-Louise.......... 230

Chap. XIII. Maison de Pétrarque. — Pétrarque bâtissant. — Aveugle enthousiaste. — *Africa*................ 234

Chap. XIV. *Campo-Santo.* — Pont du *Taro.* — *Colorno.* — *Selva piana*................................. 240

Chap. XV. Imitation française. — Guastalla. — De la fatigue littéraire. — *Serraglio* de Mantoue. — Aspect virgilien. — Contresens des traducteurs de cabinet. — Fertilité du *Serraglio*......................... 243

Chap. XVI. Mantoue. — Palais ducal. — Gonzague..... 249

Chap. XVII. Académie des Beaux-Arts. — Musée. — Bibliothèque. — Bettinelli. — Typographie virgilienne. 252

Chap. XVIII. Cathédrale. — Le Mantouan. — *Santa-Barbara.* — *S.-André.* — Mantegna. — Pomponace. — *Précieux sang.* — *S.-Maurice.* — Français en Italie. — *S.-Sébastien.* — *S.-Gervais.* — *S.-Barnaba.* — Tombeau de Jules Romain. — *Ste.-Apollonie.* — *Sant' Egidio.* — Bernardo Tasso...................... 256

Chap. XIX. Château. — Portes. — Ponts. — Citadelle. — Tour *della Gabbia;* — *dello Zuccaro.* — Liberté du moyen âge. — Palais *d'Arco;* — du *Diable;* — *Colloredo.* 266

# TABLE DES MATIÈRES.

Chap. XX. Maisons d'Antimaco; — de Jules Romain; — de Mantegna; — de Bertani; — de Castiglione. — Théâtre.................................... *page* 271

Chap. XXI. Place de Virgile. — Douane. — Marché. — Boucheries. — *Ghetto*........................... 273

Chap. XXII. Environs. — Palais du *Te*............. 275

Chap. XXIII. *Ste.-Marie delle Grazie.* — Castiglione... 277

Chap. XXIV. *Pietola*............................. 284

Chap. XXV. Crémone. — Tour. — Cathédrale. — Églises. — Campi. — Vida. — Palais public. — Surprise de Crémone. — *S.-Sigismond.* — *Pizzighettone*......... 286

Chap. XXVI. Plaisance. — Statues. — Ranuccio. — Palais public; — *della Cittadella.* — Bibliothèque.......... 292

Chap. XXVII. Cathédrale. — Églises. — Environs. — *Santa-Maria di Campagna.* — Route................ 295

FIN DE LA TABLE DU SECOND VOLUME.

www.ingramcontent.com/pod-product-compliance
Lightning Source LLC
Chambersburg PA
CBHW071345150426
43191CB00007B/850